ÉDUCATION
ET
INSTRUCTION

PAR

Oct. GRÉARD

Vice-Recteur de l'Académie de Paris
Membre de l'Académie française

ENSEIGNEMENT SECONDAIRE

II

DEUXIÈME ÉDITION

PARIS

LIBRAIRIE HACHETTE ET Cie

79, BOULEVARD SAINT-GERMAIN, 79

1889

ÉDUCATION
ET
INSTRUCTION

ENSEIGNEMENT SECONDAIRE

II

OUVRAGES DU MÊME AUTEUR

PUBLIÉS PAR LA LIBRAIRIE HACHETTE ET Cie

De la morale de Plutarque ; 4° édition. 1 vol.
   Ouvrage couronné par l'Académie française.

L'éducation des femmes par les femmes. Études et portraits : 2° édition. 1 vol.

Éducation et instruction. 4 vol. :
   Enseignement primaire. 1 vol.
   Enseignement secondaire. 2 vol.
   Enseignement supérieur. 1 vol.
   Chaque ouvrage se vend séparément.

Prix de chaque volume, broché : 3 fr. 50.

19030. — Imprimerie A. Lahure, rue de Fleurus, 9, à Paris.

ÉDUCATION
ET
INSTRUCTION

PAR

Oct. GRÉARD
Vice-Recteur de l'Académie de Paris
Membre de l'Académie

ENSEIGNEMENT SECONDAIRE

II

DEUXIÈME ÉDITION

PARIS
LIBRAIRIE HACHETTE ET Cie
79, BOULEVARD SAINT-GERMAIN, 79

1889

Droits de propriété et de traduction réservés

LA QUESTION DES PROGRAMMES

Juillet 1884.

Sous l'influence des intérêts et des besoins qui transforment la vie des peuples, les conditions de l'enseignement se modifient dans tous les pays : aux connaissances qui faisaient le fond de l'éducation s'ajoutent partout des connaissances nouvelles, et partout aussi on commence à se demander avec inquiétude si la charge à laquelle est soumise la jeunesse n'est pas au-dessus de l'effort qu'il est sage de lui imposer.

Depuis trois ans, à l'étranger, il n'est pas de congrès, pas de réunion d'hygiénistes ou de pédagogues, en Angleterre, en Allemagne, en Belgique, en Hollande, en Suisse, où le danger ne soit signalé. La presse politique, comme la presse scolaire, s'en est émue; la controverse a été introduite plusieurs fois au Parlement, à Londres et à Berlin. La polémique a créé, à son usage, des mots de combat; des articles de revue et de journaux prennent aujourd'hui couramment pour titre, en Angleterre et en Allemagne : *la Question de la surcharge* (*the Overpressure question*, — *die Ueberbürdungsfrage*).

En Angleterre, le débat s'est plus particulièrement porté sur l'enseignement primaire. Avec cet esprit de précision rigoureuse qui caractérise les enquêtes d'outre-Manche, on ne se borne pas à invoquer contre l'exagération du programme des arguments généraux de physiologie : on s'appuie sur des faits ; on cite des cas d'épuisement, des cas de mort ; on dresse des martyrologes. Le *Département d'éducation* est interpellé ; les principes sur lesquels repose le *Code scolaire* sont critiqués avec violence : on s'en prend au système du payement par résultats (*payment by results*) ou des primes accordées à l'instituteur pour chaque examen que l'élève subit avec succès, et qui transforme l'enfant en une sorte de matière à revenu. La défense ne déploie pas moins d'énergie que l'attaque. Si des enfants ont succombé à un excès d'application, c'est qu'ils n'étaient point de tempérament à supporter la commune mesure de travail, ou qu'affaiblis par la misère, ils n'avaient pas, pour soutenir la fatigue de la contention intellectuelle utile, le réconfort de l'alimentation physique nécessaire : des cantines scolaires, créées à l'aide de caisses spéciales, comme en France, y pourvoiront. Le mal, au surplus, tient moins à l'étendue de la tâche que l'enfant peut avoir à remplir qu'à l'intensité de l'action qu'on exerce sur ses facultés au moment de l'examen ; c'est la faute de l'instituteur, qui s'attarde et se trouve tout d'un coup réduit à accélérer le pas pour toucher le but ; c'est aussi le tort de la famille, qui, ne veillant pas d'assez près à l'assiduité de l'enfant, laisse se multiplier dans les leçons des lacunes que, les derniers jours venus, il faut bien, coûte que coûte, arriver à combler[1].

1. Sur l'ensemble de la question, voir notamment les *Mémoires* lus au Congrès des sciences sociales de Huddersfield (octobre 1883), la *Lettre* de sir Francis Sandford à l'Union nationale des Instituteurs et la *Réponse* de M. Heller, secrétaire de l'Union, le *Mémoire* du docteur Rabagliati, adressé au Congrès de l'Union nationale des Instituteurs à Leicester (avril 1884) ; le Résumé de l'enquête sur l'*Overpressure* faite par les *Schoolboards* de

Déjà, sous la pression de l'opinion publique, des efforts ont été faits, et pour répartir plus également la somme du travail sur l'ensemble de l'année, et pour régulariser la fréquentation, et pour améliorer le régime alimentaire des enfants ; on cherche en même temps à restreindre, presque à supprimer les devoirs de la maison (*home lessons*) ; on se préoccupe enfin d'introduire dans le régime de l'école les exercices manuels. L'agitation se poursuit cependant, ardente, passionnée ; les partis politiques s'en emparent, les dossiers de réclamations se chargent[1]. Telle est l'importance attachée à la question, que dans les cadres de l'Exposition internationale d'hygiène appliquée à l'éducation, récemment ouverte sous les auspices du prince de

---

Birmingham et Leeds ; de la discussion du 12 mars 1884 (Chambre des Lords). — Cf. *The School guardian*, n° du 27 octobre 1883 ; *The Schoolmaster*, n°ˢ des 10 et 24 novembre et 10 décembre 1883 ; *The journal of Education* de Londres, n° du 10 décembre 1883 ; *Revue Pédagogique*, Courrier de l'Extérieur, décembre 1883 et janvier 1884.

1. On pourra se faire une idée de l'agitation provoquée par la discussion d'après le fait suivant. En février dernier, le chef du *Département d'éducation*, M. Mundella, avait invité le docteur Crichton Browne, surintendant de l'hospice d'aliénés de West Riding, à visiter quelques écoles primaires et à lui adresser un rapport spécial sur la question. Le docteur Browne conclut énergiquement aux dangers de la *surcharge*. Divers membres de la Chambre des Communes réclamèrent la publication de son Rapport. M. Mundella s'y refusa, en répondant que le *Département d'éducation* ne pouvait donner à cet absurde fatras (a farrago of nonsense) le caractère d'une pièce officielle. L'impression fut néanmoins votée par la Chambre (24 juillet). Mais le chef du *Département d'éducation* fit publier en même temps un mémoire rédigé par un inspecteur des écoles, M. Fitch, mémoire dans lequel toutes les assertions du docteur Browne sont combattues. La presse s'est emparée à son tour des deux documents et les a commentés avec une vivacité extraordinaire. Les journaux libéraux, le *Times*, le *Daily News*, le *Spectator*, tournent en ridicule le tableau « poussé au noir » du docteur Crichton Browne, et exaltent le bon sens avec lequel M. Fitch a fait justice de ces déclamations. La presse conservatrice, *Daily Telegraph, St-James's Gazette, Saturday Review*, voit au contraire dans le rapport du docteur Browne un acte d'accusation irréfutable contre le *Département d'éducation*. Le *Lancet*, journal médical, s'est rangé sous la bannière du docteur Crichton Browne.

Galles, une place spéciale a été réservée aux documents qui pourraient contribuer à la résoudre[1].

En Allemagne, la discussion, purement scolaire, vise presque exclusivement les gymnases et les écoles réales. Il s'est formé sur le sujet toute une « littérature[2] » en

---

[1]. Groupe VI, n° 55 : *Documents relatifs aux effets du bourrage (cramming) et de l'excès de travail (overwork) sur la jeunesse.* — Si l'école primaire fait surtout les frais de la discussion, ce qui s'explique par les développements qu'elle a reçus, l'esprit public voit au delà et se pose le problème pour les études d'un degré plus élevé. A la séance d'inauguration du Congrès qui a suivi l'Exposition, le président, lord Reay, embrassant dans un discours d'une haute portée les conditions générales d'un bon enseignement national, disait avec une originalité piquante au sujet des études secondaires : « Ce qu'on appelle sur le continent l'enseignement complet, l'enseignement encyclopédique, comprenant toutes les branches de connaissances, ne rencontrerait assurément en Angleterre aucune faveur. La seule chance que, dans un tel système, une matière pût avoir d'être enseignée à fond serait non le talent de tous les professeurs, mais l'insuffisance de quelques-uns d'entre eux. C'est ce qui était arrivé dans ce gymnase allemand dont le directeur, à qui l'on demandait pourquoi ses élèves étaient si forts en latin, répondit : « Oh! nous avons lieu d'en être satisfaits, parce que nous avons le « bonheur d'avoir un très mauvais maître de mathématiques. » — Cf. le *Mémoire* de MM. Garrett Anderson, analysé dans le *Times* du 19 août 1884.

[2]. Voici les titres des principaux articles et des brochures les plus importantes sur le sujet (je marque d'un * les publications dont les auteurs estiment que la surcharge existe) : * Article de M. Paul Hasse, directeur de l'établissement des aliénés de Brunswick (*Gegenwart*, vol. 17, n° 8) (a) ; article du docteur F. Dornbluth, de Rostock (*Gegenwart*, 1881, n°ˢ 51 et 52), intitulé *die Uberbürdung der Schuljugend* (b) ; * brochure du docteur F. W. Fricke, Berlin, 1887 : même titre (c) ; * brochures du professeur docteur Ubbelohde, de Marburg, membre de la Chambre des seigneurs de Berlin, contre le régime des gymnases (d) ; * brochure de M. Clemens Nohl, directeur de l'école supérieure de filles à Neuwied, 1882 (e) ; * brochure du docteur Aug. Behagsel, du Realgymnasium de Mannheim, 1883 (f) ; brochure du docteur Fr. Aly, professeur au gymnase de Magdebourg, 1882 (g). — La Société scolaire de la Prusse Rhénane et de la Westphalie a publié un certain nombre de Rapports (*Referate*, Bonn, 1882). Tous, sauf un, déclarent qu'il y a excès de travail. Ils sont dus : pour l'enseignement secondaire, à MM. les docteurs Fischer, direc-

(a) Cité dans un article des *Pädagogische Blätter* de 1883, p. 349.
(b) Reproduit dans le *Pädagogisches Archiv*, 1882, p. 235.
(c) Cité par le docteur Dornbluth, p. 242.
(d) L'article des *Pädagogische Blätter* en cite plusieurs passages, p. 340
(e) Analysée dans l'article des *Pädagogische Blätter*, p. 356.
(f) *Ibid.*, p. 356.
(g) *Ibid.*, p. 356 et 357.

sens divers, mais où la grande majorité des avis témoigne d'une préoccupation sérieuse. Des actes officiels s'en sont suivis : délibération du Landtag de la Saxe et circulaires aux directeurs de gymnases[1]; nomination de commissions spéciales dans la Hesse[2] et en Alsace-Lorraine[3]. En Prusse, à la suite de pétitions adressées à la Chambre des députés[4], une information générale a été ouverte, et les résultats de cette enquête, réunis avec un soin minutieux, ont été discutés dans deux Mémoires, — Mémoire pédagogique[5] et Mémoire médical[6] — dont les conclusions émues sont d'autant plus dignes d'attention que les rapporteurs étaient manifestement peu disposés à céder au courant de l'impression commune[7].

Les auteurs du Mémoire pédagogique commencent, en effet, par déclarer que le mal a toujours existé; la preuve en est dans les instructions qui remontent à un

teur à Lennep; * docteur Munch, directeur à Muhlheim; professeur docteur Stammer, à Dusseldorf; * Schmelzer, directeur à Hamm; * L. F. Seiffardt, directeur à Crefeld; * professeur docteur Jurgen Bona Meyer, à Bonn; pour l'enseignement primaire, à MM. * Hufschmidt, instituteur à Unna; * Ufer, instituteur à Dieringhausen; * Schrader, directeur à Minden. (Ces Rapports sont analysés dans un article des *Pädagogische Blätter* de 1883, p. 350-358.)
1. 11 janvier, 4 et 10 mars 1882. — Voir *Pädagogisches Archiv*, 1882, p. 247, 664 et suiv.
2. Décembre 1882. — Voir *Pädagogisches Archiv*, 1883, p. 580 et suiv.
3. Avril, août 1882. — Voir *Pädagogisches Archiv*, 1883, p. 81 et suiv.
4. 3 janvier 1882. — Voir *Pädagogisches Archiv*, 1883, p. 596 et suiv.
5. *Mémoire sur la question de la surcharge dans les écoles secondaires* (Centralblatt für die gesammte Unterrichts-Verwaltung in Preussen, März-April 1884, p. 202 et suiv.).
6. *Consultation de la Commission royale scientifique touchant la question de la surcharge* (Centralblatt, *ibid.*, p. 222 et suiv.). — Cette consultation porte entre autres signatures celles de MM. Sydow, Virchow et W. Hofmann.
7. Sur l'intensité de cette émotion, voir dans les documents parlementaires de l'année 1883-1884, n° 83, la pétition des magistrats de Tilsit en date du 20 novembre 1883, celui de *l'Union centrale pour la protection du corps chez le peuple et dans l'école* et les Rapports du docteur Kropatscheck.

demi-siècle. Ils ajoutent que, d'après leurs renseignements, les plaintes proviennent surtout des districts riches et qu'elles partent des gymnases plutôt que des écoles réales; les jeunes gens qui ont sous les yeux le spectacle de la lutte pour la vie se laissent moins aisément gagner par cet esprit de relâchement général et de délicatesse malsaine. Ils savent aussi que certaines familles font abus des leçons complémentaires, qui, comme l'hébreu par exemple, imposent à l'élève un surcroît de travail de huit heures par semaine; que d'autres, au contraire, prennent trop peu de souci de l'éducation de leurs enfants, qui auraient l'habitude de fréquenter les tavernes, les théâtres et les bals. Les cas de cette sorte, qui sont en somme des cas d'exceptions volontaires ou coupables, n'ont rien dont il faille s'inquiéter plus que de raison.

Le mal toutefois est plus profond; on ne le cache point. S'il est vrai d'abord que, depuis cinquante ans, il n'y a pas eu, à proprement parler, augmentation dans le nombre des matières de l'enseignement, pour chacune d'elles on demande davantage, malgré les recommandations des circulaires ministérielles, et les difficultés des examens de maturité se sont accrues d'autant. Seconde cause non moins agissante: normalement le cours est d'une année; par une tolérance qui est devenue la règle, de six mois en six mois les élèves sont admis à passer dans un cours supérieur; de là la nécessité d'entasser trop de choses en trop peu de temps; de là aussi, certaines ascensions étant tout à fait prématurées, de grandes inégalités dans l'intelligence et le savoir des enfants réunis sous une même direction: ce qui rend la marche des études pénible pour tous. On remarque encore que, le nombre des établissements secondaires s'étant élevé, en moins de quinze ans, de plus d'un cinquième, il a fallu accepter des maîtres inexpérimentés et incapables, surtout dans des classes plus peuplées et moins sévèrement triées, d'assurer à chaque enfant la part de soins nécessaire. On se demande d'autre part si les enseignements spéciaux, par cela seul qu'ils sont fournis par des maîtres spéciaux, — la grammaire notamment, la philologie et l'histoire,— n'ont pas pris plus d'ampleur qu'il ne convient[1]. On regrette enfin que les règlements sur les exercices de gymnastique prescrits pour atténuer les effets de ce régime de culture intensive ne soient pas exactement observés. En dernière analyse, implicitement ou explicitement, à 25 voix contre 15, on reconnaît qu'il y a encombrement de matières, mauvaise distribution de travail, insuffisance de direction pédagogique, et par suite péril pour le développement régulier des facultés des enfants.

La Commission médicale ne pouvait manquer non plus de faire ses réserves : une consultation scientifique ne se fonde que sur des observations individuelles multipliées et elle n'avait pu les faire. De l'ensemble des documents il résulte, à son avis, que ni la proportion des jeunes gens reconnus impropres au service militaire, ni le nombre de suicides constatés chez les écoliers, — bien que la progression soit sensible de 1869 à 1881, — ni le développement des maladies mentales, des congestions accidentelles ou des manifestations anémiques, ni celui de la myopie, à laquelle, on le sait, les médecins allemands ont, dans ces dernières années, attaché une importance particulière, ne permet de conclure avec précision. Pour établir une opinion décisive, il faudrait que les professeurs eux-mêmes vinssent en aide à la science, en se rendant compte, élève par

1. Cette observation se retrouve dans le deuxième Rapport du docteur Kropatscheck. (Voir plus haut, p. 5, note 7.)

élève, des effets produits par le travail. Mais, à prendre la question dans ses termes généraux, ce que la Commission croit pouvoir affirmer, c'est que les classes comptent en général trop d'élèves, et que les enfants, dans les cours inférieurs surtout, n'ont pas l'assistance dont ils ont besoin; c'est, de plus, que les leçons ne sont pas séparées par des intervalles de repos suffisants, et que la somme de travail exigée tant au gymnase qu'à la maison est trop considérable. Finalement hygiénistes et pédagogues s'accordent à craindre que cette éducation forcée n'ait pour résultats de produire le dégoût de l'étude et d'exercer sur le caractère lui-même une action dissolvante.

Aussi les maîtres les plus disposés à admettre la variété de connaissances rendue nécessaire par le développement des besoins de la société moderne se déclarent-ils prêts à consentir aux sacrifices; c'est ainsi qu'on a réduit, — le choix est digne de remarque, — dans les écoles réales, les programmes des sciences naturelles et, dans les gymnases, les programmes du latin. Ceux qui ne peuvent se résoudre à aucun retranchement sont obligés de constater qu'aujourd'hui les études durent deux années de plus qu'autrefois. Il y a quelques mois, dans la discussion du budget, le professeur Virchow établissait que le nombre des jeunes gens qui ne quittent les bancs qu'à 24 ans et plus au lieu de 19, âge qui était jadis la règle ordinaire, dépasse maintenant le cinquième des promotions[1] : d'où il résulte pour la vie sociale, c'est-à-dire pour les manifestations de travail utile que comporte l'activité de la première jeunesse, une perte notable de temps et de force[2]. A la statistique sur

1. La proportion, qui en 1876 était de 22,3 pour 100, s'est élevée en 1881 à 26,2 pour 100.
2. Séance du Parlement de Berlin du 5 février 1884. (Voir la *Revue internationale de l'Enseignement*, avril 1884.)

laquelle s'appuyait M. Virchow, si le représentant du gouvernement opposait une statistique contraire, il n'en demeurait pas moins acquis que l'allégation était fondée ; car à cette occasion même on renouvelait les recommandations de sagesse[1].

En Suisse, tout récemment, le problème était posé en termes particulièrement saisissants par le docteur Wilhelm Lœwenthal, professeur à l'académie de Lausanne. Le docteur Lœwenthal ne proteste pas plus que personne contre la force des choses : l'augmentation du nombre des matières d'enseignement à tous les degrés de l'éducation est la conséquence inévitable et du développement du savoir en général et de la diffusion plus grande de ce savoir ; qui pourrait se résigner à une ignorance que ne partagerait pas son voisin ? et les hommes les plus instruits ne seraient-ils pas bien empêchés, s'ils étaient obligés de s'en tenir comme autrefois à l'étude des langues mortes ? Ce dont M. Lœwenthal se plaint, c'est que la vie scolaire soit mal organisée. Passe encore pour l'école, qui, grâce à l'enseignement primaire supérieur et aux cours d'adultes, dispose de toute sorte de moyens d'instruction complémentaire. Mais, dans les études secondaires, l'extension des programmes est devenue un danger. D'avoir établi deux compartiments distincts, le compartiment des études classiques et le compartiment des études réales, ne peut avoir d'autre effet que d'aggraver l'embarras, si finalement, comme il arrive, pour une raison ou pour une autre, on aboutit à tout faire entrer dans chacun de ces compartiments. « Aujourd'hui, conclut l'auteur dans une comparaison piquante, le programme de nos gymnases ressemble à un appartement que le proprié-

---

[1]. Voir notamment la circulaire du ministre, M. de Gossler, prescrivant les jeux gymnastiques (27 octobre 1882)

taire n'a pas mis méthodiquement et raisonnablement en harmonie avec ses besoins, mais dans lequel il s'est installé d'après les meubles qu'il a achetés, ou dont il a hérité — vieilleries comprises. L'objet propre du logement passe ainsi peu à peu à l'arrière-plan dans sa pensée ; il finit même par le perdre complètement de vue, si bien qu'un jour vient où il lui faut soit renoncer à toute acquisition nouvelle, soit recourir à toute sorte de déplacements et d'entassements pour fourrer les nouveaux meubles entre les vieux. Arrive-t-il par miracle à trouver un coin, un trou, un intervalle, il se félicite de son esprit de ressource. Cependant l'appartement arrive à être de moins en moins confortable : il devient impossible de s'y mouvoir, d'y respirer, d'y vivre ; ce n'est plus qu'une chambre de décharge. Et voilà l'habitation que nous préparons à la jeunesse[1] ! »

Ce malaise, nous l'éprouvons nous aussi, et la question a pris dans notre langue scolaire le nom simple, mais expressif, de *question des programmes*. Dans l'enseignement secondaire, — le seul dont nous voulions nous occuper ici, — la pensée commune était naguère de chercher une classe, une étude, une heure, fût-ce le jeudi, pour faire place à une matière nouvelle. On obéit aujourd'hui à l'entraînement opposé, non sans dépasser parfois la mesure, comme il advient dans ces brusques mouvements d'opinion. Ce ne sont pas seulement les familles qui se plaignent du développement des programmes : leur témoignage pourrait paraître suspect. Le sentiment est général[2]. La plupart des déclarations provoquées par les dernières élections au Conseil supé-

---

1. *Esquisse de l'hygiène de l'enseignement*, Wiesbaden, 1887.
2. Voir les mémoires sur le *Surmenage intellectuel et la sédentarité dans les écoles* communiqués en 1886 et 1887 à l'Académie des Sciences morales et politiques par le docteur Gustave Lagneau, membre de l'Académie de médecine, président de la Société d'Anthropologie.

rieur de l'Instruction publique (mars 1884) en portent le témoignage; plus récemment encore (juin-juillet), le corps professoral, consulté à ses divers degrés, — Conseils d'enseignement, proviseurs et principaux, inspecteurs d'académie, Conseils académiques, — s'est presque unanimement associé à ces observations.

S'agit-il donc de bouleverser une fois de plus les programmes? A ne remonter qu'au commencement de ce siècle, nous ne comptons pas moins de douze plans d'études presque aussitôt abolis qu'inaugurés[1]! C'est assez dire combien il importe aujourd'hui de travailler à améliorer, non à détruire : « Gardons-nous dans l'Université, comme ailleurs, de démolir tous les matins la maison, sous prétexte de bâtir un palais », disait, il y a cinquante ans, Saint-Marc Girardin avec un spirituel bon sens[2]. Mais, pour accomplir des améliorations durables, il faut tenir compte à la fois des conditions éternelles de l'esprit humain et des besoins incessamment variables de l'état social. A méconnaître l'un des deux termes du problème, on s'expose également à en compromettre la solution : d'une part, on ne rompt pas impunément avec l'esprit de son temps, et, de l'autre, tout système qui ne repose pas sur le respect des lois de la croissance intellectuelle et morale de l'enfant manque de base et ne peut tarder à s'écrouler. C'est avec la pensée de cette double nécessité que nous abordons ici la question.

1. Voir aux Annexes, n° 1, le tableau résumant la série des programmes depuis 1789 jusqu'à nos jours.
2. *De l'instruction intermédiaire et de ses rapports avec l'instruction secondaire* (Paris, 1837), Préface.

LA SUCCESSION DES PLANS D'ÉTUDES ET LE DÉVELOPPEMENT DES PROGRAMMES.

Ce qu'il convient de remarquer tout d'abord, c'est que cette richesse des programmes sous laquelle nous fléchissons aujourd'hui est l'épanouissement naturel, le luxe inévitable d'une civilisation qui se développe et se complique. Chaque siècle introduit dans son régime d'éducation le résultat de ses découvertes et de ses travaux, la préoccupation de ses intérêts et de ses besoins. L'histoire de nos plans d'études n'est pas un des chapitres les moins instructifs de l'histoire de l'esprit humain; et en nous éclairant sur les origines lointaines de la crise que nous traversons, peut-être contribuera-t-elle à nous fournir les moyens d'en conjurer les effets.

I

Il était facile, au seizième siècle, de faire de la simplicité la première condition de l'enseignement dans les Collèges. Le latin en était le fond à peu près unique; les éléments du grec ne s'y ajoutaient qu'en Troisième; vers la fin de la dernière année d'études, quelques théorèmes de mathématiques d'après Euclide complétaient les exercices dialectiques : c'était la part accordée aux sciences; de physique, de géographie, d'histoire, rien. Tout était sacrifié au latin, même la langue française;

c'est en latin qu'on apprenait à écrire et à parler : l'usage du français était interdit aux maîtres et aux enfants hors de la classe comme en classe[1] ; les Jésuites se distinguaient en tolérant l'emploi de la langue maternelle pendant les récréations et aux jours de fête[2]. Telles étaient les règles du gymnase fondé à Strasbourg, en 1538, — sur les plans des idées que les *Frères de la vie commune* avaient appliquées dans les Pays-Bas, — par l'un des plus grands pédagogues du temps, Jean Sturm ; et cette organisation était acceptée par toute l'Europe, particulièrement en France[3], comme un modèle.

1. « Nemo scholasticorum in collegio lingua vernacula loquatur, sed latinus sermo eis sit usitatus et familiaris. » (*Statuta Facultatis Artium*, 3 sept. 1398, art. 16). — « Sive interrogat quivis præceptor aut pædagogus quemvis scholasticum, sive quid jubeat aut alloquatur, id faciat verbis latinis. » (*Appendix ad reformationem Facultatis Artium*, 25 sept. 1600, art. 10.) — « Interdicta sibi lingua vernacula, solum sermonem latinum ubique in collegio usurpanto.... In singulis classibus exploratores, qui quolibet die ad se referant catalogum scholasticorum qui vel sacris non interfuerint vel lingua vernacula locuti sint aut in qua re alia deliquerint, collocanto ». (*Decretum Universitatis Parisiensis de collegiis*, 15 nov. 1626, art. 29 et 47). — En 1612 un professeur de philosophie du collège de Tréguier s'étant servi de la langue française dans son enseignement fut interdit de ses fonctions. (*Histoire de l'Université de Paris*, par Ch. Jourdain, liv. I, chap. III, p. 75.) — Il n'y avait d'exception à l'usage du latin que pour le catéchisme dans les classes inférieures, Cinquième et Sixième. (Félibien, *Histoire de Paris*, preuves et pièces justificatives, t. V, p. 800. *Établissement de l'exercice public des classes au collège de Narbonne*, 7 mars 1599.) — Les mêmes règles étaient appliquées dans les séminaires, avec cette seule différence qu'on pouvait parler grec ou latin, mais point français : parler français ou mal parler, c'était tout un. Voir le *Règlement* de 1610.
2. « Domi linguæ latinæ usum inter scholasticos diligenter conservandum curet : ab hac autem latine loquendi lege non eximantur, nisi vacationum dies et recreationis horæ. » (*Ratio atque institutio studiorum Societatis Jesu, Regulæ rectoris*, 8.) — Dans les *Règles* relatives aux classes, nous trouvons : « Curandum imprimis est ut discipuli latine loquendi consuetudinem acquirant : quare magister a suprema saltem grammatice latine loquatur, et ut latine discipuli loquantur exigat præsertim in præceptorum explicatione, in corrigendis scriptionibus latinis, in concertationibus atque etiam in colloquiis.... »
3. Le règlement du gymnase de Nîmes, organisé par Claude Baduel en 1543, porte, art. VII : « La principale étude est celle du latin.... Que nul donc ne néglige l'habitude de parler latin ni ne se permette l'habitude

S'il faut en juger par le statut du Collège de Narbonne, — le seul document précis qui nous reste de cette époque, — la façon dont ce programme était appliqué n'en élevait pas beaucoup le caractère. Voici, en effet, comment de la Sixième à la Rhétorique se répartissaient les matières : en Sixième, rudiment, genres et déclinaisons des noms; en Cinquième, prétérits et supins des verbes, revision des déclinaisons et des genres; en Quatrième, syntaxe, quantité, grammaire grecque et revision des prétérits et des supins; en Troisième, quantité, figures, abrégé de rhétorique, revision de la syntaxe et de la grammaire grecque ; en Rhétorique, langue grecque, versification, auteurs[1].

Le règlement de l'Université de Paris ne contient lui-même que des indications sèchement techniques[2]. Tout ce qu'il nous apprend, c'est que, sur les six heures de

---

d'une autre langue, sauf le grec et l'hébreu aux heures fixées par les professeurs. Mais il ne suffit pas de parler latin ; il faut le faire correctement. Pour en établir et en maintenir l'habitude, on aura recours à des châtiments pécuniaires et physiques, à d'autres encore.... » (*Claude Baduel et la Réforme des études au seizième siècle*, par M. J. Gaufrès, ouvrage couronné par l'académie de Nîmes, Paris, 1880, chap. xi, p. 156. — Cf. chap. iv, p. 40 et 46.)

1. « Habebitque [primarius] quinque classes ad minus, in quibus nullus scholasticorum ascendere poterit, nisi prius a dicto primario ab ejusve delegato examinatus fuerit: qui pro captu uniuscujusque assignabit ei gradum.... Regentibus non quos voluerint libros legere licebit sive interpretari, sed illos tantum qui quum honestati et classibus, tum capacitati discipulorum convenire primario videbuntur. Nec tamen unquam omittentur edoceri seu institui intra annum genera et declinationes nominum cum rudimentis in sexta classe ; præterita supinaque verborum, cum repetitione generum et declinationum in quinta ; syntaxis, quantitates et grammatica græca, cum repetitione præteritorum, supinorum et heteroclitorum in quarta ; quantitates, figuræ et compendium aliquod rhetorices, cum repetitione syntaxeos et grammaticæ græcæ in tertia ; in prima vero classe, ars ampla rhetorices et græcæ linguæ intelligendæ, cum ratione componendorum versuum, cum auctoribus idoneis. » (Félibien, *Histoire de Paris*, *Établissement de l'exercice public des classes au Collège de Narbonne*, déjà cité.)

2. Ce statut est le règlement qui a régi l'ancienne Université jusqu'à sa destruction (1793). Enregistré au Parlement le 3 septembre 1598, il

classe qui avaient lieu chaque jour, une heure était consacrée à la récitation des préceptes, cinq à l'explication des textes et aux exercices de style et d'élocution. Des quatre heures d'étude, les écoliers en devaient employer deux, la dixième du matin et la cinquième du soir, à des compositions en vers ou en prose et à des discussions de vive voix. Le samedi, ils présentaient au principal leurs travaux de la semaine, et ceux qui n'avaient pas à montrer au moins trois thèmes, latins ou grecs, signés du professeur, étaient punis[1]. « Au Collège de Bourgogne, où mon père me

ne fut publié, par suite de certaines difficultés de procédure, que le 18 septembre 1600.

1. « Quum ab antiquis dictum sit et quotidiano usu comprobetur stylum esse optimum dicendi magistrum, eumque lectione et imitatione insignium auctorum, scriptione denique assidua comparari, ex sex horis quotidiani et publici ex auditoriis studii, una præceptis et regulis cognoscendis, et cum præceptore examinandis concedatur : reliquæ omnes in poetis, historicis, oratoribus audiendis, cognoscendis, ediscendis, imitandis, in commentatione denique et usu discendi scribendique consumantur. — Singulis diebus, horæ duæ, decima nempe matutina et quinta postmeridiana, scribendis versibus, orationibus solutis, stylo denique formando et disputationibus impendantur. — Quod ut diligentius perficiatur, scholastici, die sabbatho singularum hebdomadarum, quum se pro more sistent a prandio in aula post gratiarum actionem, offerant chartas suarum compositionum gymnasiarchæ aut ei ipsius absentis vicem supplebit ; et in eos animadvertatur qui non exhibuerint tria ad minimum ejus hebdomadæ themata seu proposita, a se in latinam aut græcam linguam conversa, a suis doctoribus ad fidem faciendam, obsignata. — Scholastici memoriter sæpe recitando memoriam excolant et frequenter declamando se exerceant. » (Statuta Facultatis Artium, art. 25, 26, 27 et 28.) — « Classium minorum duces utriusque linguæ rudimenta inculcanto ; ingenia crebis disputationibus acuunto ; memoriæ atque pronuntiationis certamina indicanto ; quotidianis ferme thematis latine scribere tironem edocento. — Superioribus ordinibus humanitatis ac potissimum primæ classi præfecti græcis, latinis, vinctis et liberis compositionibus, epistolis, choriis, oratiunculis, epigrammatis, odis, elegiis, cæteris dicendi aut canendi generibus eloquentiæ candidatos assidua opera informanto ; prolixis annotatis auditorem ne fatiganto ; quotidie ad excolendam memoriam, scholis matutinis et postmeridianis justam lectionem præscribunto ; inter explicandum, latine semper, id quod et professores philosophiæ factitare par est, accurate loquuntor ; in exigenda ratione dictatorum ac lectionum assidui et severi sunto; compositionibus in omne genus cum cura emendandis nullius diei non partem aliquam professores omnium scholarum humanitatis impendunto. — Correctas et

mit en la troisième classe, écrivait Henri de Mesme (1542), j'appris à répéter, disputer, haranguer en public... et à régler mes heures tellement que, sortant de là, je récitai... Homère d'un bout à l'autre[1]. » André Lefebvre d'Ormesson se glorifie également « d'avoir retenu par cœur, toute sa vie, tout ce qu'il avait appris en sa jeunesse[2] ». Les plus solides et les plus brillants élèves du temps ne concevaient pas de plus noble idéal.

II

Cet idéal représentait, il est vrai, relativement aux études du moyen âge, un progrès considérable. Le moyen âge avait eu, lui aussi, sans doute, ses disciplines puissantes : comment le méconnaître, à voir les esprits vigoureux qu'elles avaient formés d'Abélard à Calvin? Nul doute que la scolastique ait travaillé en son temps à l'éducation de l'esprit français; elle a contribué à lui donner la fermeté et la logique. Mais, au seizième siècle, elle avait produit ce qu'elle pouvait

---

a mendis expurgatas compositiones, doctorum chirographo publicatas, ultima septimanæ die, in aula gymnasii unumquemque monstrare sibi cogunto.... Eodem septimo die, quidquid per totos septem dies memoriæ scholastici tradiderint, ibidem rudiores ex memoria repetere; et provectiores et classicos præcipue, orationes et carmina quæ ipsimet exaraverint, de suggestu pronuntiare jubento. » (*Decretum de collegiis*, 15 nov. 1626, art. 39, 40, 48, 49.) — Cf. *Claude Baduel*, etc., chap. v, p. 56 et suiv. Voir J. Quicherat, *Histoire de Sainte-Barbe*, Paris, 1861, t. I, ch. x, p. 85 et suiv.

1. Voir Rollin, *Traité des Études*, liv. II, chap. II, art. 1.
2. *Mémoires manuscrits d'André Lefebvre d'Ormesson*, f° 71, 7°. — Cf. *Journal d'Olivier Lefebvre d'Ormesson*, publié par M. Chéruel, Introduction, p. xxx.

produire, et il n'en subsistait plus guère que les abus[1].
« Peu de préceptes et beaucoup d'usage », professait
Ramus, et l'on avait renoncé au *Floretus*, au *Combat* de
Theodolus, aux *Distiques* de Jean Facetus, au *Doctrinal*
d'Alexandre de Villedieu, au *Grécisme* d'Evrard de Bé-
thune, pour aborder directement les textes classiques
et « fondre ensemble l'étude de la pensée et celle du
langage, l'éloquence et la philosophie[2] ». C'était le
premier bienfait de la Renaissance. Le champ, une fois
ouvert, s'était rapidement étendu. C'était à qui s'empres-
serait « d'oster du chemin des arts libéraux les espines,
les cailloux et tous empeschements et retardements des
esprits, de faire la voye plaine et droicte pour parvenir
plus aisément non seulement à l'intelligence, mais à la
practique des choses[3] ». On protestait contre ces lati-
neurs de Collège, pour qui le monde n'était que babil,
et qui semblaient, suivant l'expression de Bacon, n'avoir
d'autre souci que de peser, de mesurer ou d'orner le
vent[4]. Montaigne rappelait avec une pointe de mauvaise
humeur « qu'avant le premier desnouement de sa langue », son père l'avait confié à des maîtres et à des
serviteurs « qui ne parlaient en sa compaignie qu'autant
de mots de latin que chacun avait appris pour jargon-
ner avec lui »; à six ans, il n'entendait pas plus le
français que « le périgordin ou l'arabesque »; à treize,
en sortant du Collège, il ne connaissait rien de ce qu'il
aurait eu besoin de posséder : « Je vouldrais premièrement bien savoir ma langue, disait-il, et celle de mes
voysins où j'ai plus ordinaire commerce »; il lui tardait

1. Voir Thurot, *De l'organisation de l'enseignement dans l'Université de Paris au moyen âge.* Paris, 1850.
2. Ramus, *De Studiis eloquentiæ ac philosophiæ conjungendis oratio* (1546).
3. *Id.*, *Remontrance au Conseil privé, touchant la profession royale en mathématiques* (1567).
4. *De dignitate et augmentis scientiarum*, liv. II, Præf., § 11.

de sortir « de la geaule » pour « frotter et limer sa cervelle contre celle d'autruy »; il avait soif « de pratiquer, par le moyen des histoires, les grandes âmes des meilleurs siècles [1] ». C'est le même besoin d'affranchissement qui travaille l'esprit d'Érasme. On a dit avec finesse qu'il pensait, aimait et haïssait en latin. Si c'est en latin aussi qu'il demandait qu'on donnât aux choses le pas sur les mots[2], il voulait qu'on renonçât aux superstitions de la fausse rhétorique et qu'on créât à l'enfant un fonds de savoir bien digéré avant de l'exercer à écrire : il faisait donc place dans son plan d'études à l'histoire, à la géographie, à l'arithmétique, à l'hygiène, à la physique, — à celle qui révèle les secrets de la nature et de la vie, — aux mathématiques, à la morale. N'était-ce pas trop encombrer l'esprit de la jeunesse? Érasme ne méconnaissait pas la portée de la critique; mais pour certaines sciences il lui suffisait que l'écolier y trempât ses lèvres; *quasdam gustasse sat erit*[3]. Plus hardi, Rabelais l'y plongeait tout

---

1. *Essais*, I, xxv. — Cf. J. Gaufrès, *C. Baduel*; Dejob, *Marc-Antoine Muret*; G. Boissier, *la Réforme des études au seizième siècle*, *Revue des Deux Mondes*, 1ᵉʳ décembre 1882.

2. « Principio duplex omnino videtur cognitio, rerum ac verborum; verborum prior, rerum potior. » (*De Ratione studii*, t. I, p. 522, édit. de 1703.) — C'est dans le même esprit que Bacon disait : « Ut rerum dignitas verborum cultui præcellit.... » (*De dignitate et augmentis scientiarum*, lib. I, § 31.)

3. Le passage du *Dialogue* où Érasme expose ce programme est d'un tour charmant : « Utriusque linguæ, græcæ et latinæ, peritiam exacte perdiscet teneris statim annis. Dialectices non patiar esse rudem ; nolim tamen ludicris illis argutiis ad ostentationem repertis torqueri. Rhetoricus aliquanto quidem diligentius, sed tamen citra superstitionem, exercebitur scribendi dicendique potius usu quam anxia præceptorum observatione. Sed prius geographiam perdiscet accurate : arithmeticam, musicam et astrologiam degustasse sat erit. Medecinæ tantum addetur quantum tuendæ valetudini sat erit. Nonnullus et physices præbebitur gustus, non tantum hujus quæ de principiis, de prima materia, de infinito ambitiose disputat, sed quæ rerum naturas demonstrat : quæ res agitur in libris de anima, de meteoris, de animalibus, de plantis. — Nihilne de moribus? Hoc aphorismis instillabitur, præsertim ad pietatem christianam et officia vitæ communis pertinentibus. — Tot disciplinis oneras ætatem teneram? — Faxo ut hæc omnia ludens discat,

entier. Il n'était pas de mystère dans les langues, — grecque, latine, hébraïque, chaldaïque et arabique, — dans les arts libéraux, — géométrie, musique, astronomie, — dans le droit civil et la philosophie, — dans « les faictz de nature », — auquel il n'entendit initier son élève ; il en voulait faire « un abysme de science[1] » :

priusquam attingat annum decimum octavum. — Fortasse per artem notoriam ? — Nequaquam. — Qui potest alioqui ? — Nihil est necesse, quemadmodum vere dictum est, ut puer omnes disciplinas exacte discat. Quasdam gustasse sat erit. Id magno fructu parvoque negotio fiet, si ex singulis præcipua quædam redigantur in compendium. Neque quidquam facilius discitur quam quod optimum est. — Pulchre narras. Sed unde compendiorum artifex ? — Jam hoc ago, ne ab uno petam omnia, sed in quo quisque præcellit in eo deposcam illius operam..... » (*De recta latini græcique sermonis pronuntiatione dialogus*, t. I, p. 922-922.) — « In primis tenenda est historia, cujus usus latissime patet », dit-il en parlant des connaissances du maître (*De ratione studii*, t. I, p. 523).

1. Ici également il faut citer le texte qui nous transporte si agréablement dans la chimère. « J'entends et veulx, dit Rabelais, que tu aprennes les langues parfaictement. Premièrement la grecque, comme le veult Quintilian, secondement la latine. Et puis l'hébraicque pour les sainctes letres, et la chaldaïque et arabique pareillement, et que tu formes ton stille, quant à la grecque, à l'imitation de Platon, quant à la latine, de Cicéron. Qu'il n'y ait histoire que tu ne tiennes en mémoire présente, à quoy te aydera la cosmographie de ceulx qui en ont escript. Des arts libéraux, géométrie, arithméticque et musicque, je t'en donnay quelque goust, quand tu estoys encore petit en l'âge de cinq à six ans ; poursuis le reste, et de l'astronomie saiche en tous les canons ; laisse moy l'astrologie divinatrice et l'art de Lullius comme abuz et vanitez. Du droit civil, je veulx que tu saiche par cueur les beaulx textes et me les confere avecque philosophie. Et quant à la cognoissance des faictz de nature, je veulx que tu te y adonnes curieusement, qu'il n'y ayt mer, rivière, ny fontaine, dont tu ne cognoisse les poissons, tous les oyseaulx de l'air, tous les arbres, arbustes et fructices des foretz, toutes les herbes de la terre, tous les métaulx cachez au ventre des abysmes et les pierreries de tout Orient et Midy, rien ne te soit incongneu. Puis soigneusement revisite les livres des médecins grecz, arabes et latins, sans contemner les Thalmudistes et Cabalistes, et par fréquentes anatomies acquiers toy parfaicte congnoissance de l'aultre monde qui est l'homme. Et par quelques heures du jour commence à visiter les sainctes lettres : premièrement en grec, le nouveau testament et Epistres des apostres et puis en hébreu le vieux testament. Somme que je voy un abysme de science... » (II, 8. *Comment Pantagruel estant à Paris receut letres de son père Gargantua et la copie d'icelles*, édit. Marty-Laveaux.) — Cf. Cornelius Agrippa, *De vanitate et incertitudine scientiarum* (1527) ; L. Vives, *De causis corruptarum artium* (1531) ; Nizolius, *Antibarbarus contra pseudo-philosophos* (1850)

on ne pouvait plus résolument prendre possession du pays d'Utopie.

La chimère eût-elle été moins accusée, l'Université n'était pas disposée à laisser si vite pratiquer la brèche dans la place qu'elle se faisait une religion de défendre. Non moins prudents dans leurs évolutions, les Jésuites ne cédaient que peu à peu à l'esprit de réforme, mais ils savaient céder à temps. Entrant avec discrétion dans les voies nouvelles, ils avaient, les premiers, substitué la culture classique aux exercices de l'école. Bien plus, tandis qu'il suffisait à l'Université que ses élèves ne fussent pas absolument ignorants en grec [1], les Jésuites, c'est un des caractères de leur programme, mettaient le grec sur le même plan que le latin [2]. La langue latine demeurait la langue usuelle et obligatoire; mais les élèves étaient exercés à écrire en grec; on en com-

---

1. « Et ut linguæ etiam grecæ non ignari existant... aliquid de Homeri., Hesiodi... Theocriti... operibus ediscant. » (*Statut.*, art. 25.) — « Ea græcæ linguæ dignitas est, — dit le P. Jouvency, — ut illam qui non calleat eruditus plane dici nemo possit. » (*Magistris scholarum inferiorum Societatis Jesu de ratione discendi et docendi ex decreto Congregationis generali XIV, auctore* Josepho Juvencio, *Soc. Jesu*, 1711, Prima pars, cap. 1.)

2. Le cadre du plan d'études des Jésuites comprenait 5 cours : 3 de grammaire, 1 d'humanités, 1 de rhétorique, suivis de 1, 2 et 3 classes de philosophie pour l'élite. Voici comment ils définissaient chacun des cours fondamentaux : « Gradus *infimæ classis grammaticæ* est rudimentorum perfecta cognitio.... Gradus *mediæ classis grammaticæ* est totius quidem grammaticæ, minus tamen plena, cognitio.... Gradus *supremæ classis grammaticæ* est absoluta grammaticæ cognitio.... Gradus *humanitatis* est... præparare veluti solum eloquentiæ.... Gradus *rhetorices* non facile certis quibusdam terminis definiri potest ; ad perfectam enim eloquentiam informat.... Universam *philosophiam* biennio aut triennio absolvet [præceptor]; primo anno tradetur logica, metaphysice et methodus; secundo physica et philosophia moralis; in tertio tractabuntur illæ physicæ et metaphysicæ quæstiones, quæ aut tractatæ in biennio non sunt aut ampliori explicatione indigent et mathesis sublimior. » (*Ratio atque institutio studiorum Societatis Jesu.*) — On sait que le plan d'études de la Société de Jésus a eu trois éditions successives, 1586, 1591 et 1599. C'est dans l'édition de 1599 qu'il faut chercher la pensée définitive de l'Ordre. — Voir aux Annexes, n° II.

mençait l'étude dès la Sixième. D'autre part, l'érudition
— c'est le nom qu'on donnait aux notions historiques
de toute nature — était admise à titre de commentaire des textes, avec toute sorte de réserves, il est
vrai ; il était entendu notamment que ce commentaire,
considéré comme un divertissement, ne devait jamais
empiéter sur les exercices littéraires[1] : l'histoire proprement dite, la géographie, les éléments du calcul
étaient compris avec la langue maternelle (*vernacula
lingua*) dans ce que le plan d'études nomme les enseignements accessoires, et on leur accordait environ une
demi-heure par jour dans les classes de grammaire[2] ;
faire des orateurs et des poètes d'élégante latinité, tel
était l'objet des études aux yeux du P. Jouvency ; il
s'agissait de développer le goût et d'affiner l'esprit[3].
Mais, pour employer une des comparaisons familières
aux écrivains de l'Ordre, si le fonds était restreint, les
plus humbles régents, grâce à la discipline commune,

---

1. « Exacto tirocinio (c'est-à-dire pour le couronnement des études),
dit le P. Jouvency, primus magistri labor erit latinum stylum illis optimum, poeticum juxta et oratorium, et demonstrare et ut assequantur
adjuvare. » (*De Ratione discendi et docendi*, Secunda pars, art. 8.) Et
ailleurs : « Denique nullam eruditi præceptores occasionem ornandæ rei
litterariæ... prætermittant. » (*Ibid.*, Prima pars, cap. III, art. 2.) — L'ouvrage capital du P. Jouvency, outre son Plan d'études, est un Manuel de
rhétorique : *J. Juvencii e Societate Jesu candidatus rhetoricæ*. Voir la
2ᵉ édition (*Candidatus... auctus et meliori ordine digestus*, 1759).
2. « Eruditio modice usurpetur, ut ingenium excitet interdum ac
recreet, non ut linguæ observationem impediat. » (*Regulæ professoris
humanitatis*, I.) — « Eruditio... ex historia et moribus gentium, ex
auctoritate scriptorum et ex omni doctrina, sed parcius ad captum
discipulorum accersenda. » (*Regulæ professoris rhetoricæ*, I. — Cf.
Jouvency, Prima pars, art. 3, § 1, 2, 3.
3. « Ultima semihora linguæ vernaculæ et accessoriis tribuetur. » (*Regulæ infimæ et mediæ classis grammaticæ*.) « Ultimas emihora concertationi vel linguæ vernaculæ aut accessoriis concedatur. » (*Regulæ
supremæ classis grammaticæ*.) — Voici comment, dans le Règlement
général des classes inférieures, sont déterminées les études accessoires
(*accessoriæ disciplinæ*) : « historiam, geographiam, matheseos elementa
et si qua alia in his scholis tradi solent... » (§ 11).

excellaient — au témoignage de Descartes et de Bacon — à le féconder.

III

Avec les Oratoriens (1639) et les Jansénistes (1643) le cadre s'élargit. L'admission de la langue française au droit de cité dans l'enseignement des collèges est leur commune nouveauté. A Juilly, l'usage du latin n'était réglementaire qu'à partir de la quatrième ; le catéchisme était même enseigné en français jusqu'à la seconde ; à Port-Royal, des rudiments français avaient remplacé les grammaires grecque et latine[1]. La langue

[1]. On sait que les livres en usage étaient la grammaire latine de Despautère, — de ce Despautère dont Guyot écrivait : « Tout déplaît aux enfants dans le pays de Despautère, dont toutes les règles leur sont comme une noire et épineuse forêt, où, durant cinq ou six ans, ils ne vont qu'à tâtons, ne sachant quand et où toutes ces routes égarées finiront ; heurtant, se piquant et choppant contre tout ce qu'ils rencontrent, sans espoir de jouir jamais de la lumière du jour », — la grammaire grecque de Clénard, les lexiques de Schrevellius et de Scapula, les traités du P. Labbe et du P. Vavassor. Ce sont ces livres que remplacèrent, dans les petites écoles, la *Nouvelle méthode pour apprendre facilement et en peu de temps la langue latine* (1644) ; la *Nouvelle méthode pour apprendre facilement la langue grecque* (1655) ; le *Jardin des racines grecques mis en vers français*, de Lancelot (1657) ; la *Grammaire générale et raisonnée*, d'Arnauld (1660) ; l'*Art de penser, contenant, outre les règles communes, plusieurs observations propres à former le jugement*, du même Arnauld (1662) ; les *Traités* de Nicole, etc. — On peut indiquer aussi, comme procédant de la même pensée, la *Nouvelle méthode pour apprendre avec facilité les principes de la langue latine où sont expliqués les genres et les déclinaisons des noms et des prénoms, les prétérits et supins et les conjugaisons des verbes, la syntaxe et la quantité, dans un ordre clair et concis tout ensemble et distingués par quatre différentes couleurs pour le soulagement des écoliers* (1665), — espèce de grammaire en forme de tableau, dressée sous la direction du P. de Condren, second supérieur de l'Oratoire, méthode qui avait paru à Richelieu une invention féconde. — Le P. de Condren avait établi à Juilly une classe de Sixième, plus tard une classe de Cinquième pour l'enseignement pratique et élémentaire des règles et de l'orthographe françaises, comme introduction à l'étude du latin. Il faisait commencer le grec en Cinquième.—Voir aux Annexes, n° II, note c.

maternelle était la première où l'enfant apprit à s'exercer [1]. Le français servait de truchement, comme on disait alors, au latin, et le latin au grec. Cela seul marquait une révolution. Tout l'enseignement en recevait une aisance et une ampleur inconnues jusque-là. D'abord les méthodes nouvelles constituaient, pour les premières années de l'éducation, un bénéfice considérable, l'alphabet latin ne coûtant pas moins parfois de trois années d'efforts. Mais l'avantage se faisait mieux sentir encore dans la suite des études où les explications, s'aidant du français quand elles ne se faisaient pas en français même, pouvaient être tout à la fois plus substantielles et plus rapides. Bien plus, Juilly avait un professeur particulier pour l'histoire qui ne donnait ses leçons qu'en français; et, dès ce moment, l'histoire était entrée dans le plan général des exercices chez les Oratoriens : histoire sainte en Sixième et en Cinquième, histoire grecque et histoire romaine dans les trois divisions, ou, comme on disait, dans les trois chambres suivantes; histoire de France dans la chambre des grands [2].

A Port-Royal il n'existait pas de « cahiers » d'his-

1. « Nous instruisons les enfants du latin par des règles françaises, dit Lancelot ; car nous ne sommes pas seuls à redire à la façon ordinaire de leur faire apprendre les règles de la langue latine en cette langue qu'ils n'entendent point encore; et nous désirons les former dans leur langue autant que dans celle-là. Nous leur faisons ensuite lire et observer les meilleurs auteurs. » (*Méthode pour commencer les humanités grecques et latines*, Préface.) — Ce sont des prescriptions inspirées du même esprit que donnait Tanneguy-Lefebvre, le père de Mme Dacier, dans sa *Méthode pour commencer les humanités grecques et latines*. Voir les Mémoires de Sallengre, t. II, 2ᵉ part., p. 62. — « S'il y a des livres intitulés *Méthodes* ou *Syntaxes* pour apprendre à écrire, ou pour la danse, ou pour la musique, personne, qu'on sache, n'en est venu à bout sans pratiquer, disait Arnauld dans son *Règlement des études pour les lettres humaines* (voir p. 24, note 1); on n'apprend les langues que par l'usage. On suppose qu'il sait, dans cette syntaxe, la règle par laquelle on explique que, dans le menuet, il faut compter le quatrième pas; celui qui saura cette règle par cœur, sans faute, n'exécutera pas pour cela le quatrième pas. »

2. Voir l'*Histoire de l'abbaye et du collège de Juilly depuis leurs ori-

toire proprement dits; mais on y lisait les historiens grecs et latins comme historiens, et on éclairait les réflexions qu'ils provoquaient par l'étude de la géographie et de la chronologie, que Guyot appelle, avant le président Hénault, les deux yeux de l'histoire. D'autre part l'enseignement des sciences avait été agrandi et transformé comme tout le reste, par le fait seul de la substitution des *Nouveaux éléments de géométrie d'Arnauld, éléments déduits en français,* au *Recueil latin des théorèmes d'Euclide.* Il n'était pas jusqu'aux littératures modernes qui n'eussent leur place dans les programmes des petites écoles, au moins pour l'élite des élèves. Les maîtres de Port-Royal avaient composé des méthodes pour apprendre l'italien et l'espagnol : Racine, en sortant de leurs mains, possédait ces deux langues. Enfin, dans son *Règlement des études pour les lettres humaines*[1], Arnauld avait institué, à la fin de chaque classe, de « rigoureux » examens de passage. Pour l'avant-dernier, c'est-à-dire pour celui qui permettait de monter de Rhétorique en Philosophie, l'élève devait être en état « d'expliquer tous les auteurs classiques à livre ouvert, et de faire, en latin, après une heure de préparation, un récit d'un quart d'heure d'après un sujet donné ». Pour le dernier, qui donnait droit au diplôme de maître ès arts, le candidat avait à répondre « sur tous les auteurs classiques, sur toute la philosophie, sur la géographie ancienne et nouvelle, sur la chronologie, sur les histoires sainte, grecque, latine, et sur l'histoire de France [2]. Ce programme, qui semble, il est vrai, être

gines jusqu'à nos jours, par Charles Hamel, avocat, docteur en droit, ancien élève de Juilly, 2e édit., 1868, liv. IV, chap. I.

1. *Mémoire sur le règlement des études pour les lettres humaines*, par M. Arnauld, *docteur en Sorbonne*, avec des notes attribuées à Rollin; Paris, t. XL des *Œuvres de messire* Arnauld, imprimé pour la première fois en 1870. — Voir aux Annexes n° III, l'ensemble de son *Plan d'études.*
2. *Id., ibid.*, art. 20, 21 et 22.

resté une théorie, ne se rapproche-t-il pas déjà bien sensiblement de celui du baccalauréat?

IV

Richelieu se faisait de l'enseignement des collèges une idée encore plus compréhensive. Il ne croyait pas, il est vrai, que cet enseignement convînt à tout le monde, et il établissait en principe « qu'à un peuple bien réglé il faut plus de maîtres ès arts mécaniques que de maîtres ès arts libéraux[1] ». Mais, réservé à ceux qui étaient en mesure d'en profiter, « le commerce des lettres » ne lui paraissait pas pouvoir être mis à trop haut prix. Dans un plan rédigé sous sa direction pour la création d'un collège au profit de la ville qu'il avait dotée de son nom, il prescrivait : « 1° une étude approfondie de la langue française[2] ; 2° l'enseignement de toutes les

---

1. *Testament politique*, chap. II, sect. X.
2. Richelieu attachait une importance particulière à l'enseignement de la langue française, et on peut dire qu'il a devancé, sous ce rapport, les vœux de Port-Royal. — Voici, en effet, ce qu'on lit dans la *Déclaration du Roy concernant l'établissement de l'Académie ou Collège royal en la ville de Richelieu et privilèges attribués à icelle, ensemble les statuts et règlements de ladite Académie* (à Paris, chez P. Rocolet, 1641): « Aujourd'hui, 20 du mois de mai 1640, le Roy étant à Soissons,... sur la proposition qui lui a été faite par le sieur Legras d'établir avec ses associés un Collège royal en ladite ville de Richelieu pour l'enseignement de la langue française par les règles et de toutes les sciences en la même langue à l'exemple des nations les plus illustres de l'antiquité qui ont fait le semblable en leur langue naturelle,... Sa Majesté a résolu... d'établir en ladite ville de Richelieu et Collège et Académie royale pour y être enseigné à la noblesse française et à tous ceux qui s'y pourront présenter la langue française par règles et en la même langue toutes les sciences qu'ils verront bon être ensemble, les exercices des armes et autres, qui se font dans les Académies royales. » Dans le préambule des statuts de ce Collège, Richelieu revient sur la même pensée : « Il arrive par malheur, dit-il, que les difficultés qu'il faut surmonter et le long temps qui s'emploie pour apprendre les langues

matières en cette langue; 3° une étude du grec aussi complète que celle du latin; 4° l'enseignement combiné des sciences et des lettres; 5° la comparaison des lettres grecque, latine, française, italienne et espagnole; 6° l'étude de la chronologie, de l'histoire et de la géographie [1]. » Pour que rien ne manquât au programme, un tableau d'emploi du temps y était annexé, qui déterminait à quelles heures et dans quelles conditions chacun de ces enseignements devait être distribué [2]. Et cette conception obtenait, après le Cardinal

---

mortes avant que de pouvoir parvenir à la connaissance des sciences font que, d'abord, les jeunes gentilshommes se rebutent et se hâtent de passer à l'exercice des armes sans avoir été suffisamment instruits aux bonnes lettres, bien qu'elles soient les plus beaux ornements de leur profession »; et il conclut à la nécessité d'établir une Académie royale « où les disciplines convenables à leur condition leur soient enseignées en langue française, afin qu'ils s'y exercent, et que les étrangers mêmes qui en sont curieux apprennent à connaître ses richesses et les grâces qu'elle a pour expliquer les secrets des plus hautes disciplines ».

1. « Seront informés les jeunes gentilshommes, disent les *Statuts* (voir ci-dessous, note 2), des notions générales de l'histoire universelle et de l'establissement, déclinaisons et changements des empires du monde, transmigrations des peuples, fondement et ruine des grandes villes, noms, actions et siècles des grands personnages, comme aussi de l'estat des principautés modernes, singulièrement de l'Europe, dont les intérêts nous touchent de plus près par leur voisinage; surtout au long ils apprendront l'histoire romaine et française. »

2. Les professeurs enseigneront le matin les sciences en français, à mêmes heures, en six classes distinctes :

En la sixième classe, on enseignera la grammaire, la poésie et la rhétorique;

En la cinquième classe, la carte ou plan, la chronologie, la généalogie et l'histoire;

En la quatrième classe, la logique et la physique;

En la troisième classe, les éléments de géométrie et d'arithmétique, la pratique de toutes les deux et la musique;

En la deuxième classe, les mécaniques, l'optique, l'astronomie, la géographie et la gnomonique;

En la première classe, la morale, l'économique, la politique et la métaphysique.

Les mêmes professeurs qui auront enseigné le matin les sciences, enseigneront après-midi les langues. Pour ce qui est de la méthode de ces langues, on enseignera :

En la sixième classe, les rudiments et les colloques;

En la cinquième classe, la syntaxe et les épistolaires;

En la quatrième classe, les quantités, les poètes et les historiens;

ou de son vivant, l'assentiment des meilleurs esprits : de Descartes, qui, comme lui, entendait ne considérer « que ceux qui avaient le raisonnement le plus fort, encore qu'ils ne parlassent que bas-breton et qu'ils n'eussent jamais appris de rhétorique [1] » ; de Bossuet, qui ne voulait pas que son élève « ignorât l'histoire du genre humain », et qui n'admettait pas que, « pour méditer des ouvrages immortels, il fallût toujours emprunter la langue de Rome et d'Athènes [2] » ; de La Bruyère, qui estimait qu'on ne pouvait « charger l'enfance de trop de langues [3] », et qui se félicitait qu'on eût enfin « secoué le joug du latinisme [4] » ; de Fleury [5], et de bien d'autres.

Ces idées de progrès avaient même forcé les portes de l'Université, grâce à la sagesse de ses maîtres les plus autorisés. Elle les avait adoptées avant que Rollin lui eût donné son code : le *Traité des Études* ne faisait, en effet, que fixer la coutume [6] ; c'est Rollin lui-même qui le

En la troisième classe, les figures et les orateurs ;
En la deuxième classe, la langue grecque et les avantages qu'elle a sur les autres ;
En la première classe, l'origine des langues grecque, latine, italienne, espagnole et française, la conformité et la différence qui est entre elles.
Les écoliers apprendront conjointement les sciences, les langues et les exercices (escrime et équitation) aux heures qui seront prescrites par le Directeur, auquel toutefois est réservé le pouvoir d'en dispenser pour cause légitime.... (*Statuts et règlements de l'Académie et Collège royal establi par ordre du Roy en la ville de Richelieu*, etc., septembre 1640.)

1. *Discours de la Méthode*.
2. *Lettre au pape Innocent XI sur l'éducation du Dauphin.* — *Discours de réception à l'Académie française* (1671).
3. *De quelques usages*, 71.
4. *Des ouvrages de l'esprit*, 60.
5. *Traité du choix et de la méthode des études*, XXII, *Grammaire*, XXV, *Langues, latin*, etc.
6. *Traité des Études*, Discours préliminaire, III, *Observations particulières*. « Mon dessein, dans cet ouvrage, n'est pas de donner un nouveau plan d'études, mais seulement de marquer ce qui s'observe sur ce sujet

28 ENSEIGNEMENT SECONDAIRE.

déclare. Et le programme qui y est développé marque une étape considérable dans la série des progrès que nous essayons d'esquisser. Il embrassait les trois langues classiques : la grecque, la latine et la française, — la française étant placée au début et au premier rang[1], — la poésie, la rhétorique, l'histoire sainte et l'histoire profane, la fable et les antiquités, la philosophie, dans laquelle étaient compris les éléments de la physique, de la botanique et de l'anatomie[2]. Rollin s'éton-

dans l'Université de Paris, ce que j'y ai vu pratiquer par mes maîtres et ce que j'ai tâché moi-même d'y observer en suivant leurs traces. »
— Cf. liv. II, chap. III. — Voir aux Annexes, n° IV, le Plan d'études de l'Université au XVII° et au XVIII° siècle.

1. Pour apprécier exactement ce progrès, il est utile de se rappeler qu'en 1657 N. Mercier, sous-principal des grammairiens au Collège de Navarre et pédagogue écouté, considérait comme une honte, dans son traité *De Scholasticorum officiis*, de parler la langue maternelle :

« Flagitiumque putat nativo idiomate fari. »

2. C'est dans le projet de réforme des règlements de l'Université, préparé en 1720, qu'il faut particulièrement chercher l'influence de Rollin. Ce projet ne reçut point l'approbation officielle, mais il modifia en réalité les usages. Nous y trouvons entre autres prescriptions les suivantes : « Ut pueri a prima ætate assuefiant latino sermoni, qui solus fere in superioribus scholis usurpatur et quandoque pro varia locorum et temporum ratione plane necessarius est, dabunt operam professores ut adolescentes in scholis latine loquantur et respondeant. Ne tamen vernaculam linguam ignorent et in sua patria hospites sint et peregrini, gallicæ etiam linguæ elementis imbuentur et gallicis tum lectionibus, tum scriptionibus, accurate et pure loquendi facultatem excolent. » Art. XI et XII. — Les historiens sont recommandés pour les études des hautes classes : « Majoribus vero qui in secunda aut prima classe se exercebunt... lectitent, non omissis interim vel historicis ut Livio et Tacito.... Deinde robustiores facti, aggredientur... nonnihil ex Herodoto, Xenophonte et Plutarcho. . » Art. VI. — Pour la philosophie, on prescrit la lecture des ouvrages modernes : « Logicæ præcepta desument tum ex Aristotelis *Organo*, tum etiam ex recentiorum philosophorum libris, maximeque ex Cartesii *Methodo* et ex *Arte cogitandi*. Metaphysicam pariter ex libris *Metaphysicorum* Aristotelis ducent; itemque Cartesii *Meditationibus metaphysicis*, quibus doctrina Platonis mirum in modum fuit illustrata et ad doctrinam christianam propius admota. Physicam pariter ex veterum recentiorumque placitis component : dabuntque operam ut neque novitatis studium venerandæ antiquitati quidquam detrahat, neque nimius antiquitatis amor noceat veritati. » Art. XXII. (*Reformatio statutorum celeberrimæ Artium Facultatis Universitatis studii Parisiensis*, 1720.) —

nait presque de sa confiance, il est vrai, ou du moins il ne se méprenait pas sur ce que « cette variété d'études avait d'étendu [1] »; il acceptait néanmoins ce développement comme une conséquence inévitable et raisonnable de l'avancement des sciences. Il respectait la tradition, sans s'asservir à la routine. Certaines de ses vues particulières devançaient même de beaucoup les idées de ses contemporains [2]. C'est ainsi qu'il regardait « l'histoire comme le premier maître qu'il faut donner aux enfants [3] ». Il ne faisait de réserve — chose singulière — que pour l'histoire de France. Non, tant s'en faut, qu'il fût disposé à en considérer la connaissance comme indifférente : « Je vois avec douleur, disait-il, qu'elle est négligée par beaucoup de personnes à qui pourtant elle serait fort utile, pour ne pas dire nécessaire »; il se reprochait à lui-même de ne s'y

Sur l'étude des auteurs de philosophie, cf. le *Traité des Études*, liv. VII, art. 2 : « On faisait lire aux écoliers les plus forts Descartes et Malebranche.... » Rollin invoque lui-même très souvent le témoignage d'Arnauld.

1. *Discours sur l'instruction gratuite*, déc. 1719; discours d'abord prononcé en latin, puis traduit en français.

2. Liv. VI, Avant-propos. — Fleury, dans sa classification des études, ne place l'histoire qu'au second rang, parmi les « études utiles », les « études nécessaires » tenant le premier. Il serait même disposé à n'admettre le détail que pour l'histoire nationale. Le fond de sa pensée est qu'il y a lieu d'en étendre ou d'en resserrer le champ suivant la qualité des personnes : « Un homme de condition médiocre a besoin de fort peu d'histoire; celui qui peut avoir quelque part aux affaires publiques en doit savoir beaucoup plus, et un prince n'en peut trop savoir. » (*Du choix et de la méthode des études*, XXVI, *Histoire*.) — Le P. Malebranche était tout à fait contraire à l'enseignement de l'histoire; il considérait « qu'il y a plus de vérité dans un seul principe de métaphysique ou de morale, bien médité et bien approfondi, que dans tous les livres historiques ». « Après avoir conçu quelque bonne opinion de moi par les entretiens que j'avais souvent avec lui sur la métaphysique, raconte d'Aguesseau, il la perdit presque en un moment à la vue d'un Thucydide qu'il trouva entre mes mains, non sans une espèce de scandale philosophique. » (*Instructions sur les études propres à former un magistrat*; 1re Instruction.) — Il ne faut pas oublier, d'ailleurs, que ce n'est qu'en 1675 qu'un édit de Louis XIV avait introduit l'histoire de France dans les classes de l'Université.

3. *Traité des études*, liv. VI, Avant-propos. — Cf. Discours préliminaire, III, Observations particulières.

être point appliqué; il avait honte d'être, en quelque sorte, étranger dans sa propre patrie, après avoir parcouru tant d'autres pays, mais il ne croyait pas qu'il fût possible de trouver du temps à lui donner au cours des classes, tant les matières étaient déjà pressées ; et il se bornait à souhaiter qu'on tâchât d'en inspirer le goût aux jeunes gens, en citant de temps à autre quelques traits qui leur fissent naître l'envie de l'étudier quand ils en auraient le loisir [1].

V

Ces honnêtes scrupules étaient déjà en réalité bien dépassés. Les réformateurs de l'enseignement ont toujours eu leur avant-garde. Dans les dernières années du dix-septième siècle, des novateurs, que les défenseurs de la règle traitaient, non sans raison, d'aventuriers, s'offraient pour enseigner à forfait « la grammaire, la rhétorique, la philosophie, les mathématiques, la théologie, la jurisprudence, la médecine, la mécanique, la fortification, la géographie, la chronologie, le blason, l'astronomie, la jurisprudence romaine, les ordonnances, la coutume, le droit canon [2] ». Rollin avait pu voir l'abbé de Saint-Pierre s'engager en aveugle dans ces fourrés de l'enseignement encyclopédique. Le principal et l'accessoire, le nécessaire et le superflu, l'abbé de Saint-Pierre confondait tout, accumulait tout : la chimie à côté de la politique, l'histoire entre la musique et la navigation. « Mon avis, écrivait-il avec candeur, est que

---

1. *Traité des Études.* — Voir plus bas, page 38, note 1, l'opinion de d'Aguesseau sur l'enseignement de l'histoire.
2. Voir H. Lantoine, *Histoire de l'enseignement secondaire en France au dix-septième siècle*, 2ᵉ part., chap. II.

l'on enseigne aux enfants, dans les huit ou neuf classes du Collège, quelque chose de tous les arts et de toutes les sciences[1]. » Ce qui ressort de ces déclarations de charlatanisme intéressé ou de ces naïves professions de chimère, c'est que certains esprits entrevoyaient la nécessité de donner à l'éducation une orientation nouvelle. On sentait que les programmes de Juilly et de Port-Royal étaient devenus insuffisants. Former le goût et les mœurs, tel était l'objet suprême de l'éducation des Oratoriens et des Jansénistes, comme des Jésuites et de l'Université ; le *Traité des Études* avait primitivement pour titre *De la manière d'étudier et d'enseigner les belles-lettres par rapport à l'esprit et au cœur;* on se proposait d'élever l'honnête homme au sens qu'attribuait à ce mot la langue des salons et des Académies, c'est-à-dire l'homme capable de discourir ou de disserter sur une pensée morale, de composer une lettre ou de soutenir une conversation en termes de choix[2]. Si profonde était la tradition sur ce point, que, presque au moment même où Rollin renonçait à l'emploi de la langue latine appliquée à l'enseignement du latin, Locke, tout pénétré des principes de l'éducation utilitaire, cherchait pour son élève un maître qui fût en mesure de l'entretenir familièrement en latin[3], et qu'un des précurseurs de Rousseau, La Condamine, demandait qu'on fondât en Europe, pour recevoir tous les enfants destinés à l'étude des

---

1. *Projet pour perfectionner l'éducation*, Observation 17°.
2. « L'étude des auteurs anciens met en état, disait Rollin, de juger sainement des ouvrages qui paraissent, de lier société avec les gens d'esprit, d'entrer dans les meilleures compagnies, de prendre part aux entretiens les plus savants, de fournir de son côté à la conversation, où sans cela on demeurerait muet, de se rendre plus utile et plus agréable en mêlant les faits aux réflexions et relevant les uns par les autres. » (*Traité des Études*, Discours préliminaire, *premier objet de l'instruction.*)
3. *Quelques pensées sur l'éducation*, sect. XXIV, n° 166, trad. Compayré. — Cf. *ibid.*, n° 147.

belles-lettres, une ville où l'on ne parlât que latin[1]. Cependant des juges solides et délicats ne se satisfaisaient pas de ce commerce exclusif, même en le goûtant. « Il n'y a que trop de bel esprit dans le monde, disait dès 1685 le judicieux Fleury; il n'y aura jamais assez de bon sens[2] »; et il réclamait, « au profit du développement des connaissances qui vont à l'entretien de la vie et au fondement de la société civile[3] », la part de soins qu'à son gré on donnait avec trop de prédilection aux connaissances et aux exercices de pur agrément.

Ce qui n'était qu'un vœu discret dans la pensée de Fleury devenait, cinquante ans après, une arme de guerre entre les mains des encyclopédistes et des parlementaires. J.-J. Rousseau se laissait entraîner à son ordinaire par sa mauvaise humeur quand, raillant, « ces risibles établissements qu'on appelle collèges », il en résumait l'enseignement dans cette exclamation paradoxale : « des mots, encore des mots et toujours des mots[4]! » Il n'en faut croire également Duclos qu'à demi, lorsque, dans un mouvement d'emportement joué, il terminait la consultation que lui avait demandée Mme d'Épinay pour son fils, en s'écriant : « du français, de la danse, beaucoup de mœurs, peu de latin, très peu de latin et point de grec[5]! » Mais, pour être plus contenue, la critique de D'Alembert, de Diderot, de La Chalotais et de tous ceux qui reflétaient leur pensée n'était ni moins vive ni moins décidée. Oubliant qu'à côté de ces maîtres routiniers ou dégénérés, trop pré-

1. *Lettre critique sur l'éducation* (1751).
2. *Traité du choix et de la méthode des études*, xxiii, *Jurisprudence*.
3. *Id., ibid.*, xxiii. *Économique*.
4. *Émile*, liv. I.
5. Mᵐᵉ d'Épinay, *Mémoires*, année 1751. — Cf. Saint-Marc Girardin, *J.-J. Rousseau, sa vie et ses ouvrages*, t. II, chap. x, § 1. — Voir aussi le conte de Voltaire, *Jeannot et Colin*.

occupés d'apprendre à leurs élèves « à circonduire des périodes », il en était d'autres, fidèles disciples d'Arnauld, de Nicole, d'Hersan et de Rollin, dont l'enseignement touchait le fond même des intelligences, ils se laisseraient presque entraîner à renier les humanités qui leur servaient à combattre la fausse rhétorique en un si ferme langage. Dans son *Plan d'une Université russe*, Diderot classait au premier rang des connaissances à acquérir pour l'enfant les mathématiques, la mécanique, l'astronomie, l'histoire naturelle, la physique et la chimie; venaient ensuite la grammaire générale et la langue maternelle; en dernier lieu, les langues anciennes. Interprète grave des doctrines de l'Encyclopédie, D'Alembert ne s'expliquait pas qu'il fût d'usage de passer six ans à apprendre à écrire tant bien que mal une langue morte : ne suffisait-il pas de l'entendre? Pourquoi, dès lors, ne pas substituer aux thèmes latins des compositions françaises? Il faudrait bien y parler raison ou se taire. Ainsi des langues vivantes, de l'histoire et de la géographie; ainsi de la géométrie, sur laquelle il n'y avait qu'avantage à exercer l'intelligence de la jeunesse[1]. Tel était aussi le sentiment réfléchi de Rousseau dans le programme qu'il avait tracé pour le fils de M. Dupin[2], programme qui a précédé l'*Émile* de dix ans et où l'on sent le précepteur aux prises avec les difficultés de la pratique. Les éléments du latin, pour le comprendre, non pour l'écrire; l'histoire et la géographie de la France, la langue française, l'histoire générale, particulièrement l'histoire moderne, la rhétorique, non la rhétorique de préceptes et de formes, mais celle qui ressort de la vivante explication des

---

1. *Encyclopédie*, art. COLLÈGE.
2. *Portefeuille de Mme Dupin, dame de Chenonceaux, Lettres et œuvres inédites*, etc., publié par le comte Gaston de Villeneuve Guibert, Paris, 1884, *Mémoire présenté à M. Dupin pour l'éducation de son fils*, 1745.

auteurs, l'histoire naturelle, la physique et les mathématiques; la morale et le droit naturel : voilà les matières qu'il se proposait d'enseigner. Dans quel ordre comptait-il les aborder? Le Mémoire est à cet égard un peu confus. Mais trois points de méthode s'en dégagent : le premier, c'est que, contrairement aux vues qui avaient prévalu depuis un siècle, Rousseau ne voit pas d'inconvénient à commencer l'étude des langues par le latin[1]; le second, c'est qu'il ne semble pas demander, comme il le proposera plus tard, que l'enseignement des faits, des réalités, précède tous les autres; le troisième, c'est qu'à son avis l'histoire naturelle et la physique doivent être apprises, non dans les livres, mais avec la nature et par la nature; ici nous retrouvons pleinement la discipline de l'*Émile*.

VI

Ces intempérances ou ces nouveautés de critique signalées, il faut chercher dans les *Mémoires* et *Comptes rendus* du président Rolland le véritable caractère et l'exacte mesure de la réforme provoquée par

---

1. « Je sais que, dans la nécessité où l'on est d'apprendre le français méthodiquement et autrement que par l'usage, du moins quand on veut savoir écrire, bien des gens aiment mieux faire commencer les enfants par la grammaire française, suivant l'ordre le plus naturel; je ne serais pas tout à fait de cet avis, parce qu'il me semble que c'est lui imposer un double travail : car, après la grammaire française, il faut toujours revenir à la latine, c'est-à-dire au rudiment, au lieu qu'en commençant par celle-ci, ils apprennent à la fois les éléments de l'une et de l'autre : ce qui a de plus l'avantage de fixer mieux leur esprit que la grammaire française, dont ils ne sentent pas d'abord trop bien l'utilité. » (*Mémoire présenté à M. Dupin*, etc.)

l'opinion[1]. Rolland n'entendait nullement rompre avec la tradition[2]. Le *Traité des Études* restait pour lui l'évangile de l'éducation[3]. Tout le dix-huitième siècle a professé pour Rollin ce respect attendri ; l'un des plus énergiques partisans des idées en faveur, La Chalotais, avait

[1]. « Le 3 septembre 1762, avait été rendu un arrêt pour ordonner que les Universités de Paris, de Reims, de Bourges, de Poitiers, d'Angers et d'Orléans enverraient, dans le délai de trois mois, au Procureur général du Roi, tels Mémoires qu'elles aviseraient être bons, contenant les règlements d'études et de discipline qu'elles croiraient devoir proposer pour être observés dans les collèges des différentes villes du ressort de la Cour. » Il s'agissait, dans ces Mémoires, d'indiquer : « les plans les plus propres pour remplir les trois principaux objets de l'instruction de la jeunesse, la religion, les mœurs, les sciences, c'est-à-dire : 1° pour inspirer dans le cœur des jeunes gens les premiers principes de la religion, leur en apprendre et leur en faire pratiquer les devoirs, et les appliquer utilement à l'étude de l'histoire sainte ; 2° pour former leurs mœurs par l'étude et par la pratique de la vertu ; 3° pour leur apprendre les éléments et les principes des langues française, grecque, latine ou autres, l'histoire, les belles-lettres, la rhétorique, la philosophie et les autres sciences qui peuvent convenir à cet âge ». (*Mémoire sur l'administration du Collège Louis-le-Grand*, p. 12.)

[2]. Voici, d'après le président Rolland, quelle était, au milieu du dix-huitième siècle (1763), l'organisation des classes dans les Collèges de l'Université : « Les premières années sont partagées en six classes, que chaque écolier parcourt successivement et sous différents maîtres, et dont la Rhétorique est le complément et la perfection. Dans les premières, on acquiert la connaissance des langues ; dans la dernière, on s'instruit dans l'art d'en faire usage pour toucher, persuader et convaincre ; et, dans chacune, le professeur est obligé de joindre à l'objet principal de l'instruction tout ce qu'exige l'étude de la religion et de l'histoire. A ces six classes succèdent deux années de philosophie. Ici le maître suit ses écoliers et leur montre successivement les quatre parties entre lesquelles l'Université divise toute sa philosophie. Ces quatre parties sont : la logique, la métaphysique, la morale et la physique ; les trois premières roulent sur les choses abstraites et relatives aux esprits ; la physique a les corps pour objet, et l'Université remarque que l'étude de chacune de ces parties porte sur deux pratiques également essentielles : l'observation et le raisonnement, dont l'une fixe les principes et l'autre les développe et les étend. L'enseignement de ces quatre parties se fait en langue latine. » (*Plan d'éducation*, 2ᵉ part., p. 113.)

[3]. « Il est difficile, dit-il en parlant du *Traité des Études*, de réunir dans un ouvrage plus de jugement, de goût et d'honnêteté ; on y voit toujours marcher ensemble l'esprit et la raison, la vertu et les lettres, les préceptes et les exemples.... C'est dans ce livre que tout instituteur trouve les véritables règles de l'éducation. » (*Plan d'éducation*, 2ᵉ part., p. 145.)

consacré un chapitre de son plan à l'éducation littéraire et il définissait le goût dans des termes que Rollin n'aurait certainement pas désavoués[1]. Mais on avait dévié des voies pratiquées par l'auteur du *Traité des Études* à la suite des Jansénistes et des Oratoriens, et l'on avait laissé se refermer celles qu'il avait commencé à entr'ouvrir. « Presque personne n'a mis à exécution le plan de M. Rollin, écrivait-on en 1762. Où sont les Collèges où l'on apprenne aux enfants la langue française par principes ? Où sont ceux où on leur enseigne suffisamment la géographie, l'histoire, la chronologie, la fable ? Où sont ceux où on leur fasse lire assidûment et d'une manière suivie l'*Histoire ancienne* et l'*Histoire romaine*, qui n'ont été composées que pour eux ?... Tous se bornent à traduire du latin en français, soit de vive voix, soit par écrit, à mettre du français en latin, à arranger des mots pour en faire des vers et à faire tout au plus une centaine d'amplifications latines ou françaises[2]. » C'est ce qui explique que ce soit sur l'étude des langues que Rolland croit utile tout d'abord de porter son effort, et il l'y porte avec fermeté. Bien que profondément convaincu, comme Richelieu, que le Collège classique ne convient pas à tout le monde, il a, lui aussi, l'amour de l'antiquité, et il voudrait remettre en honneur le grec tombé en discrédit ; il s'attache parti-

---

1. « Le goût, dit La Chalotais, est un discernement prompt, vif et délicat des beautés qui doivent entrer dans un ouvrage ; il naît de la sagacité et de la jeunesse de l'esprit, et par conséquent c'est un don de la nature ; mais il se perfectionne par l'étude et par l'exercice ; il aperçoit les beautés et les défauts ; il les compare, les balance et les apprécie par un examen si fin et si prompt, qu'il paraît être plutôt l'effet d'un sentiment et d'une espèce d'instinct que la discussion. » (*Essai d'éducation nationale ou Plan d'études pour la jeunesse par Messire Louis-René de Caradeuc de la Chalotais*, Procureur général du Roi au Parlement de Bretagne : *Ce que c'est que le goût et quels sont les moyens de le former.*)

2. *Lettre où l'on examine quel plan d'éducation on pourrait suivre dans es écoles publiques*, in-12 (sans nom d'auteur), p. 5.

culièrement à la langue française ; il ne s'explique pas la négligence, « aussi funeste qu'inexcusable », dans laquelle on la laisse, et il demande « qu'elle marche enfin d'un pied égal avec la langue latine : s'il est utile pour quelques-uns de connaître les langues anciennes, il est nécessaire pour tous de savoir leur langue naturelle[1] ».

Toutefois il s'étonne plus qu'il ne s'inquiète de ce

---

[1]. « On reproche à l'Université, ajoutait Rolland (*Plan d'éducation*, 2ᵉ part., p. 143), la langue dans laquelle elle donne ses leçons de philosophie : elle a pour justification l'usage des Facultés ; la philosophie en ouvre l'entrée et il faut que ses disciples s'accoutument de bonne heure à parler la langue qui y est en usage : mais serait-il nécessaire dans ces Facultés mêmes que l'enseignement se fît toujours en latin? Croyons-nous que parmi les Grecs et les Romains, nos modèles et nos maîtres, les sciences fussent enseignées dans une langue étrangère? On ne saurait concevoir combien cet usage est nuisible à la perfection de notre langue, qui s'enrichirait par l'exercice et que l'argumentation même pourrait rendre plus claire et plus précise. » Voici cependant à quelle mesure timide il propose de borner la réforme de l'usage : « ... Je croirais utile de laisser à ces écoles leur ancien usage ; mais si l'on adoptait en même temps ce qu'a proposé relativement aux quatre articles du clergé le bailliage de Tours, on pourrait ordonner qu'ils seraient traités, disputés, soutenus dans notre langue naturelle : il me semble que ce *mezzo-termine* concilierait tout ».
Cette résistance des mœurs était réelle d'ailleurs ; on en trouvera le témoignage dans le document suivant : « Anno Domini 1789, die Mercurii decima sexta mensis Decembris, habita sunt in collegio Ludovici Magni comitia rectoria Quatuor Nationum.... Accessere demum varii philosophiæ auditores ac duo petiere, alterum ne in posterum professores philosophiæ scriptiones suas dictarent in scholis ; alterum vero, ne professores iidem lectiones suas latine, sed vernacule essent habituri. » (Archives du Ministère de l'Instruction publique, registre XLVIII, fol. 8.) — Sans se prononcer sur le fond des questions, la Faculté des Arts, dit M. Jourdain, à qui nous empruntons cette pièce (*Histoire de l'Université de Paris*, liv. IV, chap. III, p. 485), se contenta de maintenir provisoirement l'exécution de ses règlements, et elle ajourna jusqu'à la rentrée prochaine les changements qui seraient reconnus nécessaires. Néanmoins elle crut devoir recommander à ses professeurs, comme un travail très urgent, la rédaction de nouveaux traités élémentaires de philosophie. Ce fut pour déférer à cette invitation qu'un professeur du Collège du Cardinal-Lemoine, M. Lange, composa ses *Éléments de physique*, le premier ouvrage de ce genre, écrit en français, que l'Université de Paris ait adopté pour l'usage des classes. — Ajoutons toutefois qu'en 1741 (4 novembre) la Faculté des Arts avait ordonné l'emploi exclusif du français dans la rédaction des procès-verbaux dressés et des ordonnances rendues habituellement à la suite de la visite de chaque Collège. »

38   ENSEIGNEMENT SECONDAIRE.

reste de « barbarie », tant il est convaincu que la langue naturelle arrivera à se faire sa place, tout le monde comprenant de mieux en mieux la nécessité d'apprendre en français ce qu'on apprend pour les choses mêmes ! « Ce qui l'a toujours révolté, — il n'hésite pas devant le mot, — c'est que les jeunes gens qui fréquentent les Collèges savent le nom de tous les consuls de Rome et ignorent souvent celui de nos rois. » Un cours d'histoire nationale ne lui suffit même pas; il veut qu'on enseigne aux élèves l'histoire locale, l'histoire de leur province; que, chaque année, à la distribution des prix, le professeur chargé du discours prenne pour sujet la biographie de quelque grand personnage de la région; et il n'entend pas par là une suite de légendes banales : l'histoire, à ses yeux, est une science qui doit avoir ses maîtres spéciaux[1]. Il applique les mêmes conclusions à l'enseignement des langues vivantes, —

---

1. « Quoique l'on puisse profiter dans la lecture des histoires de toutes les nations, disait le chancelier d'Aguesseau dès 1716, c'est cependant à celle de notre pays que nous devons principalement nous attacher. Les unes sont pour nous l'agréable et l'utile, l'autre est l'essentiel et le nécessaire, nécessaire pour tout homme éclairé qui ne veut pas vivre comme un étranger dans sa patrie, encore plus nécessaire pour un homme destiné à servir la république, qui ne saurait la bien servir sans la connaître parfaitement, ni la connaître parfaitement sans une étude exacte et suivie de l'histoire prise dans ses sources et autorisée par les monuments qui nous en restent. » (*Instructions sur les études propres à former un magistrat*, 1re instruction.) A l'histoire de France d'Aguesseau ajoute celle des nations voisines, sans laquelle il est impossible de bien savoir celle de son pays. L'histoire des anciens (histoire sacrée, histoire grecque et histoire romaine) vient dans son plan en troisième ligne, et pour celle-ci il recommande l'étude des médailles et des inscriptions. — Tel est également l'avis de Guyton de Morveau (*Mémoire sur l'éducation publique*, avec *le prospectus d'un Collège suivant les principes de cet ouvrage*, 1764, in-12, sect. II, art. 3) : « Combien de gens donneraient volontiers pour un peu d'histoire tout ce qu'ils ont rapporté du Collège ! Tenons pour constant que tout plan d'éducation publique est vicieux, s'il ne comprend les éléments de l'histoire, et que dans tous les Collèges il est indispensable d'établir un cours particulier sur cette matière. » — Une chaire spéciale d'histoire avait été créée à Toulouse, en 1763. Le professeur fournissait deux heures d'enseignement dans chaque classe. — Cf. le *Règlement pour les exercices intérieurs du Collège Louis-le-Grand* (1769),

italien, anglais, allemand, — « dont les avantages, dit-il avec Guyton de Morveau, ne se bornent pas à la facilité des négociations, à la commodité du commerce et à l'agrément des voyages, mais qui offrent encore la plus riche moisson aux amateurs des beaux-arts, aux littérateurs et aux savants[1] ». Il estime surtout — c'est là le point capital de son œuvre — que le moment est venu de détacher les sciences du cours de la philosophie, où elles étaient comme perdues[2], et de créer des maîtres de mathématiques, de physique expérimentale et d'histoire naturelle[3]. La Chalotais introduisait ces études dans le programme du premier âge; Rolland ne croit pas nécessaire de changer la place que Rollin leur avait laissée; il ne tient qu'à en étendre la portée.

Longtemps encore, faute de maîtres, la physique des Collèges restera ce que Rollin appelait lui-même la physique des enfants, et Fourcroy ne faisait que témoigner de la difficulté de transformer les moyens d'éducation d'un pays comme par un coup de baguette, lorsque

tit. V, art. 16 : « Les jours de congés, de dimanches et de fêtes, y lisons-nous, les maîtres auront l'attention de ménager sur le temps d'étude au moins une demi-heure pour donner à leurs écoliers des leçons élémentaires de géographie et d'histoire. »
1. L'étude de l'italien et de l'espagnol entrait dans le plan d'études de d'Aguesseau (*Instructions* déjà citées, 3ᵉ instruction.) — « On traite les langues vivantes à peu près comme les contemporains, dit La Chalotais, avec une sorte d'indifférence, et presque toujours désavantageusement. Ce sont les circonstances et le goût qui doivent décider du temps; on renvoie ordinairement cette étude aux années qui suivent l'éducation. » (*Essai d'éducation nationale*, etc.)
2. On en était resté à cet égard à la division de l'antiquité : morale, physique et logique : « Fuit accepta jam a Platone philosophiæ divisio triplex; una de vita et moribus, altera de natura et rebus occultis, tertia de disserendo et quid verum et quid falsum judicando. » (Cicéron, *Acad.*, I, 5. — Cf. Sénèque, *Epist.*, 89.)
3. « L'histoire naturelle même ne devrait-elle pas entrer dans l'enseignement de la physique, et toutes les sciences qui en font partie ne demanderaient-elles pas plus de détails et d'instruction? » (*Mémoire sur l'administration du Collège Louis-le-Grand*, p. 144.)

en 1802 il écrivait : « Ce que j'ai vu, ce que plusieurs de ceux qui m'écoutent ont vu comme moi, c'est qu'un démonstrateur ambulant venait montrer quelques phénomènes électriques ou magnétiques, quelques expériences dans le vide, la circulation du sang dans le mésentère d'une grenouille, le spectacle du grossissement de quelques objets par le microscope : là se bornait l'étude de la nature. » Certains Collèges, cependant, étaient déjà pourvus de chaires particulières : on citait notamment, à Paris, le Collège Mazarin et le Collège de Navarre [1]; pour tous la règle était posée [2]. Il ne s'agissait plus seulement, ainsi qu'on l'avait vu au dix-septième siècle, d'un changement de méthode dans la direction des études, c'était un changement d'esprit [3] : les sciences

---

1. *Lettres patentes portant règlement pour le Collège de Navarre*, 1752, art. 5 : « Avons érigé et érigeons en notre dit Collège une chaire de physique expérimentale.... » Le premier titulaire fut l'abbé Nollet, qui s'était fait connaître à la cour par des conférences scientifiques. — Une chaire de mathématiques avait été créée en 1755 par les Jésuites au Collège de Clermont-Ferrand. — Voir le *Plan d'éducation* du président Rolland, 2ᵉ part., p. 117.

2. La Sorbonne elle-même avait accepté ce principe, ainsi qu'il résulte des faits suivants : « Die 18ᵃ Junii (1783). Quum magister Linguat, philosophiæ professor in Sorbonæ Plessæo, suo et nonnullorum ejusdem ordinis professorum nomine, libellum supplicem obtulisset, rite subsignatum, uo postularet sibi fieri licentiam cursum philosophicum ita dividendi, in suis collegiis, e duobus philosophiæ professoribus, alter logicas, alter physicas partes sibi constanter assumeret, reservata aliis professoribus libertate a velere consuetudine non recedendi, audito meritissimo syndico, dictum audiendos esse hac de re gymnasiarchas et professores philosophiæ, priusquam de ea postulatione statueretur. » (Archives du Ministère de l'Instruction publique, registre LXVIII, p. 106.) — « Die 14ᵃ Augusti.... Accessit ad tribunal Ludovici Magni gymnasiarcha, ac dixit se libentissime accedere ad duos collegii sui professores philosophiæ, qui sibi licentiam concedi exoptarent id proximis remigialibus experiendi quod mense Junio a Mᵒ Linguat propositum est : nimirum ut alter logicam, alter physicam, non jam alterna vice, edoceret. Audito syndico, placuit, ex pluralitate suffragiorum, concedi gymnasiarchæ et professoribus philosophiæ collegii Ludovici Magni licentiam experiendi quod postulassent ; illudque non nisi invito multum et reluctante, imo admordente syndico definitum est. » (*Ibid.*, p. 107.)

3. La fin du dix-huitième siècle a été très féconde en plans d'études : ce qui s'explique par le mouvement d'expansion que produisit l'expulsion des Jésuites. Je me bornerai à signaler celui de Verdier, *instituteur d'une*

entraient définitivement à côté des lettres dans le domaine de l'éducation nationale [1].

maison d'éducation à Paris, conseiller, médecin réservé du feu roi de Pologne, avocat au Parlement, etc., 1777. Verdier partageait ses cours en neuf classes, dont chacune portait un nom indiquant le caractère général de l'enseignement qui y était donné : IX° classe, *abécédaires*; VIII° classe, *élémentaires français*; VII° classe, *élémentaires latins*; VI° classe, *grammairiens*; V° classe, *logiciens*; IV° classe, *humanistes*; III° classe, *versificateurs*; II° classe, *poètes*; I° classe, *rhétoriciens*. Les cours des sciences ou cours de démonstrations économiques étaient partagés en deux classes: Petite classe, *nomenclateurs*; Grande classe, *dialecticiens*. On y enseignait la dialectique générale et les mathématiques, la physique, les arts, la morale, la métaphysique. La dialectique de la révélation et celle de l'histoire étaient réunies à l'enseignement de la religion et de l'his'oirc. Le cours d'histoire était également partagé en deux classes : *Petite classe* : abrégé chronologique de l'histoire de France, abrégé de géographie; *Grande classe* : dialectique et éléments d'histoire générale, primitive, ancienne, du moyen âge et moderne. — Voir aussi le *Plan d'éducation publique par le moyen duquel on réduit à cinq années le cours des études ordinaires, parce qu'on y allie l'étude des langues à celle des sciences; qu'on y suit la marche de la nature et la gradation des idées; qu'on en éloigne toutes les règles superflues et toutes les recherches inutiles et qu'on en bannit les thèmes particuliers et les versions séparées qui n'ont aucun rapport avec l'objet de leur classe*, par l'abbé de Vaudelaincourt, depuis évêque de Langres, Paris, 1777.

1. Dans une analyse des vœux relatifs à l'enseignement secondaire d'après les Cahiers de 1789, voici ce que nous lisons (*Revue internationale de l'Enseignement supérieur*, n° du 15 juillet 1884) : « L'éducation publique ne se bornera plus à l'étude de la langue latine. Elle doit embrasser les sciences utiles au médecin, au jurisconsulte, au militaire, et même quelques arts agréables. (*Noblesse*, Château-Thierry, art. 69.) — On organisera un enseignement qui convienne au temps présent. Au lieu de laisser la jeunesse se consumer dans l'étude aride d'une langue morte, on lui apprendra la morale, les belles-lettres, les langues, les sciences, l'histoire, le droit des gens et le droit naturel. (*Tiers*, Bordeaux, art. II, 405.) — Les classes du matin seront employées à l'étude du français et de la morale, aux principes du droit public, celles du soir aux langues mortes et étrangères. (*Tiers*, Essonnes, art. IV, 532.) — Le clergé de Pamiers veut que l'histoire, la géographie, les langues et la littérature soient traitées progressivement, suivant la force des classes. (Art. IV, 280) — On enseignera les sciences exactes, la physique, la chimie, l'histoire naturelle, l'histoire, la géographie, les beaux-arts et les langues vivantes, en donnant à ces études le temps qu'on donnait à ces travaux de logique presque inutiles. (*Tiers*, Vouvant, chap. III, art. 2.) — Le Tiers de Dôle demande des professeurs de mathématiques, d'humanités, de beaux-arts, d'anatomie, de chimie et de botanique. (Art. particuliers à la ville, 5°.) — Le Tiers de Clermont-Ferrand voudrait une chaire de mathématiques dans les Collèges royaux. (Art. II. 773.) — Plusieurs communautés de la sénéchaussée d'Aix demandent qu'il y ait des Collèges pour enseigner dans chaque capitale la morale, l'histoire naturelle, la physique et les mathématiques. (Cahiers de Vitrolles-lès-

VII

Le mouvement de la Révolution ne pouvait que seconder ce développement. Le décret de 1791 avait reconnu la nécessité d'une instruction comprenant trois degrés progressifs : primaire, secondaire et supérieur[1]; mais, à chacun de ces degrés, quelle serait l'organisation des programmes? Talleyrand, en esquissant un plan qui différait peu de celui de Rolland, s'était presque exclusivement donné la tâche de rappeler, avec plus de complaisance que d'élévation, les vices que les Parlementaires avaient commencé à corriger[2]; et Mirabeau lui-même ne faisait que pousser un cri de passion éloquente lorsqu'il écrivait dans le *Courrier de Provence* :

Martigues, de Ventabren, art. VI, 439-449.) » (*L'Instruction publique en France d'après les cahiers de* 89, par Edme Champion.)

1. « Il sera créé et organisé une instruction publique, commune à tous les citoyens, gratuite à l'égard des parties d'enseignement indispensables pour tous les hommes, et dont les établissements seront distribués graduellement dans un rapport combiné avec la division du royaume. » (*Décret des 3 et 14 septembre* 1791.) — « Indépendamment des écoles primaires dont la Convention s'occupe, il sera établi dans la République trois degrés progressifs d'instruction : le premier, pour les connaissances indispensables aux artisans et ouvriers de tous genres; le second, pour les connaissances ultérieures nécessaires à ceux qui se destinent aux autres professions de la société; et le troisième, pour les objets d'instruction dont l'étude difficile n'est pas à la portée de tous les hommes. » (*Décret du* 15 *septembre* 1793.)

2. *Rapport sur l'instruction publique, fait au nom du Comité de constitution à l'Assemblée Nationale les* 10, 11 *et* 19 *septembre* 1791, par M. de Talleyrand-Périgord, ancien évêque d'Autun. Paris, 1791, in-4°, p. 1; *Projet de décret,* École de district, art. 1 à 10.—Voir aux Annexes, n° l, le tableau résumant la série des programmes depuis 1789 jusqu'à nos jours.

« L'Université commence donc à se douter que l'éducation des Collèges ne répond ni aux besoins de l'humanité, ni aux vœux de la patrie[1]. »

C'est Condorcet qui établit les nouveaux principes. « Par quel privilège singulier, disait-il en substance, lorsque le temps destiné pour l'instruction, lorsque l'objet même de l'enseignement force de se borner dans tous les genres à des connaissances élémentaires et de laisser ensuite le goût des jeunes gens se porter librement sur celles qu'ils veulent approfondir, le latin seul serait-il l'objet d'une instruction plus étendue ? Le considère-t-on comme la langue générale des savants, quoiqu'il perde tous les jours cet avantage ? Mais une connaissance élémentaire suffit pour lire leurs livres; mais il ne se trouve aucun ouvrage de science, de philosophie, de politique vraiment important, qui n'ait été traduit; mais toutes les vérités que renferment ces livres existent, et mieux développées et réunies à des vérités nouvelles, dans des livres écrits en langue vulgaire. La lecture des originaux n'est proprement utile qu'à ceux dont l'objet n'est pas l'étude de la science même, mais celle de son histoire. Enfin, puisqu'il faut tout dire, puisque tous les préjugés doivent aujourd'hui disparaître, l'étude longue, approfondie des langues des anciens, étude qui nécessiterait la lecture des livres qu'ils nous ont laissés, serait peut-être plus nuisible qu'utile. Nous cherchons dans l'éducation à faire connaître des vérités, et ces livres sont remplis d'erreurs; nous cherchons à former la raison, et ces livres peuvent l'égarer. Nous sommes si éloignés des anciens, nous les avons tellement devancés dans la route de la vérité,

---

[1]. N° 21, p. 25, cité par Franklin, *Recherches sur le Collège des Quatre-Nations*, p. 132.

qu'il faut avoir sa raison déjà tout armée pour que ces précieuses dépouilles puissent l'enrichir sans la corrompre[1]. »

Conformément à ces principes, c'est seulement au troisième degré d'instruction, — le degré des Instituts, aujourd'hui les Collèges, — que Condorcet faisait une place aux lettres anciennes et une place restreinte, presque facultative. Les bases de l'enseignement général des Instituts étaient les mêmes que celles du deuxième degré d'instruction, c'est-à-dire des écoles secondaires qui correspondent à ce que sont actuellement nos écoles primaires supérieures; les connaissances étaient identiques; le programme ne différait que par le développement. Il embrassait un espace de quatre ans et se divisait en deux parties : « une partie commune, comprenant un cours très élémentaire de mathématiques, d'histoire naturelle et de physique, absolument dirigé vers les points de ces sciences qui peuvent être utiles dans la vie ordinaire; les principes des sciences politiques, notamment ceux de la Constitution nationale, les principales dispositions des lois d'après lesquelles le pays est gouverné, les notions fondamentales de la grammaire et de la métaphysique, les premiers principes de la logique, quelques instructions sur l'art de rendre ses idées, des éléments d'histoire et de géographie, enfin la revision de la morale étudiée à l'école primaire ; — une seconde partie, destinée à développer avec plus de détail les sciences particulières dont l'utilité est le plus étendue, dans des cours spéciaux d'une à deux années, et ménagés de telle sorte que l'élève pût ou les suivre tous,

---

[1]. Œuvres de Condorcet, publiées par Condorcet, O'Connor et F. Arago (Didot, 1847), t. VII : *Rapport sur l'organisation générale de l'instruction publique*, présenté à l'Assemblée Nationale, au nom du Comité d'Instruction publique, les 20 et 21 avril 1792, p. 472.

ou n'en suivre qu'un seul et le répéter plusieurs fois [1]....
Si on voulait y joindre l'enseignement de quelques langues anciennes, du latin et du grec, un seul professeur suffirait pour ces deux langues, dont le cours serait de deux ans [2] ».

Ces idées, restées vagues et confuses dans cette première esquisse, Condorcet les précisait davantage dans son *Rapport sur l'organisation de l'instruction publique* et surtout dans le projet de décret qui y était joint [3]. Les Instituts ou Collèges devaient compter quatre classes, dont les deux premières étaient parallèles et dont les deux autres étaient disposées de telle façon qu'il fût possible de les suivre simultanément ou isolément : 1re classe : sciences mathématiques et physiques ; 2e classe : sciences

1. *Id., ibid.,* Second mémoire, *De l'instruction commune pour les enfants,* p. 2·0, 276 et 278.
2. Les *Instituts* devaient être au nombre de 110, un par département et 27 répartis à raison des localités (*Projet de décret,* 20 et 21 avril 1792, tit. IV, 10.)
3. Pour se faire une idée exacte du système de Condorcet, il est absolument nécessaire de distinguer entre ses *Mémoires* et son *Rapport d'organisation.* Les cinq *Mémoires,* publiés en 1790 et 1791 dans la *Bibliothèque de l'homme public,* sont des articles de journaux où l'auteur s'abandonne au courant de ses spéculations sans reculer devant la fantaisie révolutionnaire, ni craindre le paradoxe. Dans le plan officiel que le *Rapport* a pour objet de développer, la pensée, plus contenue, est en même temps plus mûre.
Du plan de Condorcet il faut rapprocher celui de Lacépède, publié deux années auparavant (1788). Lacépède divisait l'enseignement des Collèges en six sections ou cours d'un an, distribués comme il suit : 1re *section :* éléments de géographie et d'histoire naturelle, animaux, plantes, minéraux; exercices d'observation, avec cabinet de collections et jardin botanique entretenus à peu de frais et renfermant presque uniquement les productions du pays en terres, pierres, mines, matières volcaniques, vers, insectes, poissons, reptiles, oiseaux, etc. ; — 2e *section :* mathématiques élémentaires (éléments de l'algèbre et de la géométrie) avec application aux arts ; physique expérimentale ; chimie ; manipulations ; — 3e *section :* histoire (étude des faits) ; droit naturel, droit public, économie politique ; — 4e *section :* principes de la grammaire générale; logique ; latin ; — 5e *section :* anglais et allemand ; 6e *section :* italien et espagnol. (*Vues sur l'enseignement public,* par Lacépède, garde du cabinet d'histoire naturelle du Jardin du Roi.)

morales et politiques; 3ᵉ classe : application des sciences aux arts; 4ᵉ classe : littérature et beaux-arts[1]. Programme mieux défini, bien idéal encore cependant, bien complexe surtout, et dont la conception générale introduisait dans toutes les institutions du temps, mêlé aux plus généreuses visées philosophiques, un esprit de chimère peu favorable à leur développement[2].

Nul doute que cet esprit de chimère ait été une des causes de l'insuccès des Écoles centrales, créées pour remplacer les Instituts[3]. Lakanal, dont le plan n'était autre que celui de Condorcet, faisait entrer dans les études secondaires toute sorte de connaissances entassées sans ordre ni mesure, une véritable encyclopédie dont l'assimilation n'aurait pas exigé moins que le travail d'une vie entière. Pour en donner une idée, il suffit de reproduire l'énumération des matières du programme : mathématiques, physique et chimie expérimentales, histoire naturelle, agriculture et commerce, méthode des sciences ou logique et analyse des sensations et des idées, économie politique et législation, histoire philosophique des peuples, hygiène, arts et métiers, grammaire générale, belles-lettres, langues anciennes, langues vivantes, dessin.

---

1. *Projet de décret sur l'organisation générale de l'instruction publique*, tit. III, art. 1 à 3.
2. Voir aux Annexes, nᵒ I, le plan de Lepelletier (*Rapport du 13 juillet, Décret du 13 août 1793*) et celui de Romme (29 vendémiaire an 1-20 octobre 1793). Voir également le plan du *Département de Paris* (*Pétition* et *Décret* du 15 septembre 1793.)
3. *Loi sur l'organisation de l'instruction publique*, du 7 ventôse an III (25 février 1795), titre II, art. 2 et 3. Cf. le *Rapport* de Lakanal, 26 frimaire an III (16 décembre 1794). — La création de cinq Écoles centrales avait été décrétée pour Paris. Il n'y en eut jamais que trois : celle du Panthéon, celle des Quatre-Nations et celle de la rue Saint-Antoine, établies respectivement dans les ci-devant abbaye de Sainte-Geneviève, Collège Mazarin et noviciat des Jésuites.

L'honneur revient à Daunou d'avoir essayé de porter la lumière et l'ordre dans ce chaos. Daunou divisait les élèves en trois groupes, et distribuait les objets de l'enseignement en trois séries : — premier groupe : enfants de 12 à 14 ans : dessin, histoire naturelle, langues anciennes et, lorsqu'il y aurait lieu, langues vivantes; — deuxième groupe : enfants de 14 à 16 ans : mathématiques, physique et chimie; — troisième groupe : enfants au-dessus de 16 ans : grammaire générale, belles-lettres, histoire et législation[1]. Si les lettres n'étaient point éliminées de ce système, les sciences, dans les deux premiers groupes surtout, y tenaient la place la plus considérable. C'est, avec l'universalité des connaissances, le trait distinctif de toutes les combinaisons mises au jour pendant la période de la Révolution. On le trouve marqué avec force dans les *Essais sur l'enseignement* du mathématicien Lacroix[2], un des fondateurs des Écoles centrales. « Les Écoles centrales, dit M. Compayré, résumant les observations de Lacroix, ne classaient les langues classiques qu'au second rang. Dans l'esprit des organisateurs, l'idée positive et pratique du succès dans la vie s'était substituée à l'idée spéculative et désintéressée du développement de l'esprit pour lui-même. »

VIII

La réaction se produisit dès les premiers jours du Consulat. Aux termes des règlements du Prytanée, le cadre des études embrassait deux sections : une section infé-

---

1. *Loi du 3 brumaire an IV* (25 octobre 1795). — Pour les idées générales de Daunou, voir l'*Essai sur l'instruction publique*, 1793.
2. Paris, 1805.

rieure, où tous les enfants de 9 à 12 ans apprenaient ensemble la lecture, l'écriture, l'orthographe, l'arithmétique et les principes de la langue latine; — une section supérieure, partagée en deux divisions, entre lesquelles, à partir de 12 ans, les élèves se répartissaient, selon leurs aptitudes et leur choix, les uns pour suivre les cours d'humanités, de rhétorique et de philosophie, qui conduisaient, en quatre années, aux carrières civiles; les autres pour entrer dans les classes « d'algèbre, de géométrie théorique et pratique, de trigonométrie rectiligne et sphérique, de statique, d'astronomie, de fortification, de physique et de chimie, de manœuvre du canon », qui préparaient, en trois années, à la carrière militaire. Les deux divisions recevaient en outre des leçons d'allemand ou d'anglais. C'était le seul enseignement qui représentât les lettres dans la division militaire. Dans la division civile, un cours de géométrie élémentaire était annexé au cours de philosophie, à titre d'exercice complémentaire de raisonnement[1]. Créer dans les études secondaires deux courants indépendants et distincts, tel était l'objet de cette constitution scolaire, origine et essai du système de la bifurcation. On y sent aussi la pensée d'un retour aux programmes d'avant 1789 : les humanités étaient, en partie du moins, remises en honneur, et, si les sciences gardaient la part qu'elles avaient conquise, elles étaient réduites aux mathématiques proprement dites; les sciences d'obser-

---

1. *Règlement général du Prytanée, du* 27 *messidor an IX* (16 juillet 1801), tit. IV, art. 5 à 25. — Le *Prytanée français*, appelé d'abord *Collège Égalité*, s'était maintenu à côté des Écoles centrales dans les bâtiments de Louis-le-Grand. Un arrêté du 22 mars 1800 l'avait divisé en quatre grands Collèges, soumis à la même administration et qui devaient être placés, le premier dans le local de Louis-le-Grand, le second à Fontainebleau, le troisième à Versailles (Saint-Cyr), le quatrième à Saint-Germain ; chacun de ces Collèges était disposé pour recevoir cent élèves. Une cinquième section devait être établie à Compiègne pour trois cents élèves spécialement destinés aux arts industriels.

vation avaient disparu du programme presque complètement.

Cette pensée de retour s'accuse clairement dans la préparation de la loi de 1802. « Le système des Écoles centrales a fait tout le contraire de ce qu'indiquait la nature des choses, disait Rœderer, un des orateurs du gouvernement consulaire : peu ou point d'enseignement littéraire; partout des sciences; elles semblaient avoir entrepris de peupler la France d'encyclopédies vivantes : il y avait plus de sagesse dans le système des anciens Collèges. » L'intention n'était pas cependant de revenir au passé, il s'agissait simplement de s'y relier. « ... Dans les Lycées, — ainsi s'exprimait Fourcroy au Corps Législatif le 30 germinal an X, — ce que les Collèges enseignaient autrefois sera cumulé avec les objets d'enseignement des Écoles centrales.... Les leçons y seront progressives, depuis les premiers principes des langues et de la littérature des anciens, qui doivent commencer toute éducation libérale, jusqu'aux éléments des sciences qui ont reçu un grand accroissement.... » C'est ce qu'entendait la loi du 11 floréal (1er mai 1802), lorsqu'elle disait : « On enseignera dans les Lycées les langues anciennes, la rhétorique, la logique, la morale et les éléments des sciences mathématiques et physiques »; c'est ce que formulait avec une brièveté plus expressive encore l'arrêté du 10 décembre, interprétatif de la loi : « On enseignera essentiellement dans les Lycées le latin et les mathématiques[1] ». Les classes étaient au

---

1. Arrêté du 19 frimaire an XI (10 décembre 1802), art. 1er. — Cf. Arrêté du 12 octobre 1803. — C'est à tort que, dans ses Rapports au Prince Président (10 avril 1852) et à l'Empereur (19 septembre 1853), M. Fortoul semble rattacher à la loi de 1802, et non au Règlement du Prytanée, son plan dit de la bifurcation. L'arrêté du 10 décembre 1802 établissait la simultanéité des études. Voir aux Annexes le Tableau n° I, où nous avons essayé d'éclaircir la question dans le détail. — Le texte de l'article 11 de l'arrêté précité, entre autres, ne nous parait permettre aucun doute.

nombre de six : six de latin, six de mathématiques ; on pouvait parcourir chacune de ces séries en trois ans, les élèves faisant par année deux classes ; les deux classes inférieures de latin étaient la base commune ; ce n'est qu'après avoir achevé la Cinquième de latin qu'on entrait en Sixième de mathématiques. Les cours à partir de là étaient des cours parallèles, suivis concurremment par tous les élèves. Dans les cours de sciences étaient comprises, outre les mathématiques : l'histoire naturelle (6e classe), les éléments de la sphère (5e), la physique (4e), l'astronomie (3e), la chimie (2e), la minéralogie (1re)[1]. Aux cours de latin étaient rattachées la géographie, l'histoire, particulièrement l'histoire et la géographie de la France, les belles-lettres latines et françaises, c'est-à-dire « les exercices qui pouvaient former l'élève à l'art d'écrire ». Le grec ne faisait pas partie des leçons obligatoires ; on se bornait à en recommander l'étude, quand elle serait possible. « Puisse au moins cette belle langue, était-il dit dans une sorte de vœu mélancolique, être enseignée dans les villes où l'on étudie la médecine et les autres sciences qui ont tiré du grec leurs principaux termes et souvent toute leur nomenclature ! Il est vrai que le

---

Voici ce que nous y lisons : « Il sera nommé deux commissions, l'une pour le latin, l'autre pour les mathématiques. Elles dresseront une instruction qui déterminera d'une manière précise les parties qu'on doit enseigner dans chaque classe et les cours qu'on doit suivre. Elles traceront avec soin *l'ordre à établir entre les cours qui seront suivis simultanément* et la durée de chaque classe ; elles s'occuperont de la réimpression des auteurs classiques (le mot est pris ici dans le sens général d'auteurs de livres scolaires) et la disposeront *de manière qu'il y ait autant de volumes qu'il y a de classes, en réunissant dans un seul et même volume tout ce que doit montrer le professeur pour une classe de latin ainsi que tout ce qui appartient à une classe de mathématiques.* »

1. Au-dessus des six classes normales de mathématiques il y avait deux classes de mathématiques transcendantes, lesquelles pouvaient également être parcourues en une année et qui n'étaient d'ailleurs destinées qu'au petit nombre : c'est l'origine de notre classe actuelle de mathématiques spéciales.

temps est court, que les objets d'études sont nombreux, et déjà même on accorde peu d'années à la langue latine. » En revanche, on ne négligeait rien pour asseoir l'enseignement scientifique sur de solides fondements : les livres élémentaires manquant, on les avait demandés à Duméril pour l'histoire naturelle, à Brongniart pour la minéralogie, à Legendre pour la géométrie, à Haüy pour la physique, à Biot pour l'astronomie.

Aussi l'avantage, dans l'opinion, restait-il aux sciences. Les avocats des institutions nouvelles se croyaient eux-mêmes obligés de se défendre à cet égard. « Parce que le gouvernement a reconnu que le temps qu'on donnait dans les Universités aux sciences était insuffisant, écrivait Fontanes, on s'est hâté de publier que, dans les Lycées, on s'occupait presque exclusivement des mathématiques et qu'on y négligeait les lettres. Il est temps d'avertir enfin les pères de famille qu'on leur en impose, quand on leur dit que l'étude des mathématiques est exclusive dans les Lycées ou même qu'elle y nuit à celle des langues[1]. » La vérité est que, si le décret organique du 17 mars 1808 n'avait pas modifié le texte de la loi de 1802[2], le principe de la fusion des deux éléments était marqué dans le règlement du 19 septembre 1809 avec une netteté qu'il n'avait jamais eue jusque-là. Les cours comprenaient : — 1° deux années de Grammaire affectées au français et au latin dans la Première, au grec à partir de la Deuxième, avec des leçons d'histoire sainte et de mythologie dans l'une et dans l'autre; — 2° deux années d'Humanités, embrassant, d'une part, les trois littératures classiques et des lectures d'histoire; d'autre part, l'arithmétique,

1. 10 mai 1806.
2. Voir l'article 5, § 3.

la géométrie et l'algèbre jusqu'aux équations du second degré; — 3° une année de Rhétorique consacrée aux belles-lettres, mais où les élèves recevaient en même temps des leçons de trigonométrie appliquée à l'arpentage et au levé des plans. Ces cinq années obligatoires et communes étaient suivies d'une année facultative, soit de Mathématiques transcendantes, soit de Philosophie. Là seulement s'opérait une séparation. « C'est principalement par la réunion des deux genres d'instruction, — lettres et sciences, — portés chacun au degré convenable, disaient les considérants de l'arrêté du 14 juin 1811, que les Lycées doivent se distinguer des autres établissements[1]. »

IX

La Restauration, après avoir maintenu politiquement cette sorte d'alliance[2], ne tarda pas à la briser. L'enseignement scientifique commença par être refoulé dans les classes supérieures : Seconde, Rhétorique et Philosophie[3]. Finalement, en 1821, aux termes du statut du 4 septembre, qui peut être considéré comme la charte scolaire de la Restauration, tous les cours de mathématiques étaient concentrés en Philosophie, sans avoir été précédés et préparés par aucun exercice antérieur. Il ne subsistait plus en Quatrième et en Troisième que des leçons d'histoire naturelle, et quelles leçons! « Les thèmes donnés aux élèves le mardi et le samedi entre les deux classes, disait le règlement, sont relatifs aux

---

1. Voir, sur l'établissement de la simultanéité des études, *Ambroise Rendu et l'Université de France* (Paris, 1861), p. 62.
2. Ordonnance du 22 juin 1814.
3. Statut du 28 septembre 1814 ; Arrêté du 30 septembre 1815.

éléments des sciences naturelles[1]! « L'histoire et la géographie n'étaient pas traitées avec plus de faveur. Le statut du 28 septembre 1814 prescrivait au professeur « d'y consacrer, pendant les mois d'été, une demi-heure après chaque classe du soir », et cette disposition, renouvelée des premières réformes du xviiie siècle, était elle-même tombée en désuétude. Peu après, il est vrai, un arrêté du 15 mai 1818, provoqué par Royer-Collard, président de la Commission de l'instruction publique, avait décidé que l'enseignement historique serait confié à un professeur spécial; cet enseignement, embrassant l'histoire ancienne, l'histoire grecque, l'histoire romaine, l'histoire générale (moyen âge et moderne), l'histoire de France, devait être distribué de la Quatrième à la Rhétorique[2], et des instructions avaient été données dans le langage le plus sage et le plus élevé « pour éviter tout ce qui pourrait appeler les écoliers dans le champ de la politique et servir d'aliment aux discussions de partis [3] ». Mais cette prudence n'avait pas suffi à rassurer les auteurs du statut de 1821, et, dans la crainte qu'inspirait l'idée d'initier la jeunesse aux choses de son temps, ils avaient supprimé des programmes de Rhétorique l'histoire de France proprement dite, en la fondant avec l'histoire moderne, qui faisait partie du programme de Seconde. D'autre part, « le cours de philosophie ne devait plus être regardé que comme le complément de la Rhétorique[4]. » Bien plus, l'usage du latin y avait été solennellement rétabli, et c'est en langue latine qu'on subissait au baccalauréat

---

1. Art. 146 à 194. — Cf. Ordonnance du 27 février 1821, art. 12.
2. Circulaire du 4 juillet 1820. — Cf. Arrêté du 31 octobre 1820, art. 7.
3. Arrêté du 31 octobre 1820.
4 Ordonnance du 27 février 1821, art. 17. — Arrêté du 13 mars 1821, art. 4. — Cf. le Statut concernant les Collèges royaux et communaux, du 4 septembre 1821, art. 214.

les examens afférents à cette matière : telle était la force du nouveau courant d'opinion, qu'un publiciste, l'abbé Mangin, n'hésitait pas à reprendre le projet autrefois conçu par La Condamine, de créer, sous le nom de *maisons de sevrage des Français,* un certain nombre de Collèges où les maîtres ne parleraient que latin[1].

C'était comme un défi porté à l'esprit public. L'esprit public résistait. « S'il y a, à notre avis, quelque reproche à faire à l'Université au sujet des études, écrivait gravement M. Guizot en 1816, c'est d'avoir trop réduit les objets de l'enseignement et de ne pas lui avoir donné, soit dans les Facultés, soit dans les Collèges, l'étendue et la richesse que comportent, qu'exigent même les besoins de la société et les lumières du siècle : les sciences naturelles et l'histoire n'y occupent presque aucune place; l'étude de l'antiquité y est incomplète; celle de la langue et de la littérature des peuples étrangers en est à peu près bannie[2]. » On ne tardait pas à confesser, en effet, que le programme des études était devenu trop étroit et que l'enseignement des sciences, rejeté en Philosophie, n'avait donné que de très médiocres résultats. Il est juste de dire d'ailleurs que le statut du 4 septembre 1821 admettait et prévoyait certaines extensions : une deuxième année de Philosophie, exclusivement consacrée aux sciences, avait été créée tout de suite; en outre, dès le 10 novembre on avait rétabli une conférence d'histoire naturelle et de physique, le jeudi matin, de la Troisième à la Rhétorique[3]. Il faut ajouter aussi que, par une innovation

---

1. *Éducation de Montaigne,* Paris, 1818.
2. *Essai sur l'histoire et sur l'état actuel de l'opinion publique en France,* par F. Guizot, maître des requêtes au Conseil d'État et professeur d'histoire moderne à l'Académie de Paris, chap. IV, p. 110 (Paris, 1816).
3. Arrêté du 10 vembre 1821.

heureuse, les élèves qui ne se destinaient pas à prendre les grades des Facultés étaient autorisés à passer, après la Troisième, dans les cours de Philosophie et de Sciences mathématiques et physiques, où ils recevaient des leçons particulières d'histoire moderne[1] : c'est l'origine de l'enseignement dit français, devenu plus tard l'enseignement spécial. Mais ces utiles mesures étaient elles-mêmes reconnues insuffisantes ; si bien qu'en 1826 M. de Frayssinous faisait rentrer les Sciences en Seconde de façon à leur assurer une place dans les quatre dernières années, de la deuxième d'Humanités à la deuxième de Philosophie, et l'histoire naturelle prenait en Troisième la forme d'un cours régulier[2]. L'histoire seule restait suspecte ; elle semblait même l'être devenue encore davantage : on lui accordait une classe par semaine, de la Sixième à la Troisième ; mais on la supprimait complètement du cadre des classes supérieures, et elle était réduite pour les enfants à de simples résumés chronologiques qui ne devaient donner lieu à aucune espèce de rédaction.

Deux ans après, l'opinion libérale avait définitivement repris l'avantage. L'un des premiers soins de M. de Vatimesnil, en arrivant au ministère, fut de nommer une Commission chargée de rechercher le moyen de simplifier et d'abréger, sans l'affaiblir, l'enseignement des langues anciennes, afin de pouvoir admettre d'autres enseignements dont la nécessité s'imposait. — « Y a-t-il, disait un questionnaire détaillé adressé à tous les Recteurs, y a-t-il des établissements d'instruction publique, collèges, institutions ou pensions, dans lesquels les éléments des langues latine et grecque soient présentés suivant un système particulier?

1. Statut du 4 septembre 1821, art. 193.
2. Arrêtés des 16 septembre et 21 octobre 1826 et 15 septembre 1817.

En quoi consistent ces procédés? Quelles connaissances préalables supposent-ils? Sur quels principes sont-ils établis? Sont-ils d'une application simple? Comment se lient-ils au reste de l'enseignement? Quel est leur effet général sur l'intelligence des enfants? Développent-ils leur jugement? Facilitent-ils leurs études postérieures (30 décembre 1828)? » — La Commission eut à peine le temps de commencer son œuvre. Mais le Ministre, qui n'ignorait pas qu'il ne disposait pas d'une longue durée, avait pris les devants dans une série d'arrêtés empreints d'un remarquable esprit de sagesse : un examen particulier d'arithmétique et de géométrie était prescrit à la fin de chaque année scolaire, et nul ne pouvait être admis dans la classe supérieure sans y avoir satisfait[1]; des prix étaient établis pour les cours de sciences naturelles; l'enseignement de l'histoire était reconstitué conformément aux principes de l'arrêté de 1818; l'usage du latin comme langue scolaire était aboli; un enseignement des langues vivantes était créé « dans les classes inférieures », au profit de tous les élèves, internes ou externes, qui voulaient le suivre[2]. Les cours

---

1. Arrêtés des 22 novembre 1828 et 10 février 1829.
2. Ordonnance du 26 mars 1829, art. 17 : « Des règlements universitaires prescriront les mesures nécessaires : 1° pour que l'étude des langues vivantes, eu égard aux besoins des localités, fasse partie de l'enseignement dans les Collèges royaux (cf. Arrêté du 15 septembre 1829); 2° pour que l'étude de l'histoire ne se termine que dans la classe de Rhétorique (cf. Arrêté du 6 octobre 1829); 3° pour que la philosophie soit enseignée en français ». — La seule mesure de réaction prise par M. de Montbel est relative à l'usage de la langue latine, qu'il rétablit en philosophie (*Arrêté du 8 septembre* 1829). Voici les deux actes qui en ont consacré définitivement la suppression : 1° *Arrêté du 11 septembre* 1830, portant la signature du duc de Broglie : « Vu l'article 17 de l'ordonnance du 27 février 1821 ; vu l'article 17 de l'ordonnance du 26 mars 1829 (§ 3); — Considérant que l'emploi de la langue latine dans l'enseignement de la philosophie est également défavorable à la philosophie, puisque la langue latine ne peut rendre qu'obscurément et imparfaitement beaucoup d'idées et d'expressions de la philosophie moderne, et à l'étude de la bonne latinité, que corrompait l'invention nécessaire de termes nouveaux;— Considérant que l'argumentation en latin a les mêmes

spéciaux institués par le statut de 1821 en faveur des jeunes gens qui n'avaient point le goût des études classiques étaient développés, et ceux qui désiraient en avoir le bénéfice dans des établissements particuliers étaient dispensés de suivre les classes des Collèges[1]. M. de Vatimesnil tombé, M. de Montbel n'eut pas le temps de rapporter ces dispositions ; M. Guernon-Ranville les respecta, et l'arrêté du 3 avril 1830 les confirma[2].

X

Grâce à ces mesures de la dernière heure, on peut dire qu'au moment où le gouvernement de Juillet prenait la direction des affaires, les cadres généraux des

inconvénients ; — Considérant en outre qu'il importe à tous égards de maintenir la prééminence de la langue nationale et populaire dans les matières philosophiques ; — Voulant assurer l'entière exécution de la disposition précitée de l'ordonnance du 26 mars 1829 ; Sur le rapport de M. le conseiller chargé de tout ce qui concerne les études philosophiques, — Arrête ce qui suit : Art. 1er. Les leçons de philosophie se donneront exclusivement en français. Cependant les élèves feront de temps en temps des compositions en latin sur des questions de morale. — Art. 2. L'argumentation en latin est supprimée. — Art 3. Le prix d'honneur de philosophie, avec les avantages qui y sont attachés, est transféré de la dissertation latine à la dissertation française. — Art. 4. L'article 214 du statut du 4 septembre 1821 et l'arrêté du 8 septembre 1829 sont et demeurent rapportés. » — 2° *Arrêté du* 11 *septembre* 1830, portant la signature du duc de Broglie : « Art. 1er. L'article 4 de l'arrêté du 13 mars 1821, qui prescrit que l'examen de philosophie du baccalauréat ès lettres sera fait en latin, est rapporté. — Art. 2. L'examen de philosophie pour le baccalauréat ès lettres sera fait en français. » — Ce n'est toutefois qu'en 1840 (*Ordonnance du* 25 *juin*), sous le ministère de M. Cousin, que la leçon latine fut supprimée des épreuves du concours pour la chaire de droit romain dans les Facultés de droit.
1. Ordonnance du 26 mars 1829, art. 19. — Cf. Rapport au Roi, même date.
2. L'arrêté du 3 avril 1830 établit même en outre un cours de mathématiques en Troisième et des cours de langues vivantes en Troisième et en Seconde.

58 ENSEIGNEMENT SECONDAIRE.

études secondaires étaient rétablis. Ce fût sa tâche et son honneur d'essayer de les fixer. A côté des trois agrégations organisées par le statut du 24 août 1810, sciences mathématiques, belles-lettres, grammaire, trois agrégations nouvelles furent créées : les agrégations de philosophie[1] et d'histoire[2], détachées de celle des belles-lettres ; l'agrégation des sciences physiques et naturelles, détachée de celle des mathématiques[3]. Tous les ordres essentiels d'enseignement se trouvaient ainsi représentés par des professeurs spéciaux[4]. Pour consacrer ces modifications aux yeux des élèves et des familles, des prix distincts étaient attribués : à l'histoire naturelle, en Quatrième et en Troisième ; à l'arithmétique, en Troisième ; à la géométrie et à la chimie, en Seconde ; à la physique, en Rhétorique ; à l'histoire et à la géographie, dans toutes les classes[5] ; et, quelques années après, l'arrêté du 5 juin 1835 attribuait un prix d'honneur des sciences à la classe de Mathématiques spéciales dans le Concours général des élèves des Lycées

---

1 Arrêtés des 21 août et 11 septembre 1830.
2. Arrêté du 19 novembre 1830. — Un arrêté du 9 octobre 1830 avait décidé que dans les Collèges de Paris l'enseignement de l'histoire serait confié à un professeur titulaire et à un agrégé spécial.
3. Arrêté du 2 octobre 1840 : « La division de l'agrégation des sciences, jusqu'ici unique en deux agrégations distinctes, l'une pour les sciences mathématiques, l'autre pour les sciences physiques et naturelles, est un perfectionnement considérable apporté à l'enseignement scientifique, disait M. Cousin (*Huit mois au Ministère de l'Instruction publique*, Préface) : quand je n'aurais pas fait au're chose pour les sciences, je croirais les avoir encore bien servies. »
4. Deux agrégations restaient à créer : celle des langues vivantes et celle des sciences naturelles. L'agrégation des langues vivantes a été instituée par l'arrêté du 11 octobre 1848 et réglementée par un arrêté du 10 février 1849. Supprimée peu après par l'article 7 du décret du 10 avril 1852, elle a été rétablie par le décret du 27 novembre 1854 et réglementée à nouveau par les arrêtés des 5 décembre 1864 et 27 février 1869. — L'agrégation des sciences naturelles a été instituée par l'arrêté du 27 février 1869 ; mais le premier concours n'a eu lieu qu'en 1882.
5. Arrêté du 19 février 1831. — L'arrêté du 17 octobre 1830 avait introduit dans l'enseignement de ces classes les modifications confirmées par l'attribution de ces prix.

de Paris et de Versailles en y attachant les mêmes prérogatives qu'au prix d'honneur de Rhétorique institué par le décret de 1808.

La question change alors de caractère. Depuis 1815 la réforme poursuivie par l'opinion éclairée n'avait d'autre objet que d'introduire les sciences avec mesure dans l'enseignement classique. Préoccupé d'élargir en ce sens l'assiette de l'éducation nationale, M. Guizot avait tout d'abord porté son attention sur la nécessité de développer les cours spéciaux organisés par M. de Vatimesnil, « une foule d'enfants venant apprendre au Collège ce dont ils n'ont ni besoin ni envie, faute de trouver ailleurs ce dont ils ont besoin et envie[1] ». A ses yeux, les écoles primaires supérieures étaient le premier degré de cet enseignement intermédiaire « approprié à des professions et à des situations sociales sans lien nécessaire avec les études savantes, mais importantes par leur nombre, leur activité et leur influence sur la force et le repos de l'État; il devait devenir plus complet et plus spécial dans les Collèges communaux de second ordre et trouver aussi une place dans les grands Collèges de l'État et des villes, sans que le haut enseignement littéraire et scientifique, nécessaire et commun à toutes les professions libérales, eût à en souffrir ». La même pensée l'avait inspiré dans l'étude des améliorations à apporter à l'enseignement classique. Il le trouvait « trop maigre et trop lent, trop peu en rapport avec l'esprit de la société nouvelle[2] ». Jusqu'en 1830,

1. *Mémoires pour servir à l'histoire de mon temps*, t. III, chap. xvi. — Cf. Circulaire aux recteurs, 6 juillet 1836.
2. La lettre où nous relevons ce jugement (20 août 1832) mérite d'être citée tout entière; son caractère intime en explique la vivacité ; c'est le cœur du père qui parle. « François (c'était le fils aîné de M. Guizot) va faire sa Philosophie et ses Mathématiques. C'est un nouveau monde ; il est dégoûté de l'ancien. Il a fallu toute sa douceur et sa confiance en

les cours scientifiques n'avaient pas dépassé la Quatrième; il les avait fait descendre jusqu'en Sixième[1], et, pour les classes où le temps manquait, il n'avait pas hésité à y affecter la matinée du jeudi. « Dans nos bons Collèges royaux, disait le rapporteur de la loi sur la liberté de l'enseignement secondaire qu'il avait présentée en 1836 [2], les lettres et les sciences sont enseignées avec un zèle égal. Un enseignement ne fait pas tort à l'autre; les sciences ne s'abaissent pas devant les lettres, ni les lettres devant les sciences. »

Ce n'était plus assez pour un grand nombre d'esprits que préoccupait le progrès de l'industrie. Il ne s'agissait, dans la pensée de personne, de donner à l'ensei-

moi pour que cette dernière année de grec et de latin ne lui fût pas nauséabonde. Évidemment il y a là quelque chose qui ne répond plus à l'état actuel, à la pente naturelle de la société et des esprits. Je ne sais pas bien quoi, je le cherche. Pour rien au monde, je ne voudrais abolir ni seulement affaiblir cette étude des langues, la seule vraiment fortifiante et savante à cet âge. Je tiens extrêmement à ces quelques années passées en familiarité avec l'antiquité; car si on ne la connaît pas, on n'est qu'un parvenu en fait d'intelligence.... Et cependant je conviens, je vois dans la personne de mon fils qu'il y a là quelque chose d'important à changer. L'enseignement est trop maigre et trop lent. Il y a trop loin de l'atmosphère intellectuelle du monde réel à celle du Collège. Les méthodes sont adaptées à des classes très nombreuses, ce qui fait que les élèves forts sont sacrifiés aux élèves médiocres, et les classes sont très nombreuses parce qu'une foule d'enfants, ne trouvant nulle part à apprendre ce dont ils ont besoin et envie, viennent là apprendre ce dont ils n'ont ni besoin ni envie. Pour dire vrai, le Collège et presque tout notre système d'éducation publique sont encore faits à l'image de l'ancienne société. Les rêveries du dix-huitième siècle, les sottises de la Révolution en ce genre nous ont dégoûtés, et justement, des essais nouveaux, qui ont si mal réussi, et, en rentrant dans l'ancienne voie, nous sommes retombés dans l'ancienne ornière. Il faudra en sortir, mais avec grand'peine et grande précaution. »

1. Arrêté du 4 octobre 1833. — Cf. Arrêtés des 3 septembre, 18 octobre et 5 novembre 1833, 14 octobre 1836 et 26 septembre 1837.

2. Ce projet, préparé en exécution des prescriptions de la Charte de 1830, qui avait proclamé le principe de la liberté de l'enseignement, fut adopté par la Chambre des députés dans la séance du 29 mars 1837; mais, M. Guizot ayant quitté le pouvoir, la Chambre des pairs n'en fut pas saisie.

gnement, comme autrefois Condorcet, une base exclusivement scientifique ; nul ne refusait aux lettres leur part, et ceux qui en combattaient la prééminence, trop absolue à leur gré, étaient les premiers à rendre hommage à leur action bienfaisante. Mais devaient-elles conserver l'espèce de privilège dont les avait investies une société si différente de la société moderne? « A mon âge, disait Destutt de Tracy, je suis déjà plus vieux que trois ou quatre sciences ; je suis né avant la chimie, avant la véritable physique, avant la géologie. Oui, je suis plus vieux qu'une foule de sciences qui exercent sur la société, sur l'intelligence, un immense empire, et vous prétendriez vous maintenir aux études d'il y a trois cents ans! La chose n'est pas possible[1]. »

Le débat éclata incidemment à la Chambre des députés, à l'occasion de l'article du projet de 1836 relatif à la constitution des Collèges communaux[2]. On sait quels interprètes rencontrèrent les deux opinions : d'une part, Arago revendiquant, au nom de Descartes et de Newton, le droit de la science à concourir à l'éducation de l'esprit humain; d'autre part, Lamartine, exaltant les beautés sereines et profondément moralisatrices des lettres anciennes. « Il y a chez nous, disait Arago, un grand nombre d'autorités universitaires qui ont peu de goût, peu de bienveillance pour les études scientifiques.... Il a été dit ici même qu'elles étaient un

1. Chambre des députés, séance du 14 mars 1837.
2. « Le titre II de la loi, disait M. Guizot (Circulaire aux recteurs, 6 juillet 1836), établit dans les Collèges communaux deux classes. La première sera organisée plus fortement que par le passé sous le rapport des études pour pouvoir soutenir la concurrence que lui font les établissements libres. La deuxième, réduite pour les langues anciennes aux classes de grammaire, réalisera le vœu des personnes qui trouvent que, pour certaines classes de la société, les langues anciennes tiennent une trop grande place dans l'enseignement. »

métier de manœuvre.... Ce n'est pas, en effet, avec de belles paroles qu'on fait du sucre de betterave; ce n'est pas avec des alexandrins qu'on extrait la soude du sel marin.... Il n'est point vrai, au surplus, que les études scientifiques ne servent que les intérêts matériels. C'est devant leur flambeau que se sont évanouis la plupart des préjugés sous lesquels les populations vivaient courbées; c'est par les sciences que les préjugés sont tombés à jamais,... Mais soit : qu'on réduise, si l'on veut, leur utilité aux besoins matériels; elles n'en seront pas moins cultivées avec zèle et persévérance. Les applaudissements, la reconnaissance du public, sont acquis d'avance à ceux qui leur feront faire des progrès réels. Que la minéralogie continue à classer les diverses natures de terrains dont l'écorce du globe se compose et à indiquer aux capitalistes dans quelles localités leurs recherches peuvent conduire à la découverte de telle ou telle autre nature de minéraux; que la chimie enrichisse la médecine de médicaments simples, toujours semblables à eux-mêmes, et qui doivent donner à l'art de guérir une marche plus assurée; qu'elle manipule les produits de notre industrie agricole pour les transformer en substances alimentaires ou manufacturières qui ont été refusées à nos climats; que la physique essaye de puiser dans l'étude des forces électriques, sans cesse en jeu avec les entrailles de la terre, les divers perfectionnements dont les arts métallurgiques ont un si puissant besoin; qu'elle suive avec attention les phénomènes météorologiques pour apprendre à les prévenir ou seulement pour atténuer les ravages qu'ils occasionnent; qu'elle essaye de trouver dans l'examen des mystérieuses variations du magnétisme terrestre des moyens de diriger avec certitude le navigateur, quand un ciel nébuleux lui dérobe la vue des astres; que l'optique perfectionnée, appliquée à la construction des phares, serve aussi à prévenir de nombreux, de cruels naufrages; que l'astronomie pénètre jusque dans les dernières régions de l'espace, non pas, si l'on veut, pour arriver à la fondation de nouveaux mondes, non pas pour découvrir si les conditions de notre système solaire en assurent la durée indéfinie, mais afin de donner, s'il est possible, une nouvelle perfection à l'art nautique; que la mécanique tire chaque jour un nouveau, un meilleur parti des forces naturelles, et arrache ainsi des millions de nos semblables à des travaux pénibles qui les assimilent à des brutes, détruisent leur santé et les conduisent inévitablement à une mort prématurée; qu'elle travaille sans cesse à améliorer, à simplifier, à alléger la machine à vapeur, l'une des plus belles, des plus étonnantes créations de l'esprit humain. Et, quand toutes ces améliorations seront réalisées, la science aura bien mérité du pays; car, suivant la belle pensée de Bacon, le savoir, c'est de la force, de la puissance; et elle aura augmenté le bien-être de la population, non pas en appauvrissant les riches, mais en enrichissant les pauvres; et elle aura répandu ses bienfaits sur ceux-là mêmes qui l'outrageaient; et, en contemplant ces beaux résultats, un poète (car les études scientifiques n'empêcheront pas qu'il y ait toujours des poètes), un poète pourra s'écrier sans être taxé d'exagération :

> Le dieu, poursuivant sa carrière,
> Versait des torrents de lumière
> Sur ses *nombreux* blasphémateurs ! »

— « Ce n'est pas la lutte, répondait Lamartine, ce n'est pas l'antagonisme qu'il faut établir entre les études scientifiques et les études littéraires, c'est le concours, c'est l'harmonie. Bien loin de se nuire, bien loin de se combattre, elles se fortifient, elles se complètent l'une par l'autre.... Mais s'il n'y a pas lutte de prééminence, il y a pour le législateur une question d'importance relative à résoudre entre l'étude des sciences exactes trop prématurément admises et l'étude des lettres humaines.... Eh bien, pour ne pas y revenir, je la tranche d'un mot : si le genre humain était condamné à perdre entièrement un de ces deux ordres de vérités, ou toutes les vérités mathématiques, ou toutes les vérités morales, je dis qu'il ne devrait pas hésiter à sacrifier les vérités mathématiques; car, si toutes les vérités mathématiques se perdaient, le monde industriel, le monde matériel subirait sans doute un grand hommage, un immense détriment; mais, si l'homme perdait une seule de ces vérités morales dont les études littéraires sont le véhicule, ce serait l'homme lui-même, ce serait l'humanité entière qui périrait.... Cette éducation exclusivement professionnelle, scientifique, industrielle, que je veux, comme vous, doit-elle commencer avec l'enfance ou ne doit-elle pas être précédée par une éducation morale, littéraire, par une éducation commune? Et enfin cette éducation spéciale et industrielle que vous demandez pour les Collèges communaux doit-elle exclure l'étude des langues que vous appelez mortes et que moi j'appellerai immortelles[1]? »

L'incident ne pouvait avoir de conclusions. Mais M. de Salvandy persévéra dans le système de M. Guizot à qui il avait succédé. S'il réduisit à une les deux classes d'histoire naturelle établies en Sixième et en Cinquième par le règlement de 1833, il fortifia l'enseignement de l'arithmétique et de la géométrie dans les classes supérieures : « Lorsque le cours tombait un jour férié, il devait être reporté à un autre jour de la semaine

---

1. Chambre des députés, séance du 23 mars 1837.

en remplacement d'une des classes de grammaire ou d'humanités[1] ». En même temps il rendait obligatoires, à partir de la Cinquième, les leçons de langues vivantes[2]. « Les langues modernes, disait-il, n'ont pas, dans l'éducation de la jeunesse française, la place que me paraissent exiger l'état de la civilisation et les rapports de la France avec le reste du monde. Si l'enseignement scientifique ne laisse pas de rencontrer des obstacles sérieux et de soulever de légitimes objections lorsqu'il s'agit de le faire descendre jusqu'à l'enfance, l'étude des langues ne présente nullement les mêmes difficultés et les mêmes inconvénients. Elle plaît à l'esprit, elle le développe, elle le féconde;... elle aide et complète le travail de l'intelligence, de l'imagination, de la mémoire appliquées à l'étude des langues classiques ».

Les objections faites au développement de l'enseignement des sciences devaient frapper M. Villemain. Une sorte de réaction marqua son entrée au ministère. A peine maître du pouvoir, il avait rendu un arrêté prescrivant de reporter en Philosophie l'histoire naturelle et la chimie et dispensant les élèves de philosophie de suivre le cours de Mathématiques élémentaires[3]. Le temps lui manqua pour assurer l'exécution de la mesure[4]. Mais, dès son avènement (1er mars 1840), M. Cousin la reprit, en la complétant avec une décision souveraine.

1. L'arrêté du 21 février ne devait être exécutoire qu'à partir du 1er octobre.
2. Arrêté du 28 septembre 1838. — Cf. Arrêté du 9 octobre 1838. — Sur la répartition de l'enseignement de l'histoire, voir aux Annexes, n° I, Arrêté du 2 mars 1838.
3. Arrêtés des 21 août et 2 octobre 1838. — Voir l'arrêté du 5 janvier 1838 et les circulaires des 12 mars 1838 et 1er mars 1839. Les cours de langues vivantes commençaient en Cinquième.
4. Arrêté du 21 février 1840. Par contre, il était créé, en faveur des élèves qui ne suivaient pas le cours ordinaire de Philosophie, une conférence spéciale de philosophie de quatre heures ou de deux leçons par semaine.

« Deux points, déclarait-il dans la circulaire du 27 août, sont aujourd'hui mis hors de doute : 1° les portions d'enseignement scientifique réparties depuis la Sixième jusqu'à la Rhétorique inclusivement ne produisent aucun bon résultat; 2° cet enseignement accessoire, infructueux en lui-même, nuit considérablement aux études classiques. » Et, entraînant le Conseil de l'Université par un de ces coups d'éloquence qui lui étaient familiers, il supprimait tous les accessoires scientifiques depuis la Sixième jusqu'à la Rhétorique et les replaçait d'un bloc en Philosophie[1]. En même temps, il est vrai, il faisait aux langues vivantes une place définitive. L'arrêté du 21 août 1838, qui les avait introduites dans les programmes de toutes les classes, leur laissait un caractère précaire, la classe à laquelle elles avaient droit n'étant en réalité qu'une sorte de classe de tolérance prélevée sur le temps de l'étude; M. Cousin ne leur accordait que deux heures par semaine, de la Quatrième à la Seconde, mais deux heures régulières et en tout semblables à celles des autres enseignements. Son intention était, en outre, de rayer des cadres la Neuvième et la Huitième, qui lui paraissaient sans objet, — la Septième suffisant à la préparation des classes de Grammaire, — pour rétablir, comme en 1821, deux années de Philosophie, dont l'une serait exclusivement consacrée aux sciences.

De vives critiques accueillirent cette déclaration de principes. Les pères de famille se plaignirent; les savants s'émurent. La Faculté des Sciences de Paris, officiellement consultée, appuya ces réclamations[2]. On

1. Règlement du 25 août 1840.
2. Voir le *Rapport* fait par M. Dumas (23 juillet 1852) *au nom de la Commission mixte instituée le 7 juin 1852 pour préparer les programmes de l'enseignement scientifique*, § 5.

contestait d'ailleurs que les faiblesses constatées dans l'étude des sciences fussent un effet du système suivi depuis quatre ou cinq ans. « La vérité, nous dit un des hommes de cette génération[1], est que tout ce qui ne faisait pas partie des matières classiques proprement dites, les sciences et les langues vivantes, nous laissait généralement indifférents; personne ne cherchait à nous en donner le goût, ni les maîtres, qui étaient pour la plupart mal choisis, ni les chefs d'établissement, qui n'attachaient qu'un intérêt secondaire au succès dans ces enseignements, considérés comme facultatifs malgré leur caractère obligatoire : or, pour donner à la jeunesse confiance dans ce qu'elle fait, il faut avoir soi-même la foi. »

M. Cousin n'ignorait pas lui-même qu'il avait à contenter d'autres intérêts que ceux qu'il s'était empressé de servir. Il répétait volontiers « qu'il n'était arrivé au Ministère qu'après une longue étude des questions d'éducation, avec des desseins bien connus et exposés dans ses deux Rapports sur l'instruction publique en Allemagne et en Hollande[1] ». C'est en Prusse surtout qu'il avait observé l'organisation de l'enseignement secondaire, et les conclusions de ses mémoires ne visaient à rien moins qu'à créer dans les Collèges deux divisions distinctes : — classes inférieures et classes supérieures, — la première reposant sur la communauté et la simultanéité des études, la seconde admettant la spécialité. Il est instructif de l'entendre lui-même sur ce point. « La division des classes inférieures, écrivait-il, embrasserait trois ou quatre années, depuis la Sixième jusqu'à la Quatrième ou la Troisième inclu-

---

1. *Huit mois au Ministère de l'Instruction publique*, Revue des Deux Mondes, 1ᵉʳ février 1841. Cf. *Œuvres de V. Cousin*, 5ᵉ série, t. I, p. 165.

sivement. Ce temps est à la fois nécessaire et suffisant pour éprouver et cultiver les dispositions des élèves par un bon ensemble d'études.... Dans cette première division, point d'histoire grecque et romaine trop détaillée ; mais ce qu'on peut très bien apprendre à cet âge, ce qu'on a besoin de savoir, quelque profession qu'on embrasse plus tard, c'est-à-dire de justes notions de l'histoire de l'espèce humaine, avec une connaissance un peu plus approfondie de la nation particulière à laquelle on appartient ; un cours d'histoire générale qui comprendrait, sous des formes très simples, les grandes dates, les grands faits, les grandes époques, les grandes révolutions de l'histoire jusqu'à nos jours, avec un cours spécial, substantiel et précis de l'histoire de France.... De même pour la géographie : un abrégé de la géographie générale avec la géographie de la France. Le cours de mathématiques, en trois ou quatre années, embrasserait aisément tous les éléments ; car, même de bonne heure, on peut aller assez loin dans les mathématiques avec quelque intelligence et beaucoup de mémoire, ce qui est la qualité propre du jeune âge. On y joindrait un peu de physique et d'histoire naturelle. Les langues anciennes auraient leur place dans cet ensemble, pour préparer aux classes supérieures, exercer l'esprit, procurer une connaissance plus juste de la langue nationale et donner un peu de cette culture classique sans laquelle on n'est pas supposé avoir reçu une bonne éducation. Il faudrait ici s'attacher beaucoup plus à la solidité qu'à l'étendue de l'enseignement. Le grec ne devrait commencer qu'en Quatrième, comme dans tous les bons gymnases de la Prusse.... Il suffirait qu'à la fin de cette division les élèves possédassent la grammaire et eussent lu un certain nombre de morceaux de prose et de vers bien gradués. Le latin devrait commencer au moins en Cinquième, pour être conduit plus loin que le grec, parce qu'il est d'une utilité plus générale. Je voudrais enfin que, dans les deux dernières années, il y eût un cours spécial de langue française où les jeunes gens fussent exercés à écrire et à composer en différents genres et initiés à la lecture de nos écrivains classiques. Il faudrait ajouter à cela un cours de langue moderne, beaucoup de musique et un peu de dessin. Au fond ce sont nos classes de grammaire organisées.... Quiconque voudrait passer dans la division supérieure subirait un examen sévère, dont les professeurs de cette division devraient être chargés, sous la présidence du proviseur ou d'un délégué du Ministère de l'Instruction publique.... Elle serait subdivisée en deux sections : les sciences et les lettres, et, à la fin, un cours commun de philosophie. Les études de la section des sciences, après un résumé plus ou moins rapide de l'enseignement scientifique de la première division, seraient conduites jusqu'au point où l'élève sortant peut obtenir le grade de bachelier ès sciences. La section des lettres préparerait au baccalauréat ès lettres. Bien entendu, il y aurait des cours de littérature pour les savants et des cours de sciences pour les lettrés ; mais enfin la spécialité dominerait. C'est alors que, dans la section des lettres, les études grecques et latines pourraient être poussées assez loin, puisque les élèves de cette section se destineraient aux carrières pour lesquelles le grec et le latin sont jugés ou nécessaires ou très utiles. L'enseignement historique porterait alors très convenablement sur l'antiquité aussi bien que sur les temps modernes.... Ainsi seraient exercées, par une culture spéciale, les forces de tous et de chacun ; je dis de chacun, car il est clair qu'il y aurait beaucoup moins d'élèves dans cette division que dans l'autre ; et ici, je le répète, le petit nombre des élèves serait un grand bien pour la discipline et pour les études. Ce serait là, ce me semble, une vraie fabrique d'hommes distingués pour toutes les professions libérales[1]. »

M. Cousin ne trouva pas sans doute ce plan assez mûr pour l'appliquer, malgré l'espèce d'engagement qu'il avait pris de le faire; mais, après avoir rétabli la prépondérance des lettres, il dut se préoccuper de donner aux sciences la part qu'elles réclamaient. Aux termes de la circulaire du 28 octobre, des conférences facultatives de mathématiques furent organisées de la Quatrième à la Rhétorique, parallèlement à ces quatre classes; et, afin d'assurer un fonds d'éducation générale aux élèves qui, renonçant aux études littéraires à partir de la Troisième, passaient dans la classe de Mathématiques élémentaires, créée à leur profit par le statut de 1821, il fut institué un cours spécial de rhétorique et de philosophie. D'un autre côté, les cours scientifiques annexés à la classe de Philosophie proprement dite étant trop restreints pour donner satisfaction aux jeunes gens qui visaient à la fois le baccalauréat ès sciences et le baccalauréat ès lettres, les classes de Philosophie et de Mathématiques élémentaires furent coordonnées de telle façon qu'il fût possible de les suivre simultanément[2]. « Faire des lettrés qui aient une connaissance suffisante de la science et des savants qui aient une connaissance suffisante de la littérature, approprier les études aux facultés et aux diverses vocations de la jeunesse, faire entrer, pour ainsi dire, plusieurs écoles dans le cadre du même Collège, voilà l'objet du règlement de 1840, disaient ses partisans, — résumant, à vrai dire, la pensée de M. Cousin, celle

---

1. *Mémoire sur l'instruction secondaire dans le royaume de Prusse*, 2ᵉ édit. [1837], 5ᵉ partie, *Applications à la France*.
2. Décision des 29 septembre et 28 octobre 1840.

qu'il avait rapportée d'Allemagne, plutôt que le caractère même de ses programmes, — et le but auquel nous devons tendre de plus en plus[1]. »

Ce régime dura sept ans, *grande mortalis œvi spatium* pour un plan d'études. M. Villemain, y retrouvant ses propres idées, l'adopta, le soutint, le développa. « Dans les classes inférieures, presque toujours précédées des classes élémentaires, écrivait-il (*Rapport au roi*, 4 mars 1843), l'enseignement comprend des études de grammaire française, latine et grecque, des exercices de mémoire[2], des explications d'auteurs, des essais de traduction, des notions de calcul, des leçons sur l'histoire sainte, sur l'histoire ancienne, sur l'histoire romaine et sur la géographie qui s'y rapporte. L'étude des langues modernes commence en Quatrième. La Troisième et la Seconde sont presque exclusivement consacrées à cette étude des langues anciennes, qui, par le travail de l'explication et de la traduction, devient un exercice perpétuel de raisonnement, une épreuve continue d'exactitude et de sagacité. La part trop considérable faite, il y a quelques années dans ces classes, à la géométrie, est retranchée, sans que, toutefois, pour le plus grand nombre des élèves, les notions élémentaires de cette science soient interrompues.... Au fond et sur le point principal, c'est l'ancien système de Port-Royal et de l'Université de Paris, le système qui depuis deux siècles a formé pour la magistrature et les affaires tant d'hommes capables et d'esprits éclairés. La création de l'Université, dès 1808, fut un

---

1. Saint-Marc Girardin, *De l'enseignement intermédiaire*, Paris, 1847, chap. II.
2. Voir l'arrêté du 1ᵉʳ août 1843 relatif à l'introduction des *exercices de récitation*.

retour à ce système; et, malgré des modifications nombreuses et diverses, c'est le caractère qui prévaut encore aujourd'hui.... » Toutes les mesures de l'administration de M. Villemain sont pénétrées de cet esprit. Même en philosophie, il aurait volontiers réduit l'enseignement des sciences, ne les considérant point comme le fonds de l'éducation. Mais, dans les classes où elles étaient étudiées, il entendait qu'elles le fussent sérieusement et avec de bons maîtres[1]; il voulait qu'elles profitassent aux jeunes gens qui se préparaient aux écoles spéciales du gouvernement et aux professions commerciales ou industrielles : les cours de mathématiques préparatoires et de mathématiques élémentaires, créés par M. Cousin, lui doivent en partie la forte organisation qu'à travers bien des vicissitudes elles ont presque intégralement conservée[2].

Rentré au ministère, M. de Salvandy y rapporta les idées qui avaient inspiré sa première administration. Le 5 mars 1847 paraissait un statut qui réintroduisait dans les études un ordre nouveau. Une fois de plus, disait-on, l'expérience a prononcé : les conférences d'arithmétique et de géométrie sont insuffisantes ; l'étude des sciences, dans la mesure qui convient à la majorité des élèves, doit commencer plus tôt pour tout le monde et se suivre sans interruption. L'article 3 décidait donc qu'à partir de la Quatrième chaque classe aurait, non plus le jeudi, mais aux jours et aux heures ordinaires, sa leçon de mathématiques, obligatoire comme toutes les leçons de l'enseignement classique : arithmétique, géométrie et algèbre en Quatrième, Troi-

1. Arrêtés des 14 septembre et 13 octobre 1841, 27 septembre 1842, 10 et 24 février 1843. — Cf. Arrêté du 13 avril 1841.
2. Voir notamment l'arrêté du 12 mai 1843 relatif à l'organisation du cours de mathématiques élémentaires du Collège de Versailles.

sième et Seconde; cosmographie en Rhétorique; quant à la Philosophie, on verrait, lorsque la génération en cours de scolarité y serait arrivée, s'il fallait retrancher quelque chose des matières prescrites par le Règlement de 1840[1]. Le statut réglait du même coup, en le fortifiant, l'enseignement scientifique des cours spéciaux[2]. « La gloire des sciences et des lettres, résultat des bonnes études, tient l'équilibre dans la balance des forces du monde », écrivait M. de Salvandy[3] : c'est sur cet équilibre qu'il avait essayé de fonder ses programmes. Finalement, à la veille de la révolution de 1848, le système préconisé et inauguré par M. Guizot au lendemain de l'établissement de la monarchie de 1830 semblait triomphant.

XI

Cependant, à travers toutes ces modifications, les programmes n'avaient cessé de s'accroître. Les vœux des réformateurs du dix-huitième siècle étaient satisfaits et au delà : l'histoire, les sciences, les langues vivantes avaient pris dans l'ensemble des études une place de plus en plus considérable, sans que celle qu'occupaient les lettres anciennes eût été sensiblement diminuée. On avait ajouté de plus le chant[4] et la gymnastique[5] — celle-ci tout ensemble trop et trop peu, trop si l'on considère le temps qu'elle prélevait sur

1. Circulaire du 6 août 1847.
2. Art. 7. — Cf. Arrêté du 22 septembre 1847.
3. *Exposé des motifs du projet de loi sur la liberté de l'enseignement secondaire*, 12 avril 1847.
4. Arrêté du 5 octobre 1838. — Cf. Arrêté du 30 janvier 1865.
5. C'est sous le second ministère de M. Villemain que la gymnastique fut introduite dans les Collèges (voir la *Statistique de l'enseignement secondaire de* 1843, p. 74-75). L'arrêté du 24 avril 1848 (art. 3) en con-

74   ENSEIGNEMENT SECONDAIRE.

la journée de l'écolier, trop peu parce que les exercices faits en commun par un grand nombre d'élèves à la fois étaient presque illusoires. La mesure n'était-elle pas dépassée[1]? Les esprits réfléchis s'en inquiétaient. Dès 1837 M. de Sade, heureux d'ailleurs de constater la part qu'on était disposé à faire aux langues modernes, ajoutait : « Il faut seulement prendre garde qu'en voulant trop étendre le cercle des objets de l'instruction, on ne finisse par ne rien apprendre[2] ». C'est le même sentiment qu'exprimait M. Thiers dans son rapport sur le projet de loi de 1844 substitué par le gouvernement au projet de 1837 : « Nous avons consulté les plus savants professeurs, écrivait-il, et ils disent tous qu'aujourd'hui on veut faire entrer trop de connaissances à la fois dans la tête des enfants. Leur esprit plie évidemment sous le faix : ils n'apprennent pas bien ou ils oublient[3] ». On avait beau répéter qu'il ne s'agissait de donner à la jeunesse que la fleur des choses[4], les partisans les plus enthousiastes du progrès ne pouvaient le méconnaître : devenu plus

firma et en régularisa l'enseignement. — Cf. Arrêté du 13 mars 1834 et décret du 3 février 1869.

1. Voici comment on définissait, à cette époque, l'instruction secondaire : « L'instruction secondaire comprend l'instruction morale et religieuse, les études de langues anciennes et modernes, les études de philosophie, d'histoire et de géographie, de sciences mathématiques et physiques qui servent de préparation soit aux examens du baccalauréat ès lettres et du baccalauréat ès sciences, soit aux examens d'admission dans les Écoles spéciales. » (*Texte du projet de loi présenté par M. Villemain à la Chambre des pairs*, le 2 février 1844. Adopté par la Chambre des pairs, présenté par le gouvernement à la Chambre des députés le 10 février 1844, adopté par la Commission de la Chambre des députés, il n'arriva pas jusqu'à la discussion en assemblée. Ce fut le projet de M. de Salvandy qui le remplaça.)
2. Séance du 14 mars 1837.
3. Séance du 13 juillet 1844.
4. « Les lettres, la philosophie, les sciences, cette gloire et ce besoin de la pensée humaine, ne vous sont donnés sans doute que dans une proportion mesurée par votre âge et par le terme restreint des études. » (*Discours de M. Villemain à la distribution des prix du Concours général*, 13 août 1844.)

riche à chaque réforme, l'enseignement secondaire arrivait à l'être trop.

Ce fut l'une des premières préoccupations, la première peut-être, du ministère républicain de 1848. Le 25 mars, sur la proposition de M. Jean Reynaud, M. Carnot nomma une Commission chargée « d'examiner les effets produits sur la santé des élèves par suite de la proportion numérique observée dans les Lycées et les Collèges entre les heures données à l'étude et celles qui étaient employées au sommeil, à la récréation, à la gymnastique, à la promenade[1] ». Un mois après, un questionnaire développé était adressé à tous les chefs d'établissement (3 mai 1848)[2]. Malheureuse-

---

1. Cette Commission était composée de MM. Serres, membre de l'Institut, président; Dutrey, inspecteur général de l'Université; Geoffroy Saint-Hilaire, membre de l'Institut, inspecteur général de l'Université; Trélat, médecin de l'hospice de la Salpêtrière; Fuster, agrégé de la Faculté de médecine; Péclet, inspecteur général de l'Université; Theil, professeur de seconde au Lycée Corneille.

2. Ce questionnaire nous paraît mériter d'être reproduit. En voici le texte : « I. Le plus bas âge pour l'admission des élèves, fixé d'abord à neuf ans, puis abaissé à huit ans, doit-il être maintenu à cette dernière limite? — Avez-vous observé des inconvénients ou des maladies qui puissent être attribués à l'âge d'admission des élèves? — II. A-t-on observé, dans la première année d'admission, des différences dans le nombre, la nature et la gravité des maladies des élèves, suivant qu'ils venaient des villes ou des campagnes? — III. A-t-on remarqué que certaines études et spécialement celles des classes élémentaires eussent une influence particulière sur la santé des élèves? — IV. Dans le but de prévenir la fatigue intellectuelle chez les élèves, pourrait-on, sans inconvénient pour la force des études, introduire quelques modifications dans la durée du travail, soit dans la classe, soit dans la salle d'étude? Ces modifications devraient-elles porter spécialement sur l'enseignement des lettres, sur les classes du matin ou sur les classes du soir, et devraient-elles varier suivant les saisons? — V. Le temps accordé au sommeil est-il suffisant? Convient-il d'assigner une durée pour chacune des trois divisions du Lycée, savoir : neuf heures de sommeil aux élèves de la 1re division (8e et 7e classes) ; huit heures et demie à ceux de la 2e division (6e, 5e, 4e et 3e classes), et huit heures seulement aux élèves de la 3e division (Seconde, Rhétorique, 1re et 2e année de Philosophie)? — VI. Le temps consacré au repos et aux récréations est-il suffisant? Le temps des récréations est-il convenablement employé? Les cours et les salles de récréation

ment les changements d'administration qui intervinrent coup sur coup interrompirent l'enquête. Tel était d'ailleurs le mouvement des esprits, qu'en même temps qu'il cherchait les moyens de réduire l'étendue des études, M. Carnot n'avait pu s'empêcher de l'augmenter en portant la limite de l'enseignement de l'histoire nationale de 1789 à 1815[1].

Toutefois la question restait posée, et l'on en poursuivait l'examen. C'était plus qu'un problème scolaire : il s'agissait d'un intérêt social. « La société française, disait-on, a tout à la fois une admirable unité d'esprit et une merveilleuse variété d'occupations ; l'Université

sont-elles bien appropriées à leur destination? — VII. Quel est le système disciplinaire de votre établissement? Quelles sont les punitions le plus fréquemment employées? Ce système vous paraît-il susceptible d'amélioration au point de vue de la santé des enfants? — VIII. Y a-t-il des modifications à introduire dans l'emploi et la durée des vacances? — IX. A-t-on observé des altérations de la constitution ou des maladies qui aient pu être attribuées à la durée, à la nature, à l'intensité ou au mode de distribution du travail? — X. Avez-vous observé que les affections cérébrales (congestion, hydrocéphale aiguë, méningite) soient plus fréquentes au Lycée que chez les enfants de la ville, dont l'éducation intellectuelle est moins régulière et moins active? Ces maladies attaquent-elles de préférence les élèves laborieux? — XI. Le développement des maladies, et en particulier celui de la fièvre typhoïde, est-il quelquefois déterminé par un travail trop assidu ou par un travail excessif aux époques de compositions de fin d'année, du Concours général à Paris ou des examens d'admission aux écoles spéciales? — XII. Le plan actuel des études classiques peut-il être suivi sans nuire au développement physique et à la santé des élèves? Pensez-vous qu'une plus large part puisse être faite à l'éducation physique? — XIII. L'établissement que vous dirigez, par sa situation, par la disposition des classes, des dortoirs et des promenoirs, offre-t-il des conditions favorables ou défavorables à la santé des élèves? — XIV. Y aurait-il des améliorations à introduire dans l'alimentation? Indiquer le menu d'une semaine en été et en hiver. Quels sont les heures, le nombre et la durée des repas? — XV. Quel a été depuis dix ans le mouvement de la population, la proportion des malades, la nature des maladies et le chiffre annuel de la mortalité? — XVI. Quels sont les moyens de précaution et de surveillance employés pour assurer la pureté des mœurs? — XVII. N'y a-t-il pas, au point de vue du développement intellectuel et physique, quelque inconvénient à laisser passer les élèves d'une classe inférieure à une classe supérieure, avant qu'ils y soient suffisamment préparés? Quels seraient les moyens d'y remédier? »

1. Arrêté du 8 octobre 1848. — Cf. Arrêté du 15 juillet 1848.

doit s'attacher à reproduire ces deux caractères et prendre pour devise la pensée de Pascal : « Mettre l'unité dans « la variété et la variété dans l'unité » ; le temps est venu d'organiser dans les Collèges des cadres d'enseignement entre lesquels les élèves pourraient se répartir selon les besoins de leur profession à venir[1]. » Et les défenseurs des efforts du dernier ministre de l'Instruction publique sous la royauté de juillet ajoutaient : « C'est ce qu'avait entendu commencer l'auteur du statut de 1847, lorsqu'il déclarait (art. 7) : « A partir de l'année sco-
« laire 1847-1848, il sera établi successivement dans
« les Collèges royaux et communaux un enseignement
« spécial différent de l'enseignement littéraire et paral-
« lèle à cet enseignement, où les élèves, sur le vœu
« de leurs familles, seront admis après la Quatrième :
« cet enseignement comprendra trois années[2]. »

XII

Quand on retrouve ainsi à sa place, dans la série des remaniements de programmes, le plan du 10 avril 1852, — celui qui porte le nom de M. Fortoul, — on s'en explique le caractère et la portée mieux que n'a pu le faire, sous le coup de l'événement, la génération qui en a ressenti les premiers effets.

Une division *élémentaire* de deux classes : la Huitième et la Septième, ayant le programme des études primaires, sauf qu'en Septième les enfants abordaient les éléments du latin ; — une division de *grammaire*, com-

---

1. Saint-Marc Girardin, *De l'enseignement intermédiaire*, etc., Postscriptum (7 mai 1847).
2 Voir les arrêtés des 22 septembre 1847, 7 octobre 1848 et 17 septembre 1849.

mune à tous les élèves, où les lettres étaient représentées par les trois langues classiques, par les langues vivantes, que l'on commençait avec le grec en Sixième, et par l'histoire et la géographie de la France ; les sciences par l'arithmétique, à laquelle les enfants avaient déjà été assouplis dans les classes élémentaires, et par la géométrie ; — une division *supérieure*, où les jeunes gens continuaient à suivre des cours communs de langue française et de langue latine, de langues vivantes, d'histoire et de géographie, mais où les lettres et les sciences proprement dites formaient, de la Troisième à la Logique (c'était le nouveau nom de la Philosophie), la base de deux enseignements distincts, conduisant, l'un au baccalauréat ès lettres, l'autre au baccalauréat ès sciences, et, à la suite de ces deux examens, soit aux grades des Facultés, soit aux grandes Écoles du gouvernement : telle était l'économie des programmes de *la bifurcation*[1].

Le ministre qui les avait promulgués se plaisait à les représenter comme la sanction définitive des vœux de l'opinion. On l'accusait d'être purement et simplement revenu au Consulat, et il ne le niait point ; mais il ajoutait qu'en prenant pour règle d'abord la communauté, puis la spécialité des études, il n'avait fait qu'adopter un principe dont le temps avait mis la justesse en évidence. A ceux qui lui reprochaient d'avoir consacré le divorce des sciences et des lettres, il répondait que les cours communs de la division supérieure avaient, au contraire, pour but et auraient certainement pour effet d'établir l'union dans la mesure où elle était désirable. Il ne faisait pas moins habilement valoir les nouveautés de son plan. Il se félicitait notamment

1. Décret du 10 avril 1852.

d'avoir régularisé l'enseignement scientifique, d'abord en le mettant en harmonie avec les conditions d'admission aux grandes Écoles du gouvernement et surtout en ordonnant les programmes : jusque-là, les sciences étant plus ou moins regardées comme secondaires, on les avait distribuées un peu confusément, les reportant dans la hiérarchie des classes de la base au sommet et du sommet à la base, sans se préoccuper suffisamment de leur progression logique. Cette progression, les auteurs de la réforme de 1852 se flattaient de l'avoir trouvée[1]. Il faut reconnaître aussi que, dans les prescriptions relatives aux méthodes, ils avaient tenu compte des progrès de la pédagogie. Les instructions recommandaient les exercices oraux, les interrogations fréquentes, l'élucidation des règles naturelles du langage précédant l'étude des formules et vivifiée par des observations de grammaire comparée, les explications de textes prolongées, les compositions françaises ; elles proscrivaient les longues rédactions et tous les travaux qui ne font qu'occuper la main. D'autre part l'histoire nationale tenait la première place dans les programmes de l'enseignement historique, et le professeur devait s'attacher avant tout à faire comprendre aux écoliers l'action qu'exercent sur le développement des peuples la religion, les arts, les lettres, l'industrie, le commerce, en

1. La Commission chargée de reviser les programmes d'admission aux Écoles spéciales et les programmes de l'enseignement scientifique des Lycées comprenait : MM. le baron Thenard, de l'Institut ; Le Verrier, de l'Institut ; Bommard, directeur des études à l'École polytechnique ; Rolin, commandant de l'École d'application d'état-major ; Bugnot, directeur des études à l'École spéciale militaire ; le contre-amiral Mathieu ; Guibert, examinateur à l'École de marine ; Vicaire, conservateur des forêts à Paris ; Parade, directeur de l'École forestière à Nancy ; Dumas, de l'Institut ; Béclard, de l'Académie de médecine ; Brongniart, de l'Institut ; Nisard, de l'Institut ; le général Morin, de l'Institut ; Sonnet, inspecteur d'académie ; Lesieur, chef de division au ministère de l'Instruction publique ; Vieille, maître de conférences à l'École normale supérieure. (Arrêtés des 7 et 11 juin 1852. — Voir le Rapport du 25 juillet suivant.)

80   ENSEIGNEMENT SECONDAIRE.

soulageant leur intelligence du fardeau des faits sans portée. De leur côté, les langues vivantes étaient présentées non plus seulement comme un complément de culture littéraire, mais aussi comme le moyen de pénétrer, par la pratique des idiomes, dans la vie intime des différents peuples. Jamais enfin l'utilité des exercices du dessin n'avait été démontrée avec plus d'élévation et de force[1]. C'était le fruit, légitimement recueilli, de l'expérience accumulée par les discussions qui avaient, pendant un demi-siècle, rempli la presse et la tribune « Quarante ans de luttes, disait le Ministre lui-même, les essais, les travaux, parfois même les erreurs de nos devanciers nous ont rendu la tâche facile. »

Mais tout ce que ces prescriptions pédagogiques avaient de sain et de durable se trouvait compromis par la pensée dans laquelle l'application en était prescrite. L'œuvre la mieux conçue n'eût pas résisté peut-être aux règlements mesquins et défiants qui, suivant le professeur dans le détail de sa tâche journalière, enchaînaient, pour ainsi dire, heure par heure, sa parole et sa main[2]. Toutefois le vice du plan de 1852 était plus

1. La Commission chargée de l'étude des programmes était composée de MM. Ravaisson, de l'Institut; Brongniart, de l'Institut; Ingres, de l'Institut; Picot, de l'Institut; Belloc, directeur de l'École nationale et spéciale de dessin et de mathématiques appliquées aux arts industriels; Jouffroy, sculpteur (arrêté du 9 septembre 1852). — D'autres arrêtés (21 et 28 juin, 5 juillet 1853) y avaient adjoint successivement : MM. Simart, de l'Institut, Meissonier, Duc, Eugène Delacroix, Hippolyte Flandrin, Fabien Pillet, chef de division au ministère. — Voir le rapport du 28 décembre 1853 et l'arrêté du 29 du même mois.

2. Ces prescriptions inaccoutumées étaient encore aggravées par la façon dont elles étaient commentées par les circulaires. Par un entraînement de passion funeste à tout esprit de tradition, le premier effet de la moindre réforme en France est trop souvent la condamnation absolue du régime qu'il s'agit d'améliorer : mais jamais ce caractère n'a été plus accusé que dans les instructions qui datent de cette époque : « Nous devons attendre les plus heureux effets des réformes que nous avons entreprises ; mais nous ne les obtiendrons qu'en combattant avec opiniâtreté les derniers restes des routines et de la grossière ignorance

profond. Il tenait d'abord à la nécessité imposée à l'enfant de Quatrième de faire son choix entre les sciences et les lettres, alors qu'il pouvait à peine se rendre compte de ses aptitudes, et plus encore à la combinaison artificielle qui maintenait associés à des études communes des jeunes gens qui avaient voulu se séparer[1] ; il tenait surtout à l'esprit des programmes, que les instructions déterminaient avec une précision malheureuse. « L'enseignement de l'Université avait pour principe, était-il dit dans le rapport à l'empereur, de développer, non pas les aptitudes particulières de l'individu, mais les facultés générales de l'espèce[2] », et l'on avait systématiquement appliqué la règle contraire. Ce n'est pas que les programmes eussent été restreints, comme ils auraient pu l'être avec avantage ; on les avait un peu étendus au contraire, en rendant les langues vivantes obligatoires au baccalauréat ès sciences[3]. Mais les sciences avaient été étroitement ramenées dans la voie des applications, les lettres dans la voie des exercices préparatoires aux examens ; de la philosophie était retranchée la partie la plus noble et la plus féconde pour l'âme de la jeunesse : la morale et la théodicée ; on avait même changé son appellation, pour la mieux rabaisser, sous le nom de logique, à une pure gymnastique de raisonnement. Tout avait été ainsi affaibli d'un degré : au double baccalauréat de mathématiques et de physique était substitué un baccalauréat ès sciences unique, dont les matières d'un ordre

---

d'un régime dont les inconvénients devenaient intolérables. » (Circulaire du 18 avril 1855.)

1. Cette combinaison était, non l'effet d'une nécessité considérée comme plus ou moins inévitable, mais l'application d'un principe. « Nous avons voulu, disait-on, donner aux candidats des carrières scientifiques une éducation lettrée, sérieuse et complète, prise en commun avec les candidats des carrières littéraires elles-mêmes. » (Circulaire précitée du 18 avril 1855.)
2. 19 septembre 1853.
3. Arrêté du 7 septembre 1852 ; circulaire du 22 novembre 1853.

relativement élevé étaient rayées pour être reportées à la licence[1], et la question avait été agitée de savoir si l'enseignement des mathématiques supérieures ne devait pas disparaître des programmes[2]. Bien plus, — par une contradiction qu'explique seule cette résolution de dépression générale, — alors qu'on semblait vouloir donner plus de force aux enseignements spéciaux, on supprimait les agrégations spéciales, sous le prétexte « de préserver les professeurs des recherches oiseuses, des vaines subtilités et du faux entêtement des idées particulières[3] ». La philosophie, l'histoire, les lettres, la grammaire, d'une part; d'autre part, les mathématiques, la physique, la chimie et l'histoire naturelle, étaient réduites à deux types : lettres et sciences. Le professeur devait se mettre, dans chaque ordre, en mesure de tout savoir, être prêt à tout enseigner; on était revenu au delà de 1802[4].

Ce système se maintint pendant plus de dix ans, au milieu d'une défaveur qui empêchait même de reconnaître ce qu'à la suite des règlements antérieurs il avait apporté d'améliorations sages. Les mesures réparatrices, intéressant la dignité du corps enseignant, qui signalèrent les premières années de l'administration de M. Rouland ne furent pas sans effet sur la direction même de l'enseignement : l'Université aime à sentir respectée la probité de son dévouement. M. Rouland s'efforça aussi d'agir sur les méthodes. Ses instructions relatives à la grammaire, à l'histoire et à la géogra-

1. Arrêté du 7 septembre 1852. — Voir pour les examens des baccalauréats ès lettres et ès sciences les Règlements des 3 et 7 août 1857.
2. Rapport du 19 septembre 1853, § 5.
3. *Ibid.*, § 3 et 11. — Cf. Rapport du 10 avril 1852.
4. Voir le commentaire de ces mesures dans les *Rapports* des 10 avril 1852 et 19 septembre 1853 et dans l'Instruction générale du 15 novembre 1854.

phie[1], aux langues vivantes[2], aux sciences[3], témoignent d'un sens pédagogique simple et juste. Il n'hésita pas enfin à porter le premier coup à la bifurcation[4] : le 28 août 1859 il publiait un arrêté aux termes duquel les élèves de la section des sciences, à Paris et dans les Lycées de province les plus importants, cessaient d'être réunis à ceux de la section des lettres pour l'enseignement littéraire ; les deux sections n'avaient plus de commun que l'enseignement de l'histoire et celui des langues vivantes. En même temps il reconstituait à titre distinct l'agrégation des sciences mathématiques et l'agrégation des sciences physiques et naturelles[5], l'agrégation de grammaire[6] et l'agrégation d'histoire[7].

Bien qu'ébranlé par cet ensemble de décisions, le plan de 1852 subsistait encore. Le jour où M. V. Duruy prenait possession du ministère, il rendait à la classe de Philosophie son caractère et son nom[8]. C'était, par une manifestation heureuse, faire enfin rentrer dans l'Université l'esprit de l'Université. Du même coup la bifurcation était reportée de la Quatrième à la Troisième[9], où elle ne tardait pas à mourir de discrédit, les élèves manquant aux cadres[10]. En outre, les règle-

1. Circulaires des 7 août, 3 et 14 octobre 1857, 18 mai et 5 octobre 1859 ; Arrêté du 28 août 1859.
2. Circulaire du 13 décembre 1858.
3. Circulaire du 5 octobre 1859.
4. Arrêté du 28 août 1859, art. 1 et 2. — Cf. Circulaire du 5 octobre 1859.
5. Décret du 17 juillet 1858.
6. Décret du 14 juillet 1857.
7. Décret du 11 juillet 1860.
8. Décret du 29 juin et arrêté du 14 juillet 1863. — M. Duruy avait pris possession du ministère le 23 juin.
9. Décret du 2 septembre 1863. — Cf. Arrêté du 5 décembre et Circulaires des 22 septembre et 4 octobre 1863.
10. Décret du 4 décembre 1864.

ments de l'agrégation des langues vivantes étaient remis en vigueur[1]; et l'enseignement de l'histoire, porté jusqu'à son dernier développement, embrassait l'histoire contemporaine[2]. A ces restaurations partielles venait bientôt s'ajouter tout un ensemble de modifications profondes. Pour les jeunes gens qui étaient contraints par l'âge ou obligés par des considérations particulières de rompre le cours régulier des classes, des cours d'enseignement littéraire complet étaient créés en mathématiques élémentaires; c'était un sage emprunt fait au plan de 1840[3]. Pour tous on cherchait à diminuer la préoccupation fiévreuse des examens du baccalauréat, en faisant porter les épreuves non sur la masse des connaissances accumulées pendant les huit années d'études normales, mais sur les programmes des classes de Rhétorique et de Philosophie ou de Mathématiques élémentaires, qui résumaient ou couronnaient ceux de toutes les autres[4]. Enfin, — ce qui devait particulièrement concourir à rendre à l'euseignement classique l'aisance et l'éclat, — reprenant l'idée féconde qu'avait jadis exprimée Richelieu avec tant de force, dont, à la tête des réformateurs du dix-huitième siècle, Rolland avait développé le principe, et qui, sous des noms divers, avait été préconisée et en partie exécutée par Vatimesnil, Guizot, Cousin, Villemain, Salvandy, Saint-Marc Girardin, M. V. Duruy organisait de toutes pièces l'enseignement secondaire spécial au profit de ceux que leurs aptitudes ou leurs intérêts portaient de préférence vers les carrières ouvertes aux sciences ap-

---

1. Décret du 27 novembre 1864.
2. Arrêté des 23 et 26 septembre et 15 décembre 1863. — Cf. Circulaire du 24 septembre.
3. Arrêté et Circulaire du 24 mars 1865; Arrêté du 12 août 1865. — Cf. Décret du 17 mars 1808, art. 19, § 2.
4. Décret du 27 novembre 1864; Arrêtés des 28 novembre 1864 et 25 mars 1865. — Cf. Circulaires des 15 juin et 7 octobre 1865.

pliquées à l'agriculture, au commerce et à l'industrie [1].

XIII

Nous touchons à la période contemporaine, aux réformes de 1872, de 1874 et de 1880.

Ce qui distingue la réforme de 1872, c'est qu'elle n'a ajouté aux programmes de l'enseignement aucune matière nouvelle, sauf en Philosophie un cours d'hygiène, qui ne devait prendre que six heures par an [2]. Quelques déplacements étaient opérés en faveur de la géographie, qui gagnait deux heures par quinzaine [3], et des langues vivantes, où trois leçons par semaine, obligatoires pour tous et dans toutes les classes, remplaçaient les deux heures de conférence qui existaient [4]; en troisième lieu, des exercices de langue et de littérature françaises étaient introduits de la Huitième à la Rhétorique. En compensation et pour ne pas charger l'enfant, dont il tenait essentiellement à ménager les forces [5], M. Jules Simon supprimait les vers latins, diminuait l'exercice du thème, qui n'était conservé que jusqu'à la Cinquième, et restreignait, en général, l'usage des devoirs écrits. Au

---

1. On retrouvera l'ensemble de ces mesures résumé dans le volume intitulé *Administration de l'instruction publique de 1863 à 1869, Ministère de M. V. Duruy* (Paris, Delalain, 1869).
2. Arrêté et Circulaire du 6 mai 1872.
3. Circulaire du 10 octobre 1871. L'enseignement de l'histoire contemporaine était arrêté à 1848.
4. Circulaires des 10 octobre et 13 décembre 1871. Aux termes de l'arrêté du 4 décembre 1863, l'enseignement des langues vivantes ne commençait qu'en Sixième et n'était obligatoire que jusqu'à la Quatrième l devenait facultatif dans les classes supérieures.
5. Circulaires des 27 mai et 27 septembre 1872.

fond, sa réforme ne portait que sur les méthodes. Considérant que l'extension successive des programmes rendait indispensable une nouvelle distribution de la journée scolaire; considérant, en outre, que, si l'on apprend les langues vivantes pour les parler, c'est uniquement pour les lire qu'on apprend les langues mortes, il se proposait de rendre à l'explication abondante des auteurs latins et grecs, interprétés dans leur ensemble et non plus par fragments, ainsi qu'à une étude plus approfondie de la langue et de la littérature françaises, les heures que rendaient disponibles la disparition du vers latin et la diminution des compositions latines. On le pressait de ne commencer le latin qu'en Sixième, le grec qu'en Quatrième. Il s'en remettait au temps du soin d'accomplir ces changements, s'ils paraissaient justifiés; il ne tenait qu'à faire prévaloir les principes; il les a établis dans des instructions qui resteront comme un modèle de haute et fine pédagogie[1].

Pris dans son ensemble et dans son esprit, le plan du 23 juillet 1874 semblait ne faire en plus d'un point que reproduire celui de 1840. Non seulement il remettait en honneur les exercices littéraires dont la suppression avait excité, sous le ministère de M. Jules Simon, une vive polémique[2], mais il n'accordait aux sciences qu'une place accessoire. L'arithmétique et la géométrie les représentaient presque seules jusqu'à la Rhétorique; les élèves n'abordaient qu'en Philosophie les éléments de la physique et de la chimie; ils y

---

1. Circulaire du 27 septembre 1872. — Cf. la *Réforme de l'enseignement secondaire*, ouvrage dans lequel M. Jules Simon a développé son plan (Paris, Hachette, 1874).

2. Voir particulièrement : la *Réforme universitaire, Lettre à M. le Directeur du Journal des Débats*, par M. Cuvillier-Fleury (Paris, 1872); — *De la Réforme universitaire, Lettre à M. Cuvillier-Fleury*, par M. F. Deltour (Paris, Dentu, 1872).

revoyaient en même temps l'histoire naturelle, dont ils avaient reçu en Seconde une légère teinture. A cette organisation, presque aussitôt contestée qu'établie, se rattachait une innovation judicieuse. Le baccalauréat ès lettres était scindé en deux séries d'épreuves[1]. « Jusqu'à ce jour, disait le ministre, les jeunes gens devaient, pour obtenir le diplôme, répondre à la fois sur toutes les parties littéraires et scientifiques de l'enseignement. C'était le cas d'appliquer le proverbe : qui trop embrasse mal étreint. Forcés de subir à jour fixe et à la fois toutes les épreuves, nos élèves, pour connaître un peu les diverses parties du programme, n'en étudiaient complètement aucune. Tantôt les lettres étaient négligées au profit des sciences, tantôt les sciences étaient négligées au profit des lettres. La scission de l'examen fera disparaître ces graves inconvénients. Au sortir de la Rhétorique le candidat subira une première épreuve, qui sera le couronnement de ses études littéraires; puis, après une année nouvelle consacrée aux sciences et à la philosophie, il devra, dans une seconde épreuve, justifier qu'il a acquis ces connaissances spéciales[2]. » L'intention manifeste était de simplifier. Les programmes d'histoire étaient d'ailleurs effectivement allégés de quelques détails. Mais en d'autres matières, dans les sciences par exemple, tout en réduisant leur importance, il avait fallu, pour se tenir au courant, faire des additions, combler des lacunes; et les programmes des langues vivantes, qui n'étaient pas encore constitués, avaient reçu les proportions un peu démesurées qui sont presque toujours l'effet d'une première codification.

1. Décret du 25 juillet 1874. — Cf. le Décret du 9 avril 1874 qui avait établi le principe du baccalauréat scindé. Le décret du 25 juillet n'est qu'un décret portant règlement d'administration publique.
2. Discours de M. de Cumont, ministre de l'instruction publique, à la distribution des prix du Concours général, 5 août 1874.

C'est d'un principe tout opposé que procède le plan du 2 août 1880[1]. Deux choses y sont à considérer : l'esprit des méthodes et le cadre des programmes. L'esprit des méthodes est celui de la circulaire de 1872, approfondi, étendu, définitivement affermi[2]. Quant au cadre des programmes, on a voulu, d'une part, faciliter à tous les enfants l'accès de l'enseignement secondaire et en assurer le profit à chacun d'eux dans la mesure où il pourrait le recueillir; d'autre part, établir dans les études classiques, parallèlement et conjointement avec l'enseignement littéraire, un enseignement scientifique complet. C'est à la lumière de ces deux principes qu'il faut étudier les programmes adoptés par le Conseil supérieur, sur la proposition de M. J. Ferry. La conséquence du premier a été de répartir les matières en trois séries, — ce qu'on a appelé les trois cycles, — répondant aux trois grandes périodes de l'instruction secondaire, classes élémentaires, classes de grammaire, classes supérieures; de façon à donner aux élèves qui seraient obligés de s'arrêter à la fin de la première ou de la seconde période la possibilité d'emporter du Lycée un certain fonds de notions formant un ensemble, de façon aussi à ménager le moyen de reprendre le pas à ceux qui, sortant soit de l'enseignement primaire, soit de l'enseignement spécial, viendraient rejoindre le corps de marche à la seconde ou à la troisième étape. Le deuxième principe a été de créer entre les lettres et les sciences un accord étroit, d'instituer ce qu'on appelle l'éducation harmonique, c'est-à-dire l'éducation qui embrasse l'universalité des connaissances et qui

1. L'esprit de la réforme de 1880 a été particulièrement établi dans la circulaire du 4 novembre 1882. — Voir aussi l'arrêté du 5 février 1881.
2. Voir la circulaire du 9 septembre 1882 et la Note sur les principes des nouvelles méthodes.

repose sur l'égale culture de toutes les facultés. De là, pour les classes élémentaires et les classes de grammaire, cette forme de programmes concentriques qui, de degré en degré, ramènent l'élève dans le cercle qu'il a déjà parcouru, en élargissant chaque fois son horizon; de là aussi la place faite dès la Huitième aux éléments de l'observation scientifique et l'extension des cours de sciences proprement dits traversant toute la série des études jusqu'à la Philosophie, où ils sont repris et résumés en une large synthèse.

XIV

Telle est, dans ses traits essentiels, l'histoire sommaire des programmes de l'enseignement secondaire. On voit par quelle succession d'efforts ils se sont peu à peu agrandis et élevés. Envisagée à un point de vue philosophique, cette continuité ininterrompue de développement ne laisse pas d'avoir un caractère de grandeur; examinée dans ses effets sur les études, elle explique le mal dont, comme tous les autres peuples, nous souffrons.

Exclusivement consacré aux lettres et surtout aux lettres anciennes avant 1789, occupé par les sciences, comme par droit de conquête, sous la Révolution; sous le Consulat, un moment brisé, pour ainsi dire, en deux courants, — lettres et sciences, — puis ramené dans un lit commun par l'Empire; systématiquement rendu aux lettres sous la Restauration, de 1830 à 1848 ballotté en sens divers, soumis par le second Empire à un nouvel et malheureux essai de bifurcation, laborieusement revenu à l'unité, aujourd'hui partagé presque à part égale entre les sciences et les lettres, notre enseignement, au milieu de ces révolutions, s'est incessamment chargé : chaque fois qu'on y touchait pour le simplifier ou l'alléger, on aboutissait finalement, sous une forme ou sous une autre, à en compliquer la marche et à en aggraver le fardeau.

A cette surcharge, qui se justifie par des causes si généreuses, mais dont les conséquences peuvent être si funestes, quel sera le remède ? « L'éducation, a dit l'un des maîtres de la psychologie contemporaine, Stuart Mill, est la culture que chaque génération donne à celle qui lui doit succéder pour la rendre capable de conserver les résultats du progrès qui a été fait, et, s'il se peut, de le porter plus loin. » On ne saurait mieux définir le caractère du legs que, d'âge en âge, l'humanité transmet à l'humanité. Mais comment la jeunesse sera-t-elle préparée à soutenir le poids de cet héritage ? Par l'archéologie, la numismatique, la paléographie, la critique des textes, l'histoire et la philologie s'enrichissent presque chaque jour de découvertes nouvelles ; les applications de la mécanique, de la physique et de la chimie se multiplient. Le domaine des études doit-il s'étendre indéfiniment au fur et à mesure que s'accroîtra le trésor du savoir humain ? Où sera la règle ? Cette règle sera-t-elle uniformément la même pour tous ? Et sur quels principes doit-elle se fonder ?

LES SOLUTIONS PROPOSÉES POUR REMÉDIER
A LA SURCHARGE DES PROGRAMMES

Ce qui rend plus que jamais difficile la solution du problème, c'est l'idée que certains esprits ont conçue de ce qu'ils appellent l'instruction intégrale.

Par instruction intégrale, on entend « une instruction dont l'objet n'est pas seulement de fournir une élite de lettrés comme les anciennes humanités, un corps d'industriels ou de commerçants comme l'enseignement professionnel, une société de citoyens ainsi que le voudrait une école exclusive de pédagogie politique, mais qui accepte toutes ces destinations et qui les synthétise dans l'éducation générale de l'homme, développée dans l'intégrité de ses facultés et de ses fonctions[1] ». Le système ainsi défini, on le place sous le patronage de Condorcet, et on en rattache le principe, à travers Auguste Comte et Jacotot, à Helvétius, à Locke et à Descartes. Voici par quel raisonnement.

L'égalité absolue dans les fins de l'éducation suppose l'égalité absolue dans l'aptitude à la recevoir. Or, cette égalité d'aptitude, Descartes ne l'a-t-il pas posée en axiome, lorsque, au début du *Discours de la Méthode*, il déclare que « le bon sens est la chose du monde la mieux partagée », et lorsqu'il ajoute que « toute la diversité des esprits vient de ce que nous

1. Nous empruntons cette définition à *l'École nouvelle*, novembre 1876.

conduisons nos pensées par diverses voies¹ » ? Tel n'est-il pas également le sentiment de Locke, quand il établit comme une règle, dans le préambule de sa pédagogie, que « les neuf dixièmes des hommes sont bons ou mauvais, utiles ou nuisibles, par l'effet de leur éducation² » ? Helvétius, à son tour, ne déclare-t-il pas « que la nature a doué tous les hommes du degré d'attention nécessaire pour s'élever aux plus hautes idées; mais que, l'attention étant une fatigue, tout se réduit à savoir si l'on a la passion des choses assez forte pour changer cette fatigue en plaisir³ » ? Auguste Comte n'a-t-il pas dit enfin que « la première condition essentielle de l'éducation positive, à la fois intellectuelle et morale, doit consister dans sa rigoureuse universalité⁴ » ? A mêmes facultés même régime. C'est la conclusion que Jacotot déduisait avec une rigueur pittoresque : les intelligences se valent; nous sommes tous nés pour être Corneille ou Newton; il n'a manqué à ceux qui n'ont été ni l'un ni l'autre que l'occasion ou le moyen de le devenir⁵.

Peut-être convient-il tout d'abord de ne pas laisser à ce paradoxe le prestige des noms plus ou moins illustres qu'on invoque pour le soutenir. Helvétius est le seul peut-être qui fût prêt à soutenir plus ou moins sérieusement que, l'homme étant composé partout des mêmes éléments, et les conditions dans lesquelles la combinaison de ces éléments donne le talent ou le génie étant connues par l'analyse, il ne s'agissait que de soumettre

---

1. *Discours de la Méthode*, 1ʳᵉ partie.
2. *Quelques pensées sur l'éducation*, préambule.
3. *De l'Esprit*, 3ᵉ Discours. — Cf. *De l'homme, de ses facultés intellectuelles et de son éducation*, chap. II.
4. *Cours de Philosophie positive*, t. V. p. 459.
5. Jacotot, *Langue maternelle*, 5ᵉ édition, 1832, p. 208.

la nature à ces conditions pour obtenir le produit. Mais est-il besoin de dire que telle n'est pas la pensée de Locke ni celle de Descartes? Descartes n'entend parler, dans sa *Méthode*, que du bon sens, trésor commun de l'humanité, et dont on peut dire, en effet, que chacun, à des degrés divers, a reçu sa part. Quant à Locke, il se réfute lui-même, lorsque, sorti des considérations générales de son préambule philosophique et ressaisi par les difficultés de l'expérience, il démontre que nous ne pouvons pas avoir la prétention de changer le naturel des enfants[1]. A. Comte lui-même est bien loin de nier les différences des dispositions naturelles. Ce qu'il demande, c'est l'égalité dans la qualité des études, non dans la quantité, ou, comme il dit, « des variétés d'extension dans un système constamment semblable et identique »; et, ramenée à ces termes, la théorie n'a rien que d'acceptable. De même pour Condorcet. Est-il bien exact d'abord que l'idée de l'instruction intégrale lui appartienne? N'est-ce pas plutôt Fourier et son école qui ont mis en circulation le mot et le système? Ce qui est vrai, c'est que la philosophie sociale de Condorcet repose sur cette pensée : affranchir l'homme de la domination de l'homme, en tout ce qui touche aux nécessités de l'existence journalière. « Celui qui connaît les quatre règles de l'arithmétique, disait-il, ne peut être dans la dépendance de Newton lui-même pour aucune des actions de la vie commune. Il faut donc apprendre à chaque homme les quatre règles de l'arithmétique[2]. » Mais sur cette base commune Condorcet établissait cinq degrés d'éducation, accessibles à chacun en raison de

---

1. *Quelques pensées sur l'éducation*, sect. V. — « L'éducation, dit La Bruyère, ne donne point à l'homme un autre cœur ni une autre complexion. » (*Des jugements*, 85. Cf. *ibid.*, 84.)

2. *Rapport sur l'organisation générale de l'instruction publique*, déjà cité, t. VII, p. 479, note. — Cf. *Mémoires sur l'instruction publique*, Premier mémoire : *Nature et objet de l'instruction publique*, ibid., p. 171.

sa valeur personnelle et en rapport avec les besoins multiples de la vie sociale [1]. « Les enfants, écrit-il avec une haute sagesse, suivant la richesse de leurs parents, les circonstances, l'état auquel on les destine, peuvent donner plus ou moins de temps à l'instruction.... Tous les individus ne naissent pas avec des facultés égales, et, tous enseignés par les mêmes méthodes, pendant le même nombre d'années, n'apprendront pas les mêmes choses.... L'égalité des esprits et celle de l'instruction sont des chimères.... Au delà des écoles primaires, l'instruction cesse rigoureusement d'être universelle [2]. »

Les plus habiles dialecticiens eussent-ils soutenu le système de l'éducation intégrale, leur raisonnement ne résisterait ni à l'observation de la nature, ni à la considération des véritables intérêts de l'individu et de la société. C'est une égale exagération de prétendre que l'éducation ne peut rien et qu'elle peut tout. Elle peut plus ou moins, suivant le fonds auquel elle s'applique. « Il y a des milliers de siècles que la rosée du ciel tombe sur des rochers, sans les rendre féconds », écrivait Diderot, qu'on n'accusera certes pas d'être hostile

---

1. Voici comment, dans son projet de décret, Condorcet formule sa proposition : « Il y aura cinq degrés d'instruction, qui correspondront aux besoins qu'ont les différents citoyens d'acquérir plus ou moins de connaissances (art. 1ᵉʳ). » Ces cinq degrés étaient représentés par les *Écoles primaires*, les *Écoles secondaires*, les *Instituts*, les *Lycées*, la *Société nationale des sciences et arts* (art. 2 à 6). — Voir plus haut, pag. 43 et suivantes.

2. *Mémoires sur l'instruction publique*. Premier mémoire : *Nécessité de diviser l'instruction en plusieurs degrés, d'après celui de la capacité naturelle et le temps qu'on peut employer à s'instruire*, ibid., p. 478. — Cf. *Rapport sur l'organisation générale de l'instruction publique*, ibid., p. 418, note, p. 493 et 451 : « Nous avons pensé qu'il fallait donner à tous également l'instruction qu'il est possible d'étendre sur tous, mais ne refuser à aucune portion de citoyens l'instruction qu'il est impossible de faire partager à la masse entière des individus; établir l'une parce qu'elle est utile à ceux qui la reçoivent, et l'autre parce qu'elle l'est à ceux qui ne la reçoivent pas ».— Voir encore le chapitre *Sur la nécessité de l'instruction publique*, ibid., p. 441.

à la perfectibilité de l'esprit humain. « Du gland d'où doit pousser le chêne, disait Franklin dans son irréfutable bon sens, on ne fera jamais sortir un pommier. »

Mais admettons un instant que, par l'égalité d'une instruction secondaire uniformément répandue, on pût arriver à l'égalisation absolue des connaissances, à qui ce miracle profiterait-il? La société en serait-elle plus forte, l'individu plus heureux? L'œuvre démocratique par excellence, c'est d'abord d'assurer à tous le pain quotidien de l'intelligence et de la moralité, je veux dire cette première culture sans laquelle l'homme est aujourd'hui, pour ainsi dire, en dehors de l'humanité, et tel est l'objet de l'enseignement primaire ; — c'est ensuite de ne laisser se perdre aucun germe, aucune étincelle, de jeter partout la sonde, de fournir aux meilleurs, à ceux qui se sont révélés comme tels, moins encore par leur savoir proprement dit que par leur capacité d'apprendre, une assistance en rapport avec le développement intellectuel où ils peuvent prétendre, de faciliter, en un mot, tant par le concours direct de l'État qu'en se prêtant à toutes les œuvres de liberté, l'essor des aptitudes propres à apporter un jour au trésor commun de l'énergie sociale une part d'énergie personnelle. Ainsi l'entendait Condorcet[1], lorsqu'il instituait ce système de bourses si libéralement appliqué aujourd'hui à toutes les promesses de distinction[2]. Rien de plus dangereux que le mirage d'une éducation secondaire mal placée; c'est encore Condorcet qui l'a dit : « Bien loin de diminuer les effets de l'inégalité naturelle, elle ne ferait que les augmenter[3] ».

---

1. *Mémoire sur l'instruction publique* (1791-1792), Second mémoire, ibid., p. 275 et 313. — Cf. Troisième mémoire, p. 179; *Rapport sur l'organisation générale de l'instruction publique*, p. 493.
2. Le nombre des boursiers de l'État est aujourd'hui de 4612 : 2977 pour les Lycées, 1635 pour les collèges communaux.
3. *Rapport sur l'organisation de l'instruction publique*, ibid., p. 451.

La valeur d'un homme consiste, non à ressembler tant mal que bien à tous les autres, mais à réaliser la perfection de sa nature. Il y a des élites dans toutes les branches de l'activité humaine, des élites de toutes les conditions, de tous les degrés, et une société ne se soutient que par la diversité des élites qu'elle produit.

Au surplus, même alors que l'application du principe de l'instruction intégrale serait une utopie à laquelle il fallût faire quelque sacrifice dans l'instruction secondaire, elle n'aurait certainement pas pour résultat de réduire ou de simplifier les programmes de l'enseignement. Cette simplification, des réformateurs mieux éclairés — théoriciens, pédagogues ou législateurs — ont cherché à la trouver, les uns dans le système de l'éducation dite utilitaire, les autres dans le système de l'éducation purement classique, d'autres enfin dans des combinaisons composites où les deux systèmes sont plus ou moins rapprochés et fondus. Ce sont ces vues diverses qu'il convient d'examiner.

I

Les doctrinaires modernes de l'éducation utilitaire groupent sous quatre chefs les objets de l'éducation, tels qu'ils la conçoivent, savoir : l'éducation qui fournit à l'homme le moyen direct ou indirect d'assurer sa con-

---

— Romme disait avec non moins de force : « ... Pour la presque totalité des citoyens, l'universalité des connaissances serait un luxe insensé, s'il n'était impossible.... Pour vouloir être propre à tout, on courrait risque de n'être propre à rien. » *Rapport*, déjà cité, *du 29 vendémiaire an* I-20 *octobre* 1793.

servation; celle qui prépare le chef de famille; celle qui forme le citoyen; enfin celle qui sert à remplir les loisirs de la vie en procurant les satisfactions du sentiment et du goût. A chacun de ces objets correspondent des programmes que la science fournit : d'abord l'hygiène; puis la géométrie, la mécanique, la chimie, l'astronomie et la géologie; en troisième lieu, la biologie, l'anatomie, la physiologie et la psychologie; enfin la sociologie ou histoire, — sociologie descriptive et sociologie comparée, — c'est-à-dire histoire particulière et histoire générale. Quant aux lettres et aux arts proprement dits, ils n'apparaissent qu'à la période extrême, comme représentant les raffinements de l'existence. « L'arbre des langues est grand et touffu dans nos écoles, dit-on; mais ce n'est qu'une mauvaise herbe qui a grandi. De bons maîtres réussissent de temps en temps à suspendre à ses nœuds quelques guirlandes et à donner à ses rameaux d'élégantes courbures. Mais à quoi cela est-il bon? Où est le fruit[1]? » Ce n'est pas, toutefois, qu'on méconnaisse absolument ce que les arts et les lettres peuvent ajouter à la condition humaine d'agrément, de politesse et d'éclat. On les considère même volontiers comme la fleur exquise de la civilisation. Mais combien en est-il à qui ils servent, à qui ils puissent servir? Le fond de la doctrine est qu'il n'est pas impossible de s'en passer. Ces ornements de la société sont destinés à en disparaître. On les compare aux oripeaux dont se paraient les sœurs futiles et vaniteuses de Cendrillon, tandis que Cendrillon elle-même se consacrait aux soins vulgaires, mais utiles, du ménage, et l'on voit arriver le temps où Cendrillon régnera sur ses sœurs en souveraine[2].

1. M. le professeur Alexandre J. Ellis, cité par A. Bain, *La science de l'éducation*, liv. II, chap. VIII.
2. Spencer, *De l'éducation intellectuelle, morale et physique*, chap. I : *Quel est le savoir le plus utile?*

Il n'est pas besoin de regarder de bien près à ce résumé des idées de M. Spencer, pour y reconnaître les principes de Rousseau et de Diderot, alors qu'entraînés par le paradoxe ils ferment les yeux au monde qui les entoure, comme si, par cela seul qu'ils cessent de le voir, le monde cessait d'exister. L'abbé de Saint-Pierre, qui renchérit toujours sur l'exagération des autres, soit qu'il les précède, soit qu'il les suive, avait écrit le premier en parlant des langues anciennes : « Un jour viendra que nous sentirons que nous avons moins besoin assurément de savoir le grec et le latin que le malabarais ou l'arabe [1] ». N'y a-t-il donc d'utile que « ce qui répond aux besoins du commerce » ou ce qui, d'une manière générale, rentre dans les usages quotidiens de la vie? A supposer que, suivant le vœu de M. Spencer, l'homme, par cette instruction exclusivement pratique, pût devenir son propre médecin, son avocat, son notaire, qu'il fût impossible de le tromper sur la valeur d'un drainage ou le produit d'une mine, sur la force mécanique de la locomotive qui le transporte, sur la valeur des sels qu'on sert à sa table, est-ce là tout l'homme, est-ce là le fond de l'homme? Si, après s'être donné carrière dans le pays des chimères, Diderot dépassait la mesure en sens opposé, lorsque dans Homère il saluait « le maître sans lequel il ne serait rien », cet élan de gratitude enthousiaste le ramenait, au moins en partie, à l'équilibre. Que certaines connaissances pratiques soient devenues indispensables, il serait puéril de le nier; mais en résulte-t-il que les autres ne soient plus qu'oiseuses ou qu'elles doivent être réservées au petit nombre? En vérité, c'est à une société aristocratique que conviendrait cette éducation, où ce qui constitue le bien-être le plus élevé et le plus aimable de la

---

1. *Projet pour perfectionner l'éducation* Observation XVII, *sur les langues.*

vie intellectuelle et morale serait le privilège des gens de loisir. Quand il évoque l'image de Cendrillon, M. Spencer oublie qu'en même temps qu'elle remplissait bravement dans la maison domestique son office d'industrieuse ménagère, la filleule des fées était la grâce, le charme, l'âme du foyer.

Ce qui caractérise surtout le système utilitaire, c'est que la science n'y est pas seulement la fin, mais le moyen, le moyen prépondérant et presque unique. Or, s'il serait difficile de prétendre aujourd'hui que l'étude exclusive des langues, surtout des langues anciennes, soit une préparation suffisante pour les nécessités comme pour les jouissances communes de la vie, faut-il en conclure que les revendications légitimes des sciences doivent tourner à l'élimination des lettres dans l'éducation de la jeunesse? De même que la culture scientifique peut avoir sa poésie et sa grandeur, la culture littéraire a sa solidité. Le reproche qu'on a fait autrefois à l'enseignement des langues de trop concéder au culte de la forme n'a jamais été moins fondé qu'aujourd'hui. Sans cesser d'être des sciences morales, l'histoire et la géographie sont devenues des sciences positives. On remonte aux sources, on fouille les documents. La philologie soutient et anime les études de grammaire. La critique littéraire, nourrie de tous les renseignements qui peuvent en fortifier et en étendre les vues, ne tient pas moins de la psychologie et de l'histoire que de l'esthétique. Ni M. Martha, ni M. J. Girard, ni M. G. Boissier ne souscriraient à ce jugement : « que les humanités n'ont pas su inaugurer pour leurs adeptes une prise sérieuse de la robe virile, un acte de majorité intellectuelle consistant à dépasser la littérature et à la remplacer par la culture de l'esprit humain[1] ». Nos professeurs se gardent des formules qui confondent dans une admiration banale les peuples et les temps; ils serrent la vérité de près, la vérité universelle et la vérité contingente, celle qui ne change pas, — le fond du cœur de l'homme étant toujours le même, — et celle qui se modifie avec les pays et les siècles; par-dessus tout, en un mot, ils s'attachent à comprendre, sachant bien que l'exactitude et la précision du savoir ne peuvent qu'ajouter à la vivacité du sentiment mieux éclairé. Aux quelques pages de lieux communs, développés avec plus ou moins d'éclat, qui servaient d'épreuve au doctorat ès lettres, il y a soixante ans, que l'on compare les mémoires et les livres que la Faculté reçoit aujourd'hui, et l'on appréciera ce que des maîtres formés à cette école d'érudition lumineuse et de sagacité pénétrante peuvent apporter de ressources dans leur enseignement, pour le développement des plus saines et des plus fermes qualités de l'intelligence. Il n'y a donc pas plus de raison de fonder l'éducation secondaire sur la science seule qu'il n'y aurait de sagesse à en ramener tout l'objet à l'utilité.

II

Les classiques purs ne prennent pas parti dans leur sens avec moins de décision que les utilitaires.

Répétons-le hardiment en face de l'industrie, des écoles professionnelles et de tous les préjugés démocratiques, dit le dernier et le plus éloquent de leurs repré-

1. E. Renan, *Nouvelles études d'histoire religieuse*, Préface.

sentants, M. de Laprade[1] : il faut que l'étude des lettres anciennes reste intacte, dût-on, pour la sauver, jeter à la mer tout le reste. Il n'y a que le grec et le latin qui mettent l'enfant en rapport avec les sentiments dont vit l'humanité. Les anciens, ayant eu la bonne fortune d'être les premiers interprètes d'une société civilisée, ont donné à ces sentiments une expression d'une justesse, d'une simplicité, d'une fraîcheur incomparables : c'est la meilleure école de logique, d'esthétique, d'éloquence et de morale. D'ailleurs l'acquisition des connaissances est chose accessoire. Le but de l'éducation classique est de former l'intelligence ; on ne meuble une maison qu'après l'avoir édifiée. Que le bachelier possède la dose de calcul nécessaire à l'avocat, au banquier, au propriétaire, pour faire ses comptes, soit ; qu'il n'ignore pas les éléments de la géométrie, puisque le maître a dit que nul ne peut toucher à la philosophie s'il n'est un peu géomètre ; qu'il sache de la physique et de la chimie ce qu'il en faut savoir pour être apte à juger de la place qu'elles occupent dans l'ensemble des sciences humaines, soit encore ; — mais on ne saurait lui demander davantage sans usurper sur un temps qui appartient aux lettres. L'histoire elle-même est mal vue de M. de Laprade. Introduire l'exposé des événements contemporains dans les cours classiques, c'est jeter l'enfant dans la mêlée des passions. Même en ne déroulant sous ses yeux que le tableau du passé, — antiquité, moyen âge, temps modernes, — on le traite en homme avant l'heure. L'histoire est une étude de l'âge mûr ; la décadence des études classiques a commencé du jour où a été créé le professeur spécial qui l'enseigne ; il y suffit du maître ordinaire, pour peu qu'il sache semer les renseignements utiles dans

---

1. *L'éducation libérale*, 1873, 3ᵉ part., chap. IV.

le commentaire des textes qu'il explique : le cours d'histoire le plus profitable que l'enfant puisse suivre au Collège est celui qu'il fait avec ses auteurs, celui qui commence à la Septième avec le vieux *de Viris* et finit en Rhétorique avec Homère, Sophocle, Thucydide et Platon, avec Virgile, Cicéron, Tite-Live et Tacite. Quant aux langues vivantes, sans doute elles constituent un précieux instrument d'information, elles peuvent même être le complément d'une éducation distinguée; mais à Dieu ne plaise qu'elles suppléent ce fonds de culture générale que crée seule la pratique des langues anciennes! Leur place dans les Lycées est aux moments perdus, s'il y en a.

On ne saurait conclure avec plus de franchise contre les principes de l'instruction moderne; M. de Laprade ne l'ignore pas; et, tout en mettant çà et là à ses sévérités certains tempéraments de courtoisie et de raison, il en accepte résolument les conséquences. Il ne craint pas de se rejeter de plus d'un siècle en arrière. Il aime à s'appuyer sur l'autorité de Rollin. Rollin, de nos jours, l'aurait-il suivi? Novateur prudent, c'était un novateur, qui n'ignorait pas que les institutions ne durent qu'à la condition de se transformer, et qui avait accepté, nous l'avons vu, les progrès réclamés par son temps.

Pour ne parler que des sciences qui excitent plus particulièrement la verve de M. de Laprade, si l'on peut se demander dans quelle mesure l'observation des faits de la nature doit concourir à la première éducation des sens pour être vraiment féconde, à quel âge l'intelligence a pris assez de force pour concevoir avec profit les théorèmes mathématiques, dans quel ordre les sciences physiques sont le plus logiquement classées, comment il convient de les aborder, simultanément, en y revenant de période en période, ou successivement, de façon à établir certaines assises avant de s'élever, — quelle part enfin il leur faut faire dans l'éducation générale ; si sur ces questions les avis peuvent différer, il n'est personne qui consentît, avec M. de Laprade, à exclure les sciences du domaine de l'enseignement secondaire, ni même à les reléguer tout d'une pièce dans les dernières classes, comme l'avait fait d'abord, sauf à amender ensuite son plan, M. V. Cousin. « Oui, écrivait G. Cuvier il y a quatre-vingts ans, il n'est pas contestable que les anciens nous aient laissé dans presque tous les genres les plus parfaits modèles de l'alliance de la raison et de l'imagination et qu'il n'y ait pas d'enseignement plus solide pour la connaissance du cœur humain : les nuances des idées morales échappent à la rigueur des déductions des mathématiques, et trop souvent l'habitude de ces déductions porte l'esprit à vouloir tout réduire à des règles invariables, à des principes absolus : méthode bien dangereuse, quand on l'applique au gouvernement des sociétés ou seulement aux rapports particuliers qui nous lient avec les autres hommes. Mais comment nier, ajoutait-il, — et que n'ajouterait-il pas aujourd'hui ? — comment nier que les sciences mathématiques et physiques offrent un type de raisonnement supérieur dans tout ce qui a besoin d'être prouvé, que les gouvernements, dans l'état actuel de la civilisation, en aient un besoin indispensable, qu'une foule de professions utiles soient fondées sur elles, que la société leur doive nombre de commodités et d'agréments, et que chaque particulier puisse en tirer lumière et profit[1] ? » On peut dire, en effet, de la science du monde physique ce que Cicéron écrivait de la science

---

1. *Moniteur* (3 novembre 1807).

du monde moral, après que Socrate l'eut fait descendre des hauteurs où la tenaient les disciples de Thalès, pour la mettre à la portée de la conscience : « Elle est entrée dans nos maisons, elle est liée et mêlée à toute notre vie ». C'est par là qu'elle a prise, justement prise sur l'esprit de l'enfant; et, en sollicitant son attention, en le transportant de l'infiniment grand à l'infiniment petit, en le faisant passer tour à tour par l'analyse et par la synthèse des phénomènes, elle contribue à donner à ses facultés la pénétration, la rectitude, la précision.

III

Entre ces extrêmes se placent divers systèmes qui, par la complication même de leurs combinaisons, témoignent et de l'effort fait pour concilier les deux éléments, — sciences et lettres, — et de la difficulté d'en opérer le rapprochement à la satisfaction de tous les intérêts. L'un d'eux, qui a l'appui d'un pédagogue anglais considérable, M. Matthew Arnold, n'est, au fond, que notre plan de 1852, et il est piquant de voir la bifurcation, après avoir avorté en France, nous revenir d'outre-Manche avec une sorte de prestige. Le but d'une éducation complète et libérale, dit M. Arnold, est de nous donner la connaissance de nous-même et de l'univers. L'une et l'autre étude sont nécessaires à tous dans une certaine mesure. Il s'ensuit que les commencements d'une éducation libérale doivent être les mêmes pour tous. Ainsi la langue maternelle, les éléments du latin et des principales langues vivantes, les éléments de l'histoire, de l'arithmétique et de la géométrie, ceux de la géographie et des sciences naturelles, formeront le programme des classes inférieures de toutes les écoles secondaires, et ce programme sera identique pour tous les élèves de ces classes. Mais, arrivé au degré supérieur, la nécessité de séparer les écoles s'impose : celui-ci a l'aptitude qui convient pour connaître les hommes, c'est-à-dire pour l'étude des humanités ; celui-là, celle qu'exige la connaissance de l'univers, c'està-dire l'étude des sciences. Entre les sciences ou les humanités il faut opter ; il n'est pas possible de suivre les deux branches avec profit[1]. On le reconnaît, la seule différence entre ce système et la bifurcation, telle que nous l'avons connue, — différence importante, il est vrai, — c'est que les jeunes gens, après des études communes, prennent l'une ou l'autre voie, suivant leurs dispositions naturelles, non plus sous la même direction et dans le même établissement, selon le plan de M. Fortoul, mais dans des établissements différents et avec une direction distincte.

C'est à l'idée de la bifurcation que se rattache aussi le projet exposé en France, dans ces dernières années, par un publiciste distingué. M. Th. Ferneuil voudrait qu'on adoptât, pour tous les établissements d'instruction secondaire, un plan d'études à deux degrés, ou, comme il dit, à deux assises : un premier degré d'instruction générale, laquelle comprendrait les éléments des sciences, la langue maternelle, les langues vivantes, l'histoire et la géographie, le dessin, et remplirait l'espace de cinq années environ, de façon à conduire l'élève jusqu'à quatorze ou quinze ans ; un second degré, avec trois sections spéciales, destinées l'une aux jeunes gens qui se préparent aux Écoles du gouvernement, l'autre

---

[1]. Voir A. Bain, *La science de l'éducation*, livre II, chap. VIII, note.

aux futurs commerçants. la troisième aux carrières dites libérales, barreau, médecine, professorat, etc. Dans la première section on poursuivrait l'étude des sciences ; dans la seconde on s'occuperait surtout de la littérature nationale et des littératures modernes, des sciences naturelles, économiques et sociales, intéressant les professions industrielles et commerciales; la troisième aurait pour objet l'étude du grec et du latin, l'explication des textes, la philologie comparée. Ainsi se trouverait accomplie l'alliance des études générales et des études spéciales : si, dans la période d'instruction générale, les lettres avaient à céder le pas aux sciences, ainsi que l'exige l'esprit de la société nouvelle, elles retrouveraient leur heure dans la seconde, avec d'autant plus d'avantage que rien n'y viendrait disputer l'intelligence et l'application de ceux qui en auraient, de prédilection, embrassé l'étude [1].

Le système de sectionnement établi depuis quatre ans dans les Athénées belges se rapproche de ce projet en ne faisant rien moins que le simplifier. On sait qu'aux termes de la loi du 1er juin 1880, les Athénées sont divisés en deux sections. Un arrêté du 30 juin 1881 a fixé le nombre des classes à sept dans chaque section. Les deux premières classes sont communes à tous les élèves ; au seuil de la troisième, la séparation se fait : d'une part, *section professionnelle*, avec deux sous-sections (section industrielle et section scientifique); d'autre part, *section des humanités*, se subdivisant elle-même en quatre sections : 1° *humanités complètes*, qui embrassent tous les cours : grec, latin, français, flamand, allemand, anglais, histoire et géographie, mathématiques, astronomie ou cosmographie, sciences naturelles, dessin,

---

1. *La Réforme de l'enseignement public en France*, livre II, chap. III

gymnastique ; 2° *humanités latines et grecques*, pour les élèves qui se vouent aux études littéraires, philosophiques ou juridiques, lesquels n'ont à apprendre qu'une des trois langues, flamande, allemande ou anglaise, et ne suivent ni les classes de mathématiques en Seconde et en Rhétorique, ni la chimie; 3° *humanités latines*, pour les aspirants aux écoles spéciales ou pour ceux qui veulent se livrer à l'étude des sciences mathématiques ou physiques, lesquels n'ont qu'une année de grec obligatoire et sont réunis pour les sciences avec la première sous-section professionnelle (section scientifique); 4° *humanités latines*, — il y en a de deux catégories, — pour ceux qui prétendent à l'étude des sciences naturelles et à la médecine, lesquels n'ont que deux années de grec obligatoires et partagent les cours de langues modernes avec la deuxième sous-section professionnelle (section industrielle[1]).

Ce n'est pas sans difficulté, paraît-il, que ces règles sont entrées en application. Ce qu'elles ont de complexe suffirait à l'expliquer. Et quelle charge que celle des *humanités complètes*! Mais la faiblesse essentielle de l'organisation est dans le fond même du système, et elle est commune, à des degrés divers, au plan de M. Arnold et au projet de M. Ferneuil. Ce qu'on reprochait aux programmes de 1852, c'était d'obliger l'enfant à choisir une direction décisive en cours d'études. L'objection était d'autant plus fondée que trop souvent l'élève prenait parti avant l'heure réglementaire, et qu'en vue des études spéciales auxquelles il devait se consacrer plus tard, il commençait par ne prendre des études générales que ce qui lui paraissait conforme à ses pensées d'avenir, ou même n'en

1. Voir aux Annexes, n° IV. — Cf. *Revue internationale de l'enseignement*, 15 mai 1884.

prenait rien du tout. Encore si l'on n'avait eu à craindre que la paresse et les caprices de l'enfant ; mais que de fois ne trouvait-il pas la complicité de la famille ! Il semble d'ailleurs que, dans cette sorte d'organisation de cours à tiroirs, tels que la loi belge les a adoptés, il semble qu'on oublie une règle pédagogique capitale : à savoir que l'éducation secondaire est, avant tout, une œuvre de méthode et de suite; qu'il importe conséquemment que, dès le début, maîtres et élèves se sentent dans une voie où chaque effort tende à une fin bien déterminée. Les études désarticulées ou brisées, sans lien intime, sans cohésion profonde, peuvent n'être pas contraires à l'emmagasinement des connaissances; mais elles ne servent certainement pas le développement régulier des facultés.

IV

Aux régimes de la « fusion séparative », d'autres opposent le régime du « raccordement complet ». C'est l'idée qui a cours en Suisse depuis quelques années dans la Société des Amis de la réforme scolaire et qu'un professeur de l'Académie de Lausanne, M. A. Herzen, a prise plus particulièrement sous son patronage[1].

M. Herzen repousse toute conception aboutissant à une séparation des lettres et des sciences, des écoles réales et des gymnases. Cette éducation unilatérale

1. *De l'enseignement secondaire dans la Suisse Romande*, par A. Herzen professeur de physiologie à l'Académie de Lausanne.

n'est à ses yeux qu'un pis aller : l'essai qui en a été fait en Allemagne et ailleurs n'a eu d'autre résultat que de mettre en pleine lumière le défaut de culture littéraire chez les élèves industriels et le défaut de culture scientifique chez les élèves classiques.

Mais ce qu'il reproche surtout au système de la scission, c'est d'être antidémocratique et antipédagogique. « L'organisation actuelle de l'instruction publique primaire et secondaire, dit-il, est partout en Suisse, Zurich exceptée, d'une injustice criante. Elle établit dès l'abord deux grandes castes : le passage des écoles primaires aux écoles secondaires — classiques surtout — est rendu impossible par l'âge auquel ces dernières commencent et par les programmes en vigueur. L'immense majorité des enfants du pays est donc condamnée irrévocablement à se contenter de l'instruction primaire, sans que les capacités qui se trouvent au sein de cette majorité puissent en aucune façon se faire jour. L'instruction supérieure est réservée à une petite minorité d'enfants appartenant à des familles moins pauvres, aisées ou riches, dont une certaine proportion est douée d'une grande disposition naturelle pour l'ignorance et la fainéantise, et fournit les fameux *sabots* qui se traînent péniblement de classe en classe. La caste des secondaires se subdivise ensuite en deux sous-castes : les classiques et les industriels. Tous les privilèges aux classiques, point de droits pour les industriels. Les premiers seuls sont des hommes cultivés, les seconds ne sauraient jamais le devenir ; et en vérité il est amusant d'entendre une médiocrité littéraire soutenir cette thèse devant un savant de premier ordre ; mais il est triste surtout de penser que des jeunes gens souvent bien supérieurs à la moyenne des bacheliers ès lettres se voient exclus des carrières qu'ils voudraient embrasser par le simple fait de n'avoir pas reçu la teinture de latin et la déteinte de grec qui ouvrent les portes de toutes les Facultés. » — Rien de plus injuste que cette différence de sanction. Rien de moins fondé en raison, d'autre part, que le triage des vocations s'opérant à un âge « où il est aussi impossible de se prononcer pour les dispositions individuelles des enfants qu'il le serait de prévoir au mois de janvier les récoltes du mois d'août : les parents, se réglant uniquement d'après leurs préférences personnelles, leurs convenances, voire même leurs préjugés, fourrent Pierre et Paul au collège classique et Jacques à l'école industrielle; toi, tu seras avocat; toi, médecin, et toi, ingénieur.... Cela n'est-il pas tout simplement barbare et ne rappelle-t-il pas les mœurs hindoues ? »

Le seul remède à ce désordre, suivant M. Herzen, c'est l'*École secondaire unique*, s'ouvrant à partir de douze ans, c'est-à-dire après la période des études primaires, et partagée en deux sections : section inférieure, dite collège, à quatre classes ; section supérieure, dite gymnase, à trois classes, et comprenant : pour les sciences, un enseignement des sciences mathématiques et physico-naturelles très développé dès le début et « maintenu dans une mesure uniforme et constante » pendant toute la durée des études; pour les lettres, une langue vivante et une langue morte — une seule, grec ou latin — dans la première section; dans la deuxième, une seconde langue morte; enfin, au-dessus de ces cours communs, quelques cours spéciaux entre lesquels les jeunes gens choisiraient, et dont il leur serait tenu compte à l'examen de maturité.

Le point de vue politique mis à part, les observations de M. Herzen sur l'embarras auquel le dualisme des établissements expose les familles et sur l'insuffisance des garanties assurées aux études industrielles ne sont, à la vérité, que des arguments accessoires et qui ne tranchent point la question. Qu'avant d'envoyer leurs enfants dans l'école secondaire, les parents soient obligés de se rendre compte de leurs aptitudes et de la situation sociale qui leur est réservée, c'est le devoir naturel qu'avec un peu de prévoyance et de bon sens il n'est pas impossible de remplir. Le mal est qu'ils aient à prendre parti, au milieu des classes, sans avoir, pour se décider, d'autres raisons que la répulsion, mal éclairée le plus souvent, de l'écolier. Il ne nous paraît guère plus péremptoire de se faire une arme de l'infériorité dont les collèges industriels ont à souffrir à l'égard des collèges classiques pour l'admission aux grades et aux privilèges qui y sont attachés : il suffit de donner, dans la mesure de l'intérêt public, aux études qu'ils représentent les sanctions qui leur manquent.

Mais ce qu'en réalité M. Herzen veut faire prévaloir, c'est ce qu'il appelle lui-même la *transposition des sujets*. Comme l'École réformiste dont il se fait honneur d'être le disciple, tout en professant le principe de l'égalité de répartition entre les sciences et les lettres, il donne aux sciences la priorité et l'avantage. Les sciences sont à ses yeux, comme aux yeux de ses maîtres, Potterat, de Crousaz, Wuillemioz et Chavannes, le meilleur et le plus sûr instrument d'éducation. Voilà pourquoi il leur fait place dans son programme dès le début et, pendant toute la série des études, une place prépondérante. Ainsi espère-t-il obtenir le maximum d'effet avec le minimum d'effort, tandis que l'éducation qui commence par les éléments littéraires et qui en fait son point d'appui ne donne, à son sens, avec le maximum d'effort que le minimum d'effet. Le « raccordement » qu'il propose n'est donc rien moins qu'une conciliation. On ne voit pas quelle est la part accordée à l'histoire, à la géographie, à la littérature proprement dite, à tout ce qui constitue proprement l'éducation littéraire. L'étude des langues elle-même est singulièrement restreinte. Nous n'oublions pas qu'il y a, au-dessus du cours normal, des cours spéciaux dont le choix est laissé à l'élève ; mais quels sont ces cours ? Rien ne l'indique. Au surplus, M. Herzen s'en réfère sur ce point à Chavannes, son maître ; et, dans son *projet d'un établissement d'éducation nationale à l'usage de tous les jeunes gens destinés à une vocation quelconque qui suppose la culture de l'esprit*[1], Chavannes ne fait sérieusement intervenir les lettres qu'à la septième classe sur dix[2].

Les adversaires de M. Herzen ne s'y trompent point. Ils contestent les effets de cette *transposition des sujets* : « ce sont précisément, disent-ils, ceux qui ont scandé leur Virgile et leur Homère qui passent le mieux leurs examens de mathématiques et de sciences naturelles » ; ils considèrent en outre qu'il y a violation des lois de la

1. *Essai sur l'éducation intellectuelle*, par Alexandre-César Chavannes, professeur de théologie dans l'Académie de Lausanne, 1787.
2. Voici quelle est la succession des programmes de Chavannes dans ses dix auditoires ou classes : 1ʳᵉ classe : histoire naturelle, productions du pays dans les alentours, lecture, écriture, orthographe, arithmétique (les quatre règles) ; 2ᵉ classe : histoire naturelle (spectacle des cieux, météores, etc.), géographie physique, arithmétique (règles composées), orthographe ; 3ᵉ classe : étude des métiers et manufactures (outils, instruments, machines), géographie politique abrégée, canevas chronologique, lectures (prose et vers) ; 4ᵉ classe : mathématiques (géométrie théorique et pratique, algèbre, trigonométrie), histoire sacrée et histoire universelle, essais de composition dans le genre épistolaire ; 5ᵉ classe : physique théorique, esquisses de physiologie et d'anatomie, histoire des peuples européens jusqu'à l'histoire moderne, lectures ; 6ᵉ classe : anthropologie, ethnologie ou histoire du progrès des peuples jusqu'à la civilisation, histoire moderne ; 7ᵉ classe : noologie ou analyse détaillée des facultés de l'âme, glossologie ou théorie du langage ; 8ᵉ classe : boulologie ou morale naturelle, grammaire générale, langue grecque ; 9ᵉ classe : droit naturel, droit politique et droit des Grecs, langue latine, hébreu ; 10ᵉ classe : langue grecque et langue latine, langues vivantes, traductions et thèmes, rhétorique.

nature à soumettre de force tous les esprits à la même discipline. A quoi M. Herzen répond que le succès de l'éducation scientifique serait le même s'il était préparé chez une élite comme l'a toujours été jusqu'ici celui de l'éducation littéraire, et qu'il n'y a pas de raison pour qu'un commun régime ne convienne pas à toutes les intelligences. En dernière analyse, cependant, il déclare qu'il comprend la diversité des études. « Comme je ne déteste rien au monde, dit-il, autant que le pédantisme, l'exclusivisme et l'infaillibilisme, je n'ai aucune objection à ce qu'après avoir fait suivre à tous les jeunes gens sans exception, et quelle que soit leur carrière à venir, exactement les mêmes études dans la division inférieure du gymnase, dite Collège, on admette une certaine divergence dans les études qui se feraient dans la division supérieure du collège, dite Gymnase. » C'est ainsi qu'après avoir énergiquement soutenu l'utilité de raccorder, il est ramené à reconnaître la nécessité de bifurquer.

V

Reste le système d'une organisation avec matières facultatives. C'est M. A. Bain qui nous paraît en être l'interprète le plus clair et le plus convaincu. Partant de ce point, que l'objet de l'éducation secondaire doit être aujourd'hui l'acquisition des connaissances, M. Bain dispose son plan dans l'ordre suivant : 1° sciences mathématiques, physiques et naturelles, parmi lesquelles il range la géographie ; 2° humanités, c'est-à-dire étude des littératures anciennes et modernes, de l'histoire et des sciences sociales : politique, administration, économie politique et jurisprudence ; 3° rhétorique et littérature nationale. Ce programme occupe un espace de six années, mais ne doit prendre par jour que deux à trois heures, en sorte qu'il reste à l'élève un tiers environ de sa journée de travail disponible pour des études complémentaires : philosophie générale, histoire spéciale, langues, — langues vivantes et langues mortes[1]. La langue maternelle est enseignée à tous les degrés.

Ces indications, auxquelles M. Bain se borne, sont trop générales pour qu'il soit possible de les discuter. Développées dans l'esprit qu'elles laissent entrevoir, elles provoqueraient plus d'une objection : il y aurait bien à dire notamment sur le choix des matières de l'enseignement commun, dont quelques-unes appartiennent aux Facultés plutôt qu'aux Lycées. Quoi qu'il en soit, nous ne voulons nous attacher ici qu'au principe même des matières facultatives. Pour nous, c'est aux études supérieures seulement, c'est-à-dire après que les bases de l'instruction générale indispensables ont été établies, qu'il convient de l'appliquer. Nous l'avons récemment adopté avec succès pour certains examens à la Faculté de droit[2], ainsi que pour la licence à la Faculté des lettres[3]. Même pour l'enseignement secondaire, on peut admettre que dans les classes les plus élevées il introduirait une aisance avantageuse ; et, quelle que dût être la difficulté de faire l'expérience dans nos établissements publics surchargés d'élèves, nous ne répugnerions pas à l'entreprendre, s'il n'y avait pas d'autres moyens de donner satisfaction à la diversité des aptitudes et des besoins. Mais encore faudrait-il qu'il fût sagement limité et méthodiquement entendu. Or M. Bain

---

1. *La science de l'éducation*, liv. III, *l'éducation moderne*, chap I: *Plan d'études nouveau*.
2. Décret du 20 juillet 1882.
3. Décret du 25 décembre 1880.

ne manque-t-il pas à la logique de son propre système, en rendant uniformément obligatoire tout d'abord une instruction scientifique complète, comme s'il y avait égalité complète dans les aptitudes naturelles pour les sciences? D'un autre côté, ce n'est pas par matière isolée, c'est par groupes de matières présentant entre elles une certaine analogie qu'on peut raisonnablement concevoir la liberté du choix à laisser à l'élève, sous peine d'ouvrir la porte à la fantaisie. Et en vérité M. Bain ne fait-il pas lui-même trop bon marché des langues, particulièrement des langues mortes? Il n'admet pas que, suivant l'opinion établi ', les langues mortes renferment un trésor de connaissances utiles; ni qu'elles aient été en aucun temps un utile instrument d'éducation intellectuelle; ni qu'elles soient la meilleure introduction à la philosophie; bien plus, critique singulière, — c'est Aristote, par un souvenir très inattendu du moyen âge, qui en est l'objet, — elles donneraient à l'esprit l'habitude de la servilité[1]. Les utilitaires ne se sont jamais montrés plus sévères.

1. *La science de l'éducation*, liv. II, chap. vიი : *la valeur réelle des langues mortes.*

CONCLUSIONS

De la divergence de vues des utilitaires et des classiques purs et de ces essais de conciliation, que conclure? Peut-être convient-il tout d'abord d'écarter les préventions réciproques qui trop souvent interviennent dans le débat et en faussent l'esprit. Pour rabaisser l'éducation utilitaire, on lui oppose l'éducation désintéressée ; pour combattre l'éducation classique, on la met aux prises avec l'éducation positive, comme s'il était de nécessité qu'elles se fissent échec l'une à l'autre. L'antagonisme est purement spécieux. Par éducation désintéressée, on entend celle qui se propose la culture des facultés; par éducation utilitaire, celle qui a pour objet l'acquisition des connaissances. Or est-il possible de concevoir des études dont l'effet ne soit en même temps de former et d'enrichir l'intelligence? Même dans l'enseignement primaire, l'enfant n'arrive à posséder les notions élémentaires, justement appelées notions instrumentales, qu'en exerçant l'instrument qui lui servira à tirer le profit de ce qu'il sait; et, si esthétique, si classique qu'on la conçoive, quelle est la culture supérieure qui ne repose sur un fond utile?

L'objet de cette utilité peut varier avec les temps. Nous sommes quelque peu surpris aujourd'hui, sans doute, quand nous voyons l'un des plus savants maîtres de Port-Royal, dans son Introduction à la traduction des *Billets de Cicéron,* insister avec une vivacité naïve sur les services que rend le commerce épistolaire[1]; on ne peut méconnaître toutefois ce qu'avait de réel, dans les usages mondains du dix-septième siècle, ce commerce où les beaux esprits engageaient journellement tant de sentiments solides et délicats. Il n'est pas moins certain que les moyens de développer l'intelligence se modifient avec les siècles. Lorsqu'en 1837, au cours de la discussion de la loi sur l'enseignement secondaire, M. de Sade, s'attachant l'un des premiers à montrer l'utilité de l'enseignement des langues vivantes, faisait ressortir les avantages qu'en pouvait recueillir la jeunesse pour les relations avec l'étranger, le commerce et les voyages, il établissait en même temps avec raison que rien n'était plus propre à étendre l'horizon des idées. En un mot, il n'est pas d'enseignement dans lequel il ne puisse entrer une part de culture désintéressée et une part d'utilité positive. Toute éducation digne de ce nom est une

1. « Il n'y a rien, Monseigneur, de plus utile pour ceux de votre âge et de votre qualité (que les *Billets de Cicéron*), et il serait à souhaiter qu'on y exerçât les jeunes gens durant plusieurs années : puisque, les lettres étant aux personnes absentes ce que la parole est aux présentes, il n'est pas moins important de savoir écrire aux uns que de savoir parler aux autres. D'ailleurs, comme la voix s'étend à toute sorte de sujets, ainsi le style d'écrire s'étend à toute sorte de matières. On écrit des lettres de théologie, on en écrit de philosophie, de morale, de politique et d'histoire; on ne voit partout que lettres d'affaires, soit publiques, soit particulières : on exhorte par lettres, on félicite et on console par lettres; on loue, on reprend par lettres; on recommande et on remercie par lettres; enfin on parle de toutes choses par lettres ; et non seulement on parle par lettres aux personnes éloignées de lieux, mais aussi de temps : on ne parle de la voix qu'à son siècle et à ceux qui vivent avec nous; mais on parle par lettres à tout l'univers et à tous les siècles présents et à venir. (*Épître à Monseigneur le chevalier de Rohan, fils de Monseigneur le duc de Montbazon*, placée en tête des *Billets que Cicéron a écrits tant à ses amis communs qu'à Attique, son ami particulier*, avec une Méthode en forme de Préface pour conduire un écolier dans les lettres humaines, par Guyot, Paris, 1658.) — Voir Sainte-Beuve, *Port-Royal*, liv. IV, chap. II et IV. — Cf. *Règles de l'éducation des enfants où il est parlé en détail de la manière dont il faut se conduire pour leur inspirer les sentiments d'une solide piété et pour leur apprendre parfaitement les belles-lettres*, par Coustel, livre II, chap. VII, art. 9.

discipline ; mais l'enfant n'accepterait que bien malaisément cette discipline dont le bienfait général lui échappe d'abord, s'il n'en touchait, plus ou moins, sous une forme sensible, le prix immédiat. Il n'est donc pas plus juste de refuser à l'enseignement classique tout caractère pratique, qu'il ne le serait de dénier tout caractère éducatif à l'enseignement utilitaire, et, pour l'un comme pour l'autre, il ne serait pas sans danger de paraître restreindre la portée de leur action : ce serait le plus sûr moyen de les incliner dans le sens où ils penchent et de justifier la critique qu'on en fait.

Au surplus, ce qui ressort des vœux dont les différents systèmes que nous avons analysés sont l'expression parfois passionnée et des observations qu'ils soulèvent, c'est que, si la culture littéraire et la culture scientifique ont, l'une comme l'autre, leurs partisans, on ne peut raisonnablement concevoir une éducation complète qui ne participe des deux dans une certaine mesure ; et que, pour assurer le développement régulier de l'une et de l'autre, il faut, un peu plus tôt, un peu plus tard, se décider à les séparer. Or c'est tout d'abord dans cette séparation, non pas une séparation éventuelle et subordonnée, mais une séparation réfléchie et franche, que nous croyons possible et utile de chercher un allégement à la surcharge des programmes.

I

Il faut bien le redire : l'unité absolue du type classique non pas seulement tel que l'ont connu le dix-septième et le dix-huitième siècle, mais tel que l'ont appliqué les générations qui nous ont précédés, ne répond plus au développement du savoir et des idées. La diversité s'impose aujourd'hui à notre éducation, si l'on veut éviter qu'à force de vouloir tout étreindre, elle arrive à n'embrasser plus rien. En outre, cette uniformité de programme court le risque de laisser sans satisfaction réelle un grand nombre de besoins. C'est là ce qui justifie les réclamations contraires des utilitaires et des classiques, se plaignant avec une égale apparence de raison que leurs intérêts soient subordonnés ou sacrifiés. « Si tous les hommes ne sont pas en valeur, disait le président Rolland, ce n'est pas la faute de la nature, elle est plus libérale qu'on pense ; c'est la faute de l'éducation. » Et depuis un siècle, le bon sens public le crie par les voix les moins suspectes de faire aux intérêts matériels des concessions irréfléchies : l'instruction secondaire ne fournit pas aux diverses classes de la société l'aliment intellectuel qui leur convient. Il y a dans la science humaine deux choses : son utilité et sa beauté. Sa beauté est-elle préférable à son utilité, ou son utilité à sa beauté ? Questions oiseuses. Ce qui est sûr, c'est qu'une grande nation doit cultiver la science, parce qu'elle est belle et parce qu'elle est utile. L'amour de la science pour elle-même crée la civilisation morale ; l'amour de la science pour ses profits crée la civilisation matérielle, et ces deux civilisations sont nécessaires à un grand peuple. Or la seule manière d'établir l'égalité entre les enseignements qui les représentent, c'est de les séparer en leur constituant, sur le terrain commun des principes applicables à toute éducation libérale, leur domaine propre. L'Université ne cessera de remanier ses programmes, comme elle le fait tous les cinq ou six ans, que lorsqu'elle aura adopté cette règle. Et à l'appui de ces considérations on cite l'exemple de l'Allemagne répandant à profusion dans ses gymnases et progymnases, écoles réales de premier et de second ordre, une instruction secondaire de tout genre et de tout degré[1].

Les voies sont ouvertes aujourd'hui. A côté du type dont le plan de 1880 est l'expression et où, lorsqu'il aura reçu les amendements reconnus utiles, la culture littéraire prédominera sans préjudice des connaissances scientifiques indispensables, un autre type se développe où les sciences ont plus de part que les lettres, sans que les lettres en soient éliminées, — le type de l'enseignement spécial, — et nous espérons qu'il arrivera à obtenir dans la confiance éclairée de l'Université la place qu'il s'est faite dans ses cadres.

En ce moment sans doute il traverse encore une de ces crises d'opinion qui semblent être dans sa destinée.

---

1. Ambroise Rendu, *Système d'instruction approprié aux besoins des classes de la société qui se livrent aux professions industrielles et manufacturières* (1821); — Ch. Renouard, *Rapport fait au nom de la commission sur le projet de loi touchant l'instruction primaire* (1835); — Guizot, *Discussion du budget* (Session de 1835); — Saint-Marc Girardin, *Discours* (Séance de la Chambre des députés, 30 mai 1836); — *Rapport sur le projet de loi relatif à l'enseignement secondaire*, 1837; — *Discussion du budget* (1837); — *De l'instruction intermédiaire et de son état dans le midi de l'Allemagne* (1835), Conclusion; — *De l'instruction intermédiaire et de ses rapports avec l'instruction secondaire* 1847), Post-scriptum; — H. Cournot, *Des institutions d'instruction publique en France* (1834), etc.

A peine était-il créé que tout semblait se réunir pour l'empêcher de vivre. Au lendemain de la loi de 1865, les administrations locales lui refusaient leur confiance, les pouvoirs publics leurs crédits. Il ne trouvait d'autre appui que celui des familles, qui, en moins de dix ans, il est vrai, portaient le chiffre de sa clientèle à plus d'un quart de la population totale des Lycées et des Collèges[1]. En 1881, affermi tout à la fois et agrandi par ce succès, il avait obtenu une constitution nouvelle : ses programmes avaient été remaniés et développés, trop développés d'ailleurs comme tous les autres, ses cadres d'études étendus, les conditions et les titres de ses grades revisés[2]. Cette réforme n'était pas plus tôt accomplie que les défiances se relevaient. On lui reprochait les témérités de langage dont quelques imprudents s'étaient rendus coupables; on lui contestait tout droit d'assimilation avec l'enseignement secondaire; et dans une récente discussion on a pu croire que c'était son existence même qui se trouvait remise en cause : l'enseignement secondaire repoussait sa confraternité, tandis que l'enseignement primaire supérieur le réclamait pour l'absorber.

Un examen plus froid et plus élevé ramènera les esprits, nous n'en pouvons douter, à la mesure et à la vérité.

Après avoir trop accordé au type unique de l'instruc-

---

1. D'après les chiffres de la dernière statistique des Lycées et Collèges (1ᵉʳ novembre 1883), le chiffre total de la population des Lycées et Collèges était de 90 583 : 66 649 pour l'enseignement classique, 23 934 pour l'enseignement spécial. Défalcation faite des enfants appartenant d'une part aux années préparatoires, d'autre part aux classes élémentaires, c'est-à-dire de tous ceux dont la destination n'est pas encore fixée, l'enseignement spécial comptait environ 18 000 élèves, l'enseignement classique 36 000.

2. Décret du 4 août 1881; — Décret du 28 juillet 1882; — Arrêtés du 28 juillet 1882.

tion classique, que gagnerait le pays à être jeté tout entier dans le moule de l'enseignement primaire ? De certaines similitudes des programmes de l'enseignement secondaire spécial et de l'enseignement primaire supérieur, les patrons de l'instruction primaire supérieure concluent à une analogie absolue et ils en tirent cette conséquence, que les deux enseignements n'ont point de raison de coexister. Ils ajoutent que l'enseignement spécial n'a été créé qu'à défaut de l'enseignement primaire supérieur, établi par la loi de 1833 et non reconnu par la loi de 1850. C'est oublier trop aisément que l'auteur de la loi de 1833 disait lui-même, en présentant sa loi sur l'enseignement secondaire (1836) : « La liberté de l'enseignement général et le développement de l'enseignement intermédiaire étaient les deux idées essentielles de mon projet[1] »; que l'institution des écoles primaires supérieures était en pleine vigueur quand, en 1839, M. Saint-Marc Girardin demandait qu'à côté de l'enseignement secondaire classique, le gouvernement créât résolument cet autre enseignement et qu'en 1847 enfin M. de Salvandy en posait les bases. Peut-être serait-il sage de se rappeler aussi que, s'il n'est pas de pays où, sous des noms divers, l'instruction primaire supérieure soit plus prospère qu'en Allemagne, il n'en est pas non plus qui ait plus largement pourvu à l'organisation des écoles réales. Et cependant, si l'on ne regardait qu'à la lettre des programmes, combien n'y trouverait-on pas encore plus de ressemblances que dans les nôtres avec ceux des écoles bourgeoises et des écoles primaires supérieures proprement dites! C'est que la différence est dans l'esprit de l'enseignement, dans l'interprétation qu'en fait le maître, dans le temps que l'élève y peut consacrer. L'enseignement

---

1. *Mémoires pour servir à l'histoire de mon temps*, t. III, chap. xvi.

primaire supérieur, d'après la définition même de nos derniers règlements, est un enseignement qui doit s'engager de plus en plus dans les voies de la pratique professionnelle; tel est le caractère que lui ont très intentionnellement donné les pouvoirs publics en le dotant avec une louable munificence[1]. L'enseignement spécial, malgré son nom, n'a rien de spécial; c'est proprement un enseignement scientifique comportant toute une éducation qui peut plus ou moins de temps côtoyer l'enseignement primaire supérieur, mais qui, arrivé à un certain degré, s'en sépare, pour se rapprocher, par ses méthodes ou ses procédés à longue portée, de l'enseignement classique[2].

C'est ce rapprochement, il est vrai, dont s'inquiète l'enseignement classique. Quelques-uns écartent absolument toute forme d'éducation secondaire qui ne repose pas sur l'étude de l'antiquité grecque et latine. Ils ne conçoivent rien d'utile en dehors des cadres élargis de 1808. D'autres acceptent, provoquent même des réformes radicales dans notre constitution universitaire, organisent ce qu'ils appellent, les uns les *Études classiques sans latin* ou les *Humanités modernes*[3]; les autres, l'*Enseignement secondaire français*[4]. M. Dietz et M. Ch. Bigot, qui ont introduit et soutenu

---

1. Voici ce que nous lisons dans un récent rapport du directeur de l'enseignement primaire : « Il est permis d'affirmer que l'enseignement primaire supérieur ne tend nullement à dévier, qu'il reste bien à la fois, suivant la définition qui lui a été donnée au début, un enseignement primaire et un enseignement professionnel. » (*Journal officiel* du 6 mars 1877).
2. Voir *la Liberté de l'enseignement et l'Université sous la troisième République*, par Émile Beaussire, ancien député, membre de l'Institut, chap. III, § 2, et chap. IV.
3. Les *études classiques sans latin*, Essai pédagogique, 1886. — Les *humanités modernes*, 1887, par M. H. Dietz.
4. *Questions d'enseignement secondaire*, par Ch Bigot, 1886

ces propositions avec éclat, diffèrent d'ailleurs par la portée qu'ils leur donnent. M. Dietz se borne à établir, en regard des humanités classiques proprement dites, un programme des humanités modernes fondé sur la substitution des langues vivantes aux langues mortes comme base d'éducation générale : programme qui semble devoir devenir, il est vrai, le programme unique de l'enseignement classique. M. Ch. Bigot considère l'enseignement secondaire français comme un des modes d'enseignement secondaire réalisable et désirable dans notre état social, mais il y superpose un enseignement classique à deux degrés : enseignement classique avec latin; enseignement classique avec grec et latin. Mais M. Ch. Bigot, comme M. Dietz, part de ce point, que toute conciliation avec l'enseignement spécial dans l'ordre des études secondaires est inacceptable. L'enseignement secondaire spécial a beau inscrire dans ses prospectus renouvelés la rhétorique et la philosophie : ces fleurs-là n'y pousseront jamais : il est trop pauvre de sève ; jamais il n'arrivera à se donner la méthode, l'ampleur, le fonds. Son nom, qui l'a marqué d'un trait indélébile, le condamne à rester un enseignement de faits, d'applications, de procédés ; son salut est, non dans le développement libéral de ses programmes, mais dans le retour à ses origines. Il faut qu'il s'y réfère franchement ou qu'il meure, et l'on prononce le *delenda Carthago*[1].

Nous ne sommes les adversaires ni des humanités modernes, ni de l'enseignement secondaire français, ni de l'enseignement secondaire classique à deux degrés.

---

1. H. Dietz, *Les études classiques sans latin*, p. 55.

Tout élément de variété dans les études secondaires nous paraît un élément de fécondité et de force. Si nous avions à dresser un plan d'éducation nationale, nous y ferions entrer toutes les conceptions justifiées par un sérieux intérêt. Dès aujourd'hui nous sommes prêts à applaudir à l'expérimentation des idées nouvelles. Mais serait-il sage de bouleverser en un jour de fond en comble l'édifice où nous sommes habitués à vivre ? Dans son *Discours de la méthode*, Descartes recommande expressément de ne point détruire la maison qu'on habite avant d'avoir bâti celle où l'on veut s'établir ; et bien des raisons nous semblent plaider la cause de l'enseignement spécial réorganisé.

La première, c'est qu'il existe. En dépit de tout, il a sa place faite dans les Lycées et dans les Collèges. Il ne nuit ni à l'enseignement primaire supérieur, qui a été rétabli au-dessous de lui, ni à l'enseignement secondaire classique, qui se maintient au-dessus. Pourquoi disperser sa clientèle aux quatre vents, en renvoyant les uns aux études primaires, les autres aux humanités modernes, et ne pas essayer, avec les ressources dont il dispose, l'effet des améliorations qu'il vient de recevoir ? Cela d'ailleurs, sans empêcher, à coup sûr, en les favorisant même, les entreprises de renouvellement que telle ou telle société privée se ferait un patriotique devoir d'entreprendre.

La seconde raison, c'est que ce sont les représentants de la pure tradition littéraire qui en ont jeté, il y a cinquante ans, les premiers fondements? Cet enseignement nouveau, il arriva un jour à Arago de l'appeler classique. Il n'admettait pas que le nom dût appartenir exclusivement aux études grecques et latines, et il considérait qu'un enseignement qui cherchait son principal appui dans les lettres françaises avait le droit, lui aussi, de le porter. « Qu'est-ce à dire? s'écriait-il, Pascal, Fénelon, Bossuet, Montesquieu, Rousseau, Voltaire, Corneille, Racine, Molière, l'incomparable Molière, seraient privés du privilège, si libéralement accordé aux anciens, d'éclairer l'esprit et de faire vibrer les ressorts de l'âme? Mais Napoléon ne savait pas le latin, ni Vauvenargues, ni Shakespeare. Et qu'on me dise quelles langues autres que la leur, Homère, Euripide, Aristote, Platon avaient apprises, et s'il ne leur a pas suffi de parler le grec pour devenir d'immortels écrivains[1]! » Ni M. Guizot, ni M. Cousin, ni M. Saint-Marc Girardin, ni M. Villemain ne relevaient ce défi oratoire. Mais nul n'a travaillé avec plus de conviction que M. Villemain à fortifier dans les Lycées l'enseignement intermédiaire pendant les cinq années de son second ministère[2], et c'est dans sa chaire de professeur d'humanités, en présence des diversités d'aptitude qu'il constatait chez ses élèves, que M. Saint-Marc Girardin conçut comme un devoir l'idée de créer une éducation qui répondît aux diversités de leur destinée[3]. Et par là il n'entendait point un enseignement bâtard qui condamnât ceux qui le suivraient à une sorte d'infériorité sociale. Il réclamait hautement en sa faveur le droit de cité dans la famille universitaire[4]. « Il ne s'agit pas, disait à son tour M. de Salvandy[5], d'offrir une sorte d'asile aux enfants qui n'ont

---

1. *Discussion du projet de loi sur l'enseignement secondaire*, 14 mars 1837.
2. Voir notamment les arrêtés des 12 mai 1843 et 29 octobre 1844, relatifs aux Collèges de Versailles et de la Rochelle.
3. Séance de la Chambre des députés, 5 juin 1838. — Cf. Séance du 31 mai 1836.
4. *De l'instruction intermédiaire et de son état dans le midi de l'Allemagne*, Conclusion.
5. Instruction du 6 août 1847. — « Considérant, dit l'arrêté du 17 sep-

ni intelligence ni bonne volonté, mais de développer des facultés que l'étude pure et simple des langues anciennes laisserait dans l'inaction et qui ont besoin d'un autre aliment,... d'organiser pour des caractères divers et des carrières différentes deux systèmes de leçons ayant un but également sérieux, également élevé...[1]. »

La troisième raison enfin, pour laquelle nous croyons utile de soutenir l'enseignement spécial, c'est qu'un vigoureux effort s'accomplit en ce moment autour de nous en vue de le créer chez les peuples les mieux armés pour les luttes de la vie internationale. Je ne parle plus seulement de l'Allemagne, où, tandis que les écoles réales n'ont jamais été plus peuplées, l'augmentation du nombre des élèves dans les gymnases est devenue, nous l'avons vu, l'une des causes de la *surcharge* que nous combattons[2]. Voici l'Angleterre

tembre 1849, la haute utilité de cet enseignement institué pour les élèves des Collèges qui se destinent à la pratique de l'agriculture, de l'industrie, du commerce et des arts.... » Voir les arrêtés des 22 septembre 1847, 7 octobre 1848 et 17 septembre 1849. — Cf. la circulaire du 2 octobre 1863, l'instruction du 6 avril 1866 et l'arrêté du 28 juillet 1882.

1. Tous ceux qui dans la presse politique et scolaire s'occupent des questions de l'éducation nationale semblent définitivement gagnés à la cause de l'enseignement secondaire spécial et reconnaissent la nécessité de lui donner une organisation indépendante. Voir notamment les articles de M. F. Sarcey, dans le *XIX° Siècle*, 1er, 2, 3 et 4 mai 1884.

2. En 1868 il y avait en Prusse 197 gymnases, et au total 369 écoles secondaires de différentes catégories ; en 1880 le nombre des gymnases était monté à 249, celui des écoles secondaires en général à 489. — En 1868 on comptait en Prusse 1 élève de gymnase sur 427 têtes de population et 1 élève d'école secondaire en général sur 266 ; en 1880 la proportion pour les gymnases était de 1 sur 362 (royaume de Saxe : 1 sur 264). — En 1863, sur 144 gymnases, on en trouve 29 (soit 20 pour 100) avec une population scolaire de plus de 400 élèves, 14 de 400 à 500, 8 de 500 à 600, 7 de 600 à 700 ; en 1880, sur 249 gymnases, il y en avait 63 (soit 26 pour 100) de 400 élèves, 37 de 400 à 500, 16 de 500 à 600, 8 de 600 à 700, 2 au-dessus de 700 ; tout cela sans compter les élèves des cours préparatoires. » (*Mémoire sur la question de la surcharge*, déjà cité.)

qui, après les autres, proclame la nécessité d'une instruction répondant aux besoins de son activité industrielle. Où prendra-t-elle son modèle? Elle déclare qu'elle veut ne s'inspirer que de son propre génie. Mais elle sent que cette éducation lui manque et ne saurait lui manquer plus longtemps sans détriment pour sa prospérité. « L'idée que l'agriculteur peut se passer d'une éducation propre est aussi déraisonnable, disait avec esprit lord Reay, dans le congrès auquel nous avons déjà fait allusion, que serait celle de confier le cuirassé de S. M., l'*Inflexible*, un laboratoire flottant, non à un officier instruit comme le capitaine Fischer, mais au patron d'un petit bateau de pêche de Yarmouth. »

Quoi qu'il en soit des conceptions des nations étrangères, et quel que doive être l'avenir réservé aux transformations à venir de l'enseignement secondaire, ce dont nous aimerions surtout à convaincre les partisans exclusifs de l'éducation classique, c'est que, le principe de la diversité sagement admis, ce sont les études classiques qui en recueilleraient le plus large bénéfice.

Dès aujourd'hui, des esprits prévoyants voudraient que, dans un certain nombre de lycées, les jeunes gens qui en ont le loisir et l'aptitude puissent commencer plus tôt, pousser plus loin, approfondir davantage l'étude des lettres, particulièrement des lettres anciennes, suivant l'esprit des méthodes nouvelles, les notions scientifiques, dont personne ne saurait se passer, conservant d'ailleurs leur contingent raisonnable d'application et de temps. Nul n'ignore qu'à cet égard le plan de 1880 manque de netteté : qu'on exige, par exemple, pour l'admission à l'École normale supérieure, pour les examens de licence et les concours d'agrégation, des exercices qui ne se font plus dans les classes : si bien que, sous le nom de conférences, il faut aujourd'hui, à Paris, fournir à l'élite qui se destine à ces examens des cours qui aggravent encore pour elle la charge du travail commun. Si, en province, les candidats n'ont pas ce surcroît, il est établi qu'ils n'apportent à la préparation des grades qu'un fonds insuffisant. « Quand nos boursiers entrent à la Faculté, écrivait récemment un de nos jeunes maîtres les plus autorisés, M. Maurice Croiset, de Montpellier[1], nous devons commencer par leur apprendre ce qu'ils devraient savoir depuis longtemps. Chaque Faculté (l'auteur a rapporté plus haut les témoignages) en vient forcément, lorsqu'elle a conscience de ses propres besoins, à s'annexer une sorte de classe élémentaire. On la qualifie de conférence philologique, pour ne chagriner personne; soit : le nom, quel qu'il puisse être, ne change rien à la chose. C'est une nécessité que nous subissons; mais, il faut le dire bien haut, de peur de nous y résigner, cela est mauvais de toute façon. Mauvais d'abord, parce que l'enseignement supérieur risque ainsi de se méconnaître lui-même à la longue, mauvais aussi parce qu'on fait médiocrement à la Faculté ce qui serait fait ailleurs beaucoup mieux. Nos étudiants, par cela seul qu'ils sont boursiers d'une Faculté, ne se considèrent plus comme de simples écoliers. Ils ont par suite peu de goût pour les revisions indispensables. »

On ne saurait mieux dire ; et comment oublier que cette jeunesse est la pépinière du haut enseignement et de la science? Pour tenir son rang, pour assurer le développement de son génie dans l'ordre des

1. *Lettre au secrétaire général* de la Société d'enseignement supérieur, Revue internationale, 15 juin 1884.

connaissances supérieures, — philologie, archéologie, histoire, philosophie, droit, — la France a besoin de donner à l'éducation littéraire de ceux qui en goûtent l'esprit et qui en comprennent la portée, de larges et solides fondements. M. Croiset espère qu'on parerait au mal en instituant spécialement dans les Lycées des chefs-lieux d'Académie une classe préparatoire pour les aspirants aux bourses des Facultés[1]. Le remède nous paraît insuffisant. Les langues anciennes, cultivées pour elles-mêmes, a-t-on dit non sans exagération paradoxale, mais avec un fond d'incontestable justesse, ne peuvent être un accessoire ou une surérogation : il faut qu'elles soient tout ou rien. Pourquoi certains Lycées, à Paris et dans quelques grands centres académiques, ne deviendraient-ils pas des établissements classiques, dans le sens où nous entendons ici le mot ? C'est le vœu que nous exprimions l'un des premiers, il y a quelques années, et on nous pardonnera de constater qu'il paraît avoir pris faveur[2]. Rien ne s'opposerait d'ailleurs à ce que la proposition de M. Croiset fût suivie partout où l'on ne pourrait mieux faire, et que les Facultés eussent dès lors le droit d'écrire sur leurs portes, comme il le demande : nul n'entre ici s'il n'a fait de bonnes études classiques[3].

Je n'ignore pas que d'excellents juges n'envisa-

---

1. M. Rabier, membre du Conseil supérieur de l'Instruction publique, a fait au Conseil une proposition de même nature.
2. *Revue des Deux Mondes*, n° du 1ᵉʳ décembre 1882, article de M. G. Boissier. — *Lettre* de M. Couat, doyen de la Faculté des lettres de Bordeaux, aux électeurs du Conseil supérieur, 12 mars 1884. — Articles de M. Jules Dietz, dans le *Journal des Débats*, des 7 et 15 avril, 2 mai et 6 juillet 1884. — *Les Questions d'enseignement secondaire*, par Charles Bigot, chap. v.
3. Un nouveau pas a été récemment fait dans ces voies. A la session de juillet 1883, le Conseil supérieur, adoptant les propositions qui lui avaient été faites pour l'extension de l'enseignement secondaire spécial, a demandé du même coup que les études classiques proprement dites fussent fortifiées dans leur caractère et leur esprit.

gent point sans appréhension l'adoption de ces mesures[1]. Ils craignent que l'élite à laquelle elles profiteraient ne devienne de jour en jour plus restreinte. De redoutables pronostics nous viendraient sur ce point de l'Université d'Harvard et de la civilisation américaine[2]. Et n'avons-nous pas nous-mêmes entendu dans un pamphlet plein de verve le cri d'alarme : le latin se meurt, le latin est mort[3] ? Nous n'en sommes point encore là, grâce à Dieu. Mais le danger, l'incontestable danger, c'est que l'étude des lettres anciennes s'affaiblisse faute d'une direction éclairée et ferme qui la dégage, l'entretienne et l'élève[4]? Serait-elle aussi dangereusement menacée à

---

1. *Discours* de M. Michel Bréal *à la Société pour l'étude des questions d'enseignement secondaire*, 1884.
2. La *Question du latin*, par Raoul Frary, 1886.
3. « Je ne puis pas croire, disait en 1883 à l'Université d'Harvard M. le professeur Ch. F. Adams, que l'espèce de renom de sainteté qui a entouré les études classiques depuis la Renaissance jusqu'à nos jours ne doive bientôt disparaître. Cependant ce préjugé est encore fort; c'est, à vrai dire, presque le seul titre de noblesse qui ait survécu aux tendances égalitaires de ce siècle. Un homme qui, à une période quelconque de sa vie, a étudié le latin et le grec (peu importe du reste qu'il soit maintenant en état de le lire ou non), est un homme bien élevé; un homme ne les ayant pas étudiés n'est qu'un homme qui s'est fait lui-même. Ne pas avoir appris le latin, c'est une honte; ne pas savoir parler le français, ce n'est qu'une gêne. Je ne prétends pas me donner comme une autorité ; mais pendant trente ans j'ai beaucoup vu le monde, ses travaux et ses littératures dans plusieurs pays, et je dirai hardiment que, au point de vue de l'utilité pratique comme du plaisir à goûter, de la culture générale comme de la discipline intellectuelle, j'aimerais mieux posséder à fond la langue et la littérature allemandes que la langue et la littérature grecques; je ferais sans hésiter le même choix pour mon fils. Ce que je dis de l'allemand par rapport au grec, je le dis également du français, par rapport au latin. Laissant la tradition et la superstition de côté, je ne peux pas comprendre qu'un homme intelligent, connaissant bien les deux littératures, puisse comparer le latin au français, soit comme richesse, soit comme beauté.... » — Un autre professeur de la même Université, M. Dyer, se déclare prêt à remplacer le latin par l'anglo-saxon, mais non à sacrifier le grec.
4. Le 15 septembre 1793, le peuple de Paris déposait sur le bureau de la Convention une pétition ainsi conçue : «.... Nous vous demandons des gymnases où les jeunes républicains puiseront toutes les connaissances indispensables dans les diverses professions d'arts et métiers, des instituts où ils recevront les principes élémentaires des sciences et des langues

Harvard, si elle y avait trouvé une base de résistance[1]? Qui sait d'ailleurs si cette culture, la seule qui puisse maintenir à sa hauteur le goût, l'art, le génie français, ne tenterait pas, et dès qu'elle les aurait tentés, ne retiendrait pas bien des esprits; si, sous un régime plus libre, des centres où elle serait recherchée ne se formeraient pas d'eux-mêmes autour de nos Universités régionales? Ce qui est sûr, c'est que nous ne devons rien attendre que de ce zèle réfléchi et résolu. Ceux-là seuls peuvent sauver les lettres anciennes qui les pratiquent et les aiment. On ne contraint pas les intérêts, on ne remonte pas le courant des transformations sociales. La grande loi de la division du travail s'impose dans l'ordre intellectuel comme dans les autres, et de tous les partis le pire serait de laisser la jeunesse épuiser ses forces indifféremment et pêle-mêle sur des encyclopédies, tout à la fois écrasantes et superficielles, dont l'uniformité serait le seul avantage.

un lycée où le génie trouvera tous les secours pour se développer et diriger son vol. » Voir aux Annexes le n° II.

1. « Dans les programmes actuels, mettant l'année classique à quarante semaines, à raison de cinq heures, terme moyen, il faut que nos maîtres conduisent leurs élèves en quatre ans, soit en huit cents heures, au point d'expliquer, en Rhétorique, trois tragédies de Sophocle ou du moins l'une d'elles, un grand discours de Démosthène et des extraits d'Aristophane, d'Eschyle et de Thucydide!... Apprendre le grec, tout le grec en quatre-vingts jours ! Nous craignons que l'entreprise ne fasse la joie de nos voisins et de nos adversaires. En Allemagne, les cours de gymnase embrassent, pour l'étude du grec, six années, à raison de six heures par semaine ; cela fait mille cent soixante heures, presque trois fois autant qu'on nous en attribue. En Angleterre, à Eton, à Harrow, on sait que le système est purement classique, que les scholars apprennent par cœur l'Iliade entière et qu'ils font des vers grecs ... » *Rapport* de M. Glachant, inspecteur général de l'instruction publique, 8 juin 1884. — Voir aux Annexes, n° IV, le temps accordé à chaque matière dans les programmes de l'enseignement des divers pays.

II

Toutefois, quelle que soit la souplesse que nous arrivions à faire pénétrer dans notre système général d'éducation, quelque compte que l'on tienne de la diversité naturelle des aptitudes et de la variété des besoins sociaux, cette évolution demeurerait presque sans profit, si partout elle n'aboutissait à une direction normale d'études, j'entends une direction conforme aux principes sur lesquels repose le développement naturel des facultés de l'enfant. Il n'y a, il ne peut y avoir de véritable allégement qu'à ce prix. C'est la seconde conclusion que nous voudrions établir.

Dans une étude judicieuse et inspirée par un sentiment exact des besoins de la jeunesse, on a proposé de répartir les 90 heures dont nous disposons par semaine (dimanche excepté) entre le travail intellectuel et les exercices physiques ou les récréations d'après les bases suivantes : classes supérieures (Mathématiques, Philosophie et Rhétorique), 52 heures de travail intellectuel, 38 d'exercices physiques ; classes moyennes (Seconde, Troisième et Quatrième), 46 et 44 ; classes inférieures (Cinquième, Sixième et Septième), 44 et 46[1]. D'autres, prenant la journée pour unité de calcul, estiment que, suivant *la règle américaine des trois 8*, la journée doit être partagée en 8 heures de sommeil, 8 heures de cours et d'étude, 8 heures de récréation et de gym-

1. *La durée de travail au lycée*, par M. Coville, professeur au lycée Saint-Louis, Mémoire lu à la réunion des Sociétés savantes, avril 1884.

nastique[1]. D'autres enfin considèrent que c'est dans la diminution de la durée des cours et des études qu'il convient de chercher les moyens de détente pour l'enfant : quelle intelligence de dix ans peut être de force à supporter un enseignement qui se prolonge pendant deux heures de suite, ou une étude qui, comme ce qu'on appelle l'étude du soir, n'en comprend pas moins de trois ? Toutes ces propositions méritent un sérieux examen, et nous espérons que dans les nouveaux Lycées, au petit Lycée Louis-le-Grand, comme à Lakanal et à Vanves, il ne sera pas impossible de les expérimenter[2]. Déjà, au reste, dans nos classes élémentaires, les cours d'une heure, suivis d'un repos, sont entrés en usage à Paris, partout où les conditions des locaux n'y opposaient pas un empêchement formel.

Mais ce n'est pas en un jour que de telles mesures peuvent être appliquées. Ici encore nous nous heurtons à l'uniformité des règles générales, rendues nécessaires par le développement des internats. Pussions-nous d'ailleurs introduire tout d'un coup dans ces agglomérations un régime mieux approprié à la différence des âges, les externes n'en auraient pas le bénéfice. C'est le cours qu'il faut viser pour obtenir le soulage-

---

1. *Hygiène des écoles primaires et des écoles maternelles. Rapports et documents présentés à M. le Ministre de l'Instruction publique par la Commission d'hygiène scolaire*, 1884, Rapport d'ensemble par M. le Dr Javal, VIII, *Répartition du travail et du repos*, p. 75 et 91.— Cf. le *Rapport* de M. Pécaut *sur l'hygiène physique et intellectuelle dans les écoles primaires* et le *Projet d'instruction* sur le même objet par M. Jacoulet, même recueil, p. 193 et 205. — Voir aussi le Mémoire intitulé *De la valeur intellectuelle et sociale des examens des Baccalauréats*, par le Dr E. Dally, professeur à l'École d'anthropologie, ancien président des sociétés médico-psychologique, d'anthropologie, et de la société de médecine (XVIIe arrondissement), président de la section de pédagogie de l'Association française pour l'avancement des sciences (Blois, 1884, *Mémoire lu, le 20 août 1883, au Congrès de Rouen*).

2. La réduction de la durée de l'étude du soir, expérimentée effectivement dans ces trois établissements, y a obtenu un plein succès.

ment immédiat que l'on réclame. Non seulement il est l'exercice commun, mais c'est du temps qu'on lui donne que dépend au fond la mesure de l'effort intellectuel demandé à l'enfant. En Allemagne le nombre des heures de cours est de 28 et 30 dans les gymnases, 28 pour la sixième, 30 de la cinquième à la première ; de 29, 30 et 32 dans les écoles réales : 29 pour la sixième et la cinquième, 30 pour la quatrième et la troisième, 32 pour la deuxième et la première : ce qui donne une moyenne de 5 à 6 heures pour chaque jour de la semaine, le jeudi mis en dehors[1]. Mais on sait que, dans les gymnases et les écoles réales, le travail de l'élève se fait pour la plus grande part au cours même, et que les devoirs de la maison, qui correspondent à nos devoirs d'étude, sont relativement peu nombreux, bien qu'aujourd'hui on en critique l'excès[2]. Nous ne pouvons donc établir aucune comparaison sur ce point, et la comparaison au surplus n'est pas nécessaire. Quatre heures d'enseignement par jour, soit 20 heures par semaine (le jeudi devenant indemne), telle paraît être la somme de cours que peut soutenir l'écolier. Or il n'en a pas aujourd'hui moins de 25[3]. Une réduction de 5 heures

---

1. Voir aux Annexes, n° V.
2. Aux termes de la circulaire ci-dessus visée de M. le ministre Gossler, voici la répartition réglementaire du travail dans les diverses classes de gymnase :

Sexta (8°)	28 heures de cours	6 h. de travail à la maison.
Quinta (7°)	29	—	12	—
Quarta (6°)	30	—	12	—
Uber tertia (5°)	30	—	12	—
Uber tertia (2°)		30	—	15	—
Unter secunda (3°) . . .	30	—	15	—
Unter secunda (2°) . . .	30	—	18	—
Unter prima (Rhétorique)	32	—	18	—
Ober prima (Philosophie)	34	—	6	—

3. Nous ne parlons ici que des cours ordinaires (de la Huitième à la Philosophie) ; il est tel cours de mathématiques élémentaires où les élèves n'ont pas moins de 33 heures d'enseignement par semaine : mathématiques 10 ; sciences physiques 6 ; histoire et géographie 4 ; langue fran-

permettrait de rendre un peu de temps à l'étude et aux exercices physiques; de plus, en obligeant à resserrer les programmes, elle aurait naturellement pour effet de restreindre l'étendue de l'enseignement[1]. Nous voudrions d'ailleurs laisser dans l'application de la règle une certaine latitude; il nous suffirait d'établir en thèse générale que, plus on accordera au travail personnel de l'élève dans les cours supérieurs, et mieux son progrès sera assuré; tandis que dans les classes inférieures, surtout dans les cours élémentaires, l'enfant profitera d'autant plus qu'il restera plus longtemps sous la direction du maître.

A la question du cadre des exercices se rattache celle du cadre des classes. On a pu remarquer, dans l'enquête allemande, que les pédagogues et les hygiénistes sont d'accord pour attribuer en partie la fatigue constatée chez les enfants au trop grand nombre des élèves placés entre les mains d'un même professeur. Par un usage que nous avons peine à comprendre, le maximum fixé pour les classes inférieures en Allemagne est supérieur à celui des classes plus élevées : il va se réduisant de 50 (chiffre de la sixième et de la cinquième) à 40 (chiffre de la quatrième et de la troisième) et à 30 (chiffre de la deuxième et de la première). Nous estimons, quant à nous, que, les commençants ayant plus que les autres besoin d'un secours soutenu, c'est pour eux qu'il importe d'abaisser les chiffres. Quoi qu'il en soit, au rapport des médecins de Berlin, la proportion des établissements d'enseignement secondaire où les moyennes réglementaires auraient été dépassées, de 1879 à 1881,

---

çaise et latine 4; langues vivantes 2; philosophie 1; dessin graphique 2; dessin d'ornement 2; conférence préparatoire aux examens 2.

1. C'est à cette mesure de vingt heures que s'est arrêté le Conseil supérieur. (Circulaire du 13 septembre 1884.)

serait de 24 %. De grands efforts ont été faits en France, pour ramener le nombre des élèves à 25 ou 30 dans les classes élémentaires, à 35 dans les classes moyennes, à 40 dans les classes supérieures, sauf la Rhétorique et les Mathématiques spéciales, qui comportent sans détriment et même avec avantage un auditoire plus considérable : c'est, avec les examens de passage, l'un des progrès les plus sérieux que nous devions au plan de 1880. Je ne puis me rappeler sans une sorte de confusion qu'il y a vingt ans, alors que j'avais entrepris d'organiser les écoles primaires de Paris, j'eus beaucoup de peine à obtenir que les cadres seraient dans les différents cours — élémentaire, moyen, supérieur — de 120, 80, 60 ! Les sacrifices faits pour mettre partout le chiffre des élèves en rapport avec les nécessités de l'enseignement sont de ceux qu'il importe de maintenir. Le succès des méthodes nouvelles est à cette condition. Il faut que le professeur ne soit pas embarrassé par le nombre pour provoquer l'activité intellectuelle de l'enfant, et l'amener à découvrir les lacunes de son savoir ou les incertitudes de son raisonnement.

Cette observation nous conduit à l'enseignement luimême, et c'est dans la direction de l'enseignement fondée sur les règles de la nature qu'il faut surtout chercher le soulagement dont la nécessité s'impose.

On reconnaît volontiers aujourd'hui que, le travail n'étant que le développement de l'activité naturelle, l'exercice de cette activité doit avant tout rendre heureux celui qui s'y livre. L'enfant répugne-t-il à la tâche qui lui est donnée, c'est que la tâche ne répond pas aux besoins de son intelligence. Éprouve-t-il une excitation agréable, tout est bien : il n'y a pas de mauvais élève ; il n'y a que de mauvais maîtres ou de mauvais procédés d'enseignement[1]. C'est dans cette vue qu'on a tant amélioré et multiplié depuis quelques années les moyens pratiques d'étude : cartes, tableaux, appareils d'explication sensible et collections. L'esprit de l'éducation s'est du même coup transformé. Jamais il n'y a eu dans les classes primaires de nos Lycées plus d'intérêt ni de vie. Les familles qui suivent le travail de leurs enfants s'en rendent compte, les enfants aussi. Le spectacle des phénomènes scientifiques qu'on fait passer sous leurs yeux les amuse. Ils y sacrifieraient aisément tout le reste : calcul, histoire, grammaire. C'est là un signe manifeste du précieux concours que l'on peut attendre de ces démonstrations pour donner l'éveil à leurs facultés naissantes. Peut-être aussi faut-il y voir un avertissement. S'il est incontestablement utile qu'ils se plaisent à examiner les formes, les dispositions extérieures des objets, à suivre la décomposition ou la recomposition d'un corps, à observer le jeu de quelque grande loi dans sa manifestation naturelle ou dans sa représentation pittoresque, — il faut bien le dire, au bout de quelque temps, quand leurs sens ont été rectifiés, aiguisés, formés, cette sorte d'étude est pour eux moins un travail qu'une distraction; elle les occupe plutôt qu'elle ne les exerce. Nous avons banni de nos classes primaires l'ennui; il n'y rentrera plus; prenons garde d'en avoir un peu trop fait sortir l'effort.

On ne se méprendra certainement pas sur notre pensée. Je ne sais rien de plus touchant que les premières petites luttes de l'enfant qui cherche à se débrouiller; il y met tant de simplicité, tant de bonne foi, tant de

---

[1]. « Il est aussi impossible d'intéresser l'enfant à des choses qui l'ennuient, dit très judicieusement M. Herzen, que de le désintéresser de celles qui attirent son attention. » (*De l'enseignement secondaire dans la Suisse Romande*, déjà cité.)

naïveté pétulante ou réfléchie! Dieu me garde de rendre l'épreuve plus pénible! Montaigne voulait que le maître fît trotter l'élève devant lui pour juger de son train; selon le P. Girard, c'est en avant que le maître doit marcher, comme fait la mère, afin de montrer le chemin : l'idée commune et également judicieuse, — car les deux procédés peuvent être appliqués tour à tour, — c'est qu'il faut que l'enfant sente près de lui un guide et un appui. Mais il faut qu'il sente aussi que cette main secourable peut se retirer, qu'elle s'écartera chaque jour davantage, qu'il doit conséquemment apprendre à faire usage de ses propres forces. L'idéal, à notre avis, pour ce premier enseignement, serait que le même maître dirigeât à la fois la classe et l'étude, qu'après avoir travaillé avec l'élève, il le fît travailler seul sous ses yeux en lui mesurant la tâche, mais en le contraignant doucement à une application qui soit un sacrifice, suivi, comme récompense, du plaisir que donne, même sans qu'on le raisonne, tout commencement de prise de possession de soi-même. A défaut de cette direction à la fois intermittente et soutenue, que malheureusement l'éducation publique ne comporte pas toujours, mais qui s'accommode si bien à l'éducation de famille, ce que réclame l'intérêt de l'enfant sagement entendu, c'est une conduite pédagogique qui lui montre de bonne heure, avec tous les tempéraments que son âge exige, mais avec le sérieux qu'il n'interdit pas, ce que doit être le travail pour rapporter ce que l'on en attend[1]. Condillac, qui, dès dix ans, faisait analyser à son élève toutes les opéra-

---

1. « L'enfance a besoin d'être excitée par des divertissements, non de s'y abandonner tout entière; les occupations sérieuses la réclament un peu tous les jours, ne fût-ce que pour lui en faire prendre l'habitude.... Dans leur enfance même, il faut les appliquer, ne fût-ce que pendant quelques heures de la journée, aux choses sérieuses, pour que leur esprit soit déjà tourné et accoutumé à la gravité lorsqu'on l'exercera aux affaires. » Bossuet, *Lettre au pape Innocent XI*.

tions de sa pensée, risquait d'en briser le frêle et délicat ressort; mais, à trop laisser ce ressort reposer, on court le danger qu'il ne se détende. Montaigne, qui avait étudié le grec avec son père « d'une voye nouvelle par forme d'esbat[1] », n'en avait « quasi du tout point l'intelligence », de son propre aveu. Kant n'admet pas que le travail puisse dégénérer en jeu[2]; et Rousseau avait dit excellemment avant lui : « Ce qu'on fait pour rendre l'instruction agréable aux enfants les empêche d'en profiter[3] ». Il n'y a de véritable profit que dans l'effort. C'est, dès le début, la loi fondamentale de l'éducation.

Mais quelle sera la règle de cet effort ? Étant reconnu qu'il n'est pas d'éducation scientifique qui puisse se passer de culture littéraire, ni d'éducation littéraire qui ne doive comprendre les notions de sciences indispensables, dans quel ordre de succession les éléments des lettres et des sciences seront-ils le mieux appropriés au développement des facultés de l'enfant ?

Les éducateurs des siècles passés nous apportent sur ce point peu de lumière. Dans l'énumération des matières d'études, Montaigne va à sa fantaisie et n'a point le souci d'ordonner un programme. Rabelais procède par accumulation et s'amuse à entasser Pélion sur Ossa. Érasme seul obéit à une idée de méthode ; comme Bacon, il trouve que la jeunesse ne devrait

---

1. *Essais*, chap. xxv. « Nous pelotions nos déclinaisons à la manière de ceux qui, par certains jeux de tablier, apprenaient l'arithmétique et la géométrie. »

2. *Traité de Pédagogie*, De l'éducation physique, § 3 : « L'école est une culture forcée. »

3. *Émile*, liv. II. — « L'éducation faite en s'amusant disperse la pensée, dit aussi Mme de Staël ; la peine en tous genres est un des plus grands secrets de la nature, et l'esprit de l'enfant doit s'accoutumer aux efforts de l'étude comme notre âme à la souffrance. » (*De l'Allemagne*, 1re part., chap. xviii.)

aborder la logique et la rhétorique — *artes artium, altera ad judicium, altera ad ornatum* — qu'après avoir fait une ample provision de connaissances. Ni les Jésuites, ni les Oratoriens, ni les Jansénistes n'avaient l'esprit ouvert à la question ; il suffisait à leurs visées de rendre plus accessible à l'enfant l'étude de la grammaire et des belles-lettres, et il ne pouvait leur venir à l'esprit qu'il en dérobât pour les sciences autre chose que quelques heures des dernières leçons. Bossuet et Fénelon, dans leurs réflexions sur l'éducation, s'abstiennent de toute théorie doctrinale. La seule opinion dogmatique qu'on ait à relever au dix-septième siècle est celle de La Bruyère, qui estime — nous l'avons rappelé — qu' « on ne peut charger l'enfance de trop de langues [1] », opinion contredite par Malebranche, qui ne voulait pas « qu'on apprît les langues avant d'être assez philosophe pour savoir ce que c'est qu'une langue et avant de bien savoir celle de son pays [2] ». L'abbé Fleury se borne à partager les connaissances en trois séries, classées d'après le degré de leur utilité générale. Rollin suit la tradition en la perfectionnant. Au dix-huitième siècle, J.-J. Rousseau est le premier qui dans l'*Émile* ait proposé de substituer systématiquement à l'étude des langues, ou, comme on disait alors, des mots, l'étude de la science ou des faits. Les faits, dit La Chalotais après lui, telle doit être la base de l'éducation jusqu'à onze ans ; à onze ans interviennent les langues (langue française et langue latine avec leur littérature), la géographie et l'histoire, plus tard la logique et la critique, mais sans préjudice de l'histoire naturelle, des récréations physiques et mathématiques, qui restent le fond. Ce que ce programme scientifique avait d'incertain se précise avec Diderot, nous savons

---

1. *De quelques usages*, 71.
2. *Traité de morale*, 2ᵉ part., chap. xxiii, § 12.

dans quel esprit : mathématiques en Septième, mécanique en Sixième, astronomie en Cinquième, physique en Quatrième, chimie en Troisième; les sciences s'étendent dans toute la hiérarchie des classes, et ne laissent quelque place à la grammaire et aux langues qu'en Seconde et en Rhétorique. Sous une apparence d'organisation méthodique, ce plan — Diderot n'est pas loin de le reconnaître — ne constituait guère que le désordre, et, ce désordre, on le retrouve dans tous les programmes à la suite, même dans ceux des premiers réformateurs de la Révolution.

C'est le mérite de la pédagogie contemporaine, qu'au milieu des désaccords qui entraînent les esprits dans des systèmes contraires, il n'est personne qui ne sente que la question de la coordination des études est, de toutes celles qui se rattachent aux programmes, celle qui offre l'intérêt psychologique le plus grave. Tandis que nous la discutions, le même examen se poursuivait en Suisse, en Allemagne, en Autriche, en Belgique. L'esprit de l'école Suisse, représentée par M. Herzen, est de prendre l'enseignement scientifique pour base : l'arithmétique, la géométrie, les exercices de physique et de chimie, sont, à son avis, les seules connaissances qui conviennent aux facultés de l'enfant; il n'y ajoute que l'étude de la langue maternelle : pour les autres langues, vivantes ou mortes, il les réserve aux classes plus élevées[1]. En Allemagne, dans les écoles réales comme dans les gymnases; en Belgique, dans les classes professionnelles comme dans les classes d'humanités, voici sommairement les conclusions communes traduites par les derniers règlements :

Au premier degré (classes élémentaires), langue na-

---

1. Voir *l'Enseignement secondaire dans la Suisse Romande*, déjà cité. Voir aux Annexes, n°ˢ V et VI.

tionale, langues étrangères (et même, en Allemagne, dans les gymnases, langues mortes), histoire et géographie, en ouvrant seulement l'esprit des enfants au monde extérieur par les leçons de choses ;

Au second degré (classes moyennes), à côté de l'enseignement littéraire plus ou moins fortement maintenu suivant le caractère classique ou réal des études, l'enseignement mathématique (arithmétique et géométrie), plus ou moins étendu aussi selon la nature des établissements, en ajoutant, comme élément d'observation scientifique, l'histoire naturelle ;

Au troisième degré (classes supérieures), développement des mêmes enseignements et sciences physiques.

Ces conclusions nous semblent sages. C'est notamment un point acquis pour nos professeurs de sciences que la physique et la chimie ne doivent intervenir qu'après les mathématiques, et que l'enseignement des mathématiques a d'autant plus de prise sur l'esprit des jeunes gens qu'il a été préparé par l'étude des langues et des matières littéraires.

Utile par sa logique, la gradation raisonnée des études a du même coup l'avantage de concentrer l'effort. La variété des matières de l'enseignement n'est pas seulement une conséquence nécessaire de l'extension des connaissances ; appliquée dans les limites d'une saine hygiène intellectuelle, elle est, pour les facultés de l'enfant, un moyen de réparation, et contribue, comme la variété de l'alimentation pour le corps, à le maintenir en équilibre et en santé ; il y a longtemps que les maîtres de Port-Royal en ont fait les premiers la remarque : la monotonie des leçons hébète l'esprit.

Mais autant la diversité de l'enseignement, prudemment mesurée, peut être utile pour assouplir l'intelligence, autant elle deviendrait dangereuse si elle avait pour effet d'en disperser les forces. Voici un enfant de huit à dix ans qui n'a pas moins de neuf cours différents par semaine. A peine son attention a-t-elle pu commencer à se fixer sur un objet, qu'un autre l'appelle et la déconcerte. En le voyant ainsi passer de leçon en leçon, de maître en maître, on pense malgré soi à ces engrenages dont les roues se livrent les unes aux autres la matière à façonner. La nature humaine a d'autres exigences. Nous savons tous ce qu'il faut de temps pour arriver à ce degré de réflexion où l'on appartient à sa pensée. Il y a là, pour les esprits les plus maîtres d'eux-mêmes, tout un travail intérieur que l'habitude rend plus facile, qui ne va jamais sans quelque contention. Est-il bon d'imposer ce travail coup sur coup à des intelligences qui se forment? L'enfant ne redoute pas l'activité, qui, en l'exerçant, le satisfait. Ce qui le fatigue, c'est moins l'effort raisonnablement prolongé que l'effort incessamment transformé. Heureusement, sans doute, son âge le préserve ; il se sauve par sa légèreté; mais à la longue il n'échappe pas à ce malaise profond qui résulte d'une attention surmenée et qui atteint tout à la fois l'intelligence et la volonté. « La diffusion de l'enseignement, dit le docteur Karl Reimar (de Leipzig), fait de l'écolier un vagabond [1]. » Rousseau avait exprimé la même idée avec une délicatesse charmante, lorsqu'il représente « l'enfant sur le rivage amassant des coquilles, commençant par s'en charger, puis, tenté par celles qu'il voit encore, en rejeter, en reprendre, jusqu'à ce que, accablé de leur multitude et ne sachant plus que choisir, il finisse par tout rejeter et retourner à vide ». L'unité

---

1. *De la surcharge de l'enseignement.* Voir *Der praktische Schulmann*, 1885, 5° livr., page 201.

de direction est la première garantie d'une bonne éducation.

Ce principe doit s'entendre différemment, sans doute, selon les âges. Pour l'enfant proprement dit, l'unité de direction réside surtout dans le maître : c'est à lui que l'enfant s'attache, c'est lui dont l'action personnelle forme et maintient le faisceau de tout l'enseignement. L'expérience faite dans nos cours élémentaires prouve que, partout où le professeur peut fournir les leçons de langues vivantes concurremment avec les autres, le progrès général est mieux assuré. Si, au fur et à mesure que les élèves montent dans la hiérarchie des classes de grammaire, il devient à la fois moins nécessaire et plus difficile de se tenir à cette règle, nul ne méconnaît qu'il y a intérêt, tout au moins pour les premières, à s'en rapprocher. C'est ainsi que l'on est généralement d'avis aujourd'hui de rendre, en Cinquième et en Sixième, l'enseignement de la géographie et de l'histoire au professeur de la classe[1], à l'*ordina-*

---

1. Voici en quels termes cette opinion a été soutenue dans le conseil des professeurs du Lycée Condorcet, où la question a été discutée avec ampleur et où finalement le parti de la concentration a prévalu : « M. *** estime très fermement qu'il n'y aurait qu'avantage pour les enfants à se trouver plus longtemps et plus souvent en contact avec leurs professeurs ordinaires. Il est certain que les connaissances historiques des professeurs de grammaire sont beaucoup moins développées que celles des professeurs spéciaux : mais est-il si nécessaire que des enfants de onze ou douze ans prétendent dès cet âge-là à des notions archéologiques qui trop souvent les égarent, sur lesquelles ils se trompent ou font souvent illusion à ceux qui ne les connaissent pas à fond? D'autre part, il est incontestable et incontesté, M. le proviseur l'a fait observer, que MM. les professeurs spéciaux, — dans une intention excellente d'ailleurs, — ne voyant les élèves qu'une fois ou deux par semaine, donnent une tâche supérieure à celle que le temps matériel disponible peut comporter. Il y a eu sur ce point des améliorations; mais n'est-il pas évident que le professeur spécial qui ne trouve pas au bout de huit jours son devoir fait, si court qu'il soit, n'accordera aucun tempérament, et doublera la tâche, étant donné qu'il ne peut entrer dans toutes les raisons invoquées par trente-deux ou trente-cinq élèves presque inconnus de lui, puisqu'il les aura vus douze fois au bout de trois mois et trente ou

rius, comme on dit en Allemagne, et de réunir tout l'enseignement des sciences entre les mêmes mains. Ce que l'enfant gagne à cette concentration, ce n'est pas seulement une meilleure répartition du travail, — chaque professeur, dans son intervention isolée, tendant naturellement à placer l'étude qu'il représente au-dessus de toutes les autres, — c'est le sentiment de confiance que lui donne la certitude d'une direction suivie et réglée.

La pédagogie allemande, pour qui la spécialisation de l'enseignement était autrefois une sorte d'institution primordiale, la signale elle-même aujourd'hui comme une des causes de la *surcharge*[1]. Pour en atténuer les effets, les disciples de Herbart proposent de prendre un sujet

quarante fois au bout d'une année? De là des inconvénients graves. une dictée d'histoire, ou mal reçue ou mal comprise, arrive à la maison ; et que de fois c'est la mère ou le père de famille qui fait lui-même le cahier de son fils, qui a laissé échapper des mots, des phrases, ou estropié des noms propres qu'il ne retrouve plus dans ses textes de versions ou de thèmes, puisqu'il est admis maintenant qu'il faut donner l'orthographe exacte de Nabou-Koudour-Ossour et de Assour-Ban-I-Pal! Ajoutons que le professeur de grammaire, par cela seul qu'il est le professeur général de la classe et qu'il suit l'enfant tous les jours, le connaît par son nom et son visage, a une beaucoup plus rapide autorité sur lui, peut, quand il le veut, lui demander son cahier, s'assurer qu'il est en règle et ne pas attendre huit jours, quelquefois quinze, s'il y a eu oubli, pour obtenir une régularité sans laquelle tout enseignement n'existe plus. Songeons bien à ceci : que nos enfants de Cinquième et de Sixième ne sont que des enfants et que les professeurs d'histoire, habitués aux élèves de Rhétorique, de Philosophie ou de Mathématiques, ont peut-être plus de peine à se mettre à la portée de ces enfants que nous, de la grammaire, nous n'en aurons à nous hausser à ce que peuvent comporter de connaissances historiques les facultés de cet âge-là.... Ce que nous leur enseignerons en histoire, ce seront des faits précis et des notions exactes ; n'est-ce pas suffisant pour bien établir les assises du monument qu'élèveront plus tard les professeurs spéciaux?... L'enfant sera moins surchargé, aura une besogne mieux répartie, des connaissances moins approfondies en histoire, mais sans doute aussi sûres, et un repos d'esprit plus assuré. » (*Procès-verbal de la séance du* 11 *juin* 1884.) — Voir e *Rapport* de M. l'inspecteur général Chassang, qui conclut dans le même sens (8 juin 1884)

1. Voir le Mémoire pédagogiqu déjà cité sur *la Question de la surcharge*, § 3.

comme centre de l'enseignement. La géographie, ainsi entendue, contient le monde entier : géologie, botanique, minéralogie, agriculture, industrie, commerce, statistique, économie politique, administration, histoire. Ce n'est, au fond, que l'application du système de Jacotot. Quelques lignes du *Télémaque* lui avaient suffi pour se faire à lui-même, par un effort d'analyse, toute son éducation ; et de cette expérience il avait tiré ce principe d'une pédagogie transcendante : « Sachez bien une chose et rapportez-y tout le reste : les sciences ne diffèrent que par l'objet particulier dont elles s'occupent : tout est dans tout[1] ». Sous une apparence de cohésion, ce procédé ne fait que masquer une confusion redoutable. Difficilement applicable à l'homme, il ne pourrait qu'être funeste à l'enfant, incapable de saisir dans ces rapports autre chose qu'une logique extérieure. Trop de choses à la fois ne valent pas mieux pour lui que trop de chaque chose. Le premier besoin de son esprit est la simplicité. Le moindre mal qui puisse lui arriver des complications de travail, c'est de ne rien faire. N'arrivant plus à se saisir, il perd l'habitude et le goût de se gouverner ; il s'abandonne. Tout ce qui, au début des classes, contribue à fortifier chez l'enfant cette sorte de discipline intellectuelle tourne à son profit. Les exemples ne sont pas rares des transformations dues à l'influence persévérante d'un maître qui, sûr de son action, la modère, établit dans le développement des diverses facultés une pondération intelligente et songe toujours au lendemain.

Dans les classes plus élevées, l'autorité passe en partie du maître à l'enseignement. Il n'est jamais indifférent, à coup sûr, que le maître soit aimé ; mais ici la leçon a

---

1. *Langue maternelle*, p. 169.

par elle-même son attrait. La spécialité du professeur ne peut donc qu'augmenter le profit de l'enseignement, sans créer un danger. Encore est-il nécessaire cependant que les programmes des diverses classes soient groupés de façon à former un ensemble coordonné : c'est sous cette forme que se retrouve le principe de l'unité de direction. Supposez, comme il arrive aujourd'hui, que, par l'effet inévitable d'une trop riche simultanéité de matières, tel ou tel enseignement ne puisse revenir qu'une fois par quinzaine, si bien qu'un congé, tombant précisément le jour attribué à la leçon, mette dans le cours un intervalle d'un mois; que tel autre qui se reproduit plusieurs fois de la Huitième à la Philosophie ne reparaisse qu'à des intervalles de deux ou trois ans, ou enfin que des enseignements de caractère différent soient accumulés pêle-mêle en une même année : que peut-il résulter de cette dissémination, de cette interruption, de cette anarchie d'efforts? Mme de Sévigné, décrivant à sa fille le procédé des douches qu'elle prenait à Vichy, disait avec sa grâce prime-sautière et sa verve gauloise[1] : « Avant de toucher le point malade, on commence par mettre partout l'alarme ». Mettre partout l'alarme, il n'est pas en éducation de plus mauvaise méthode. Dans ce tumulte, l'esprit de l'écolier ne se reconnaît plus. Pour qu'elles produisent sur son intelligence une impression durable, les études de chaque année doivent être reliées entre elles par une analogie profonde. C'est à cette condition qu'il peut s'y attacher, s'en pénétrer, en vivre. Il faut de plus que, d'année en année, il se sente comme porté par le mouvement naturel de l'effort qu'on lui demande vers des études plus hautes, mais qui se rattachent à ses études antérieures; que son application ait, en un mot,

---

1. Lettre à Mme de Grignan, 28 mai 1676.

de la force et de la suite. Tout est concentré, tout est successif dans le travail de la nature. L'éducation de l'esprit est soumise aux mêmes lois. La diversité raisonnable qu'elle comporte n'a rien de commun avec la dispersion d'activité qu'imposent des programmes mal distribués[1].

Sagement concentré, l'effort doit en même temps être sagement mesuré pour être profitable. Chaque âge — l'observation est de Rousseau — a un degré de maturité qui lui est propre. On peut se laisser conduire par l'enfant aussi loin que le porte le développement naturel de ses facultés. La limite une fois atteinte, c'est une entreprise vaine et dangereuse que de chercher à escompter la maturité des âges suivants. Or, pour toucher un nouveau point de cette première éducation dont dépend souvent tout l'avenir, n'est-ce pas franchir la limite que de demander à l'écolier, dès le début, des exercices trop fréquemment renouvelés de composition française? La chose en elle-même est aussi modeste, sans doute, que le mot paraît ambitieux : il s'agit de courtes descriptions, de récits familiers. Mais, outre

---

1. Cette nécessité de l'harmonie dans les études mérite, sous tous les rapports, d'appeler l'attention de ceux qui ont le souci de l'éducation nationale. On sait que les grandes Écoles du gouvernement dépendent toutes, sauf l'École normale supérieure, d'autres Ministères que du Ministère de l'Instruction publique, et que ce sont ces Ministères qui dressent les programmes de leurs Écoles. Une entente générale avait été sagement établie en 1852. (Arrêté du 15 septembre.) Elle ne tarda pas à être rompue. Dès 1859 l'École forestière se créait son enseignement à part. Plus récemment (5 octobre 1874 et 7 octobre 1884), l'administration de la Guerre modifiait d'elle-même les programmes de physique et de chimie pour le concours d'admission à l'École polytechnique, sans se préoccuper du trouble qu'elle apportait dans nos classes de mathématiques spéciales. (Voir la circulaire du 20 mai 1875.) Bien plus, il a pu arriver que, dans une des dernières réformes d'études opérées à l'École polytechnique, toutes les administrations aient été consultées, excepté celle de l'Instruction publique. Nos professeurs, qui étaient les plus intéressés, pour la direction des candidats, à fournir leur avis, ont été les seuls auxquels on ne l'a pas demandé.

que le nombre des sujets qui sont vraiment à la portée de l'enfant est vite épuisé et qu'on arrive bientôt, le devoir revenant chaque semaine, à sortir du naturel et de la simplicité, est-il vraiment utile de le mettre en travail pour produire ce qu'il ne peut point posséder? Bacon comparait les philosophes idéalistes aux araignées qui tissent leur toile de leur propre substance[1]. L'enfant n'a pas de substance toute faite; il faut lui donner le temps et le moyen de la créer. Le monde dans lequel sa pensée se meut est si restreint! C'est presque mot par mot qu'à partir de cinq ou six ans son vocabulaire s'enrichit, au fur et à mesure que s'ouvre à ses yeux ou à sa conscience une nouvelle percée dans le petit univers qui l'entoure. Qu'on lui apprenne à dépeindre oralement les objets qu'il voit ou les sentiments qu'il éprouve, en tenant la main à ce qu'il s'exprime toujours correctement, — car la correction du langage implique l'application des lois essentielles de la logique grammaticale, — qu'on lui fasse quelquefois mettre par écrit ce qu'il a pris l'habitude de dire, il recueillera certainement de ces exercices d'observation et d'élocution un sérieux profit. Mais n'allons pas, comme disait un judicieux disciple de Rollin, l'accoutumer à tirer sur une caisse vide[2]. Une bonne part du temps qu'absorbe cette rhétorique prématurée pourrait être appliquée fructueusement à la lecture en commun et à la culture de la mémoire. Ce sont là, par excellence, les études excitatrices et nourricières pour le premier âge. Sur une page bien choisie provoquer le libre commentaire, ouvrir cette source toujours jaillissante et si fraîche des impressions naïves de l'enfance, faire apprendre le morceau avec intelligence, le faire

1. *De augmentis et dignitate scientiarum*, lib. I, § 31.
2. L'abbé Pluche, *Spectacle de la nature*, Entretiens III, IV et V sur l'*Éducation*.

réciter avec goût est un moyen aussi sûr qu'attrayant de fécondation naturelle. On se servait trop autrefois de la mémoire pour y graver des formules; on n'en use plus assez aujourd'hui pour y fonder ce trésor de faits, de sentiments, d'idées, qui remplissent, échauffent, illuminent l'imagination de l'enfant et fournissent à son esprit le tissu solide sur lequel il peut commencer à s'exercer.

A un autre degré, pour les classes de Sixième et de Cinquième, par exemple, n'y a-t-il pas excès à présenter certains enseignements, particulièrement l'enseignement des sciences physiques et naturelles, sous la forme d'un cours suivi? Analyser un auteur livre en main, retrouver la déduction exacte de sa pensée, dégager l'accessoire du fond, élaguer le détail qui ne sert qu'à la preuve ou à l'ornement, est une opération délicate qui demande à tout âge une grande fermeté d'attention et de raisonnement. Qu'est-ce donc, pour l'enfant, lorsque cette analyse s'applique à une parole qu'il faut saisir au vol, en se pénétrant au fur et à mesure de chaque explication et sans se permettre un moment d'arrêt, sous peine de laisser échapper le fil du développement, c'est-à-dire de perdre le bénéfice de la leçon? Et cela encore, sur des matières nouvelles le plus souvent et qui, alors même que le maître s'efforce d'en faciliter l'intelligence par des démonstrations sensibles, conservent toujours un certain caractère d'abstraction! Ajoutez que, dans la sage pensée d'éviter à l'élève des écritures multipliées, on le dispense — bien plus, on lui défend quelquefois — de rédiger; c'est sur ses notes qu'il doit étudier. Si difficile est la tâche, que les professeurs craignent presque de l'imposer. Les uns dictent la leçon, pour être sûrs qu'elle sera bien prise; les autres se bornent à demander qu'on les écoute; mais, dans cette attitude passive, qui peut répondre que l'activité de l'enfant est suffisamment soutenue, et, à la fin de la classe, que lui reste-t-il de ce que ses oreilles ou ses yeux ont recueilli au passage, de ce que sa main a machinalement retenu? Un autre procédé a été appliqué, non sans succès : il consiste à prendre pour base de l'enseignement un traité élémentaire sur lequel les élèves suivent l'explication au fur et à mesure qu'elle leur est fournie. C'est sans doute une manière de fixer leur esprit dans une certaine mesure, mais non pas de les animer à la découverte des vérités expérimentales qu'on veut leur faire connaître; il faut un peu d'inconnu à la curiosité de l'enfant, et, trop souvent, ce qui est dans le livre cesse de l'intéresser ou l'intéresse moins, par cela seul qu'il a le livre entre les mains. De dix à treize et quatorze ans, La Chalotais limitait prudemment l'enseignement des sciences d'observation à une série de leçons de choses; jusqu'à cet âge il lui suffisait d'allumer dans l'esprit de l'écolier quelques points qui éclairassent la route qu'il aurait un jour à parcourir.

En même temps que, sur certains points, nos programmes exigent trop, ne semble-t-il pas qu'à d'autres égards ils ne demandent pas assez ? Diminuer la somme des devoirs écrits, augmenter celle des exercices oraux, tel est l'esprit du plan de 1880, esprit excellent dans sa direction générale, qui est acquise et subsistera. N'y eût-il là qu'une réaction décisive contre les longues rédactions et les devoirs multipliés, il faudrait s'en féliciter; mais la prescription vaut surtout par l'idée pédagogique qui l'a inspirée. On veut que par de fréquents appels — interrogations ou exercices au tableau — le maître entre en rapport avec l'enfant, le suive dans l'évolution de sa pensée, le prépare au travail en travaillant avec lui. En vertu du même principe, on demande, dans les classes supérieures, que des discussions, des comptes rendus soient institués qui obligent l'élève à sortir de lui-même, à faire preuve d'agilité dans l'esprit et d'aisance dans la parole. Ce sont là des exercices qui, conduits avec tact, peuvent produire les résultats les plus heureux : à l'explication *ex cathedra*, qui met seul le professeur en scène, ils substituent une sorte d'exploration qui fait de l'élève, suivant l'expression de Diesterweg, le centre de la classe. Les bons maîtres, il est vrai, les ont plus ou moins pratiqués de tout temps. Arnauld, l'un des premiers, les avait recommandés avec une singulière vivacité de bon sens. « Quand le régent expose les leçons, écrivait-il, il doit se réduire à les bien faire entendre sans tant de discours »; et, comme on lui objectait que les régents ne se formeraient pas si on leur ôtait la liberté de haranguer : « Tant mieux s'ils haranguent moins, répondait-il : cela conservera leurs poumons ; ils pourront d'ailleurs haranguer tant qu'ils voudront, pourvu que ce ne soit pas dans le temps des classes destinées à l'instruction des écoliers : en classe, c'est aux écoliers de parler[1] ». La méthode est donc bien française, et, en la préconisant aujourd'hui, nous

---

1. *Règlement des études pour les lettres humaines*; Troisième objection. — Voici ce que dit ailleurs Arnauld, au sujet des exercices oraux : « Pour apprendre à parler dans les classes inférieures, il est bon d'y obliger chaque jour deux écoliers à conter chacun une petite histoire, qu'ils prendront dans Valère Maxime ou dans Plutarque, ou dans quel livre ils voudront, en leur laissant le choix ; et il faut estimer davantage ceux qui feront le récit d'une manière plus libre, plus naturelle et plus dans l'esprit de l'auteur, sans s'assujettir aux mêmes termes et aux mêmes tours. Cette histoire se doit conter en français dans les trois premières classes inférieures, en leur indiquant des livres français. On ne leur donnera que très peu de chose à réciter des auteurs, et l'on exigera de tous qu'ils lisent chaque jour une telle portion de l'*Histoire de France* et qu'ils soient prêts à en faire le récit de leur mieux. »

ne faisons que rentrer dans le meilleur courant de nos propres traditions.

Mais il n'y a règle si juste qui n'ait besoin d'être appliquée avec discernement, et celle-là n'est bonne qu'autant qu'elle ne fera pas oublier ce que le travail écrit a aussi de nécessaire. Il faut bien s'en rendre compte en effet : la méthode d'initiation individuelle et directe n'est pas toujours applicable dans l'éducation publique, faute de temps. Un procédé peut être rapide : ce qu'on se propose en l'adoptant, c'est de couper au plus court et d'arriver; toute méthode est inévitablement lente, par cela seul que ce qui importe, c'est moins le but à atteindre que la marche à suivre. De plus, si l'action du maître individuellement exercée peut toujours être profitable en quelque mesure à l'ensemble d'une classe, il est certain qu'elle tourne surtout au bénéfice de celui sur qui elle s'exerce. C'est pour cela que Rousseau et Spencer la présentent comme la forme essentielle de l'éducation privée : Émile n'a jamais fait ce que nous appelons un devoir; telle paraît être aussi la situation de l'élève plus idéal encore de M. Spencer. Il n'y a donc pas d'enseignement public qui puisse absolument être établi sur ce principe. Fût-il praticable, il en faudrait craindre l'usage exclusif. Quelque parti qu'un maître habile tire de l'exercice oral pour l'enfant, le contrôle de l'exercice écrit lui est indispensable, et ce contrôle n'est pas moins utile à l'enfant, qui ne sait exactement où il en est de ses progrès que lorsqu'il en a fait l'épreuve sur lui-même. Bien plus, pour l'adolescent, ce n'est que dans les efforts où il s'engage la plume à la main qu'il achève de se développer. Les discussions, les comptes rendus, alors même qu'ils auraient toujours été sérieusement préparés, restent, au fond, des improvisations. Ils peuvent en avoir le mouvement, parfois l'éclat : Émile de Girardin, qui demandait que l'éducation fût « expéditive et parlementaire », y aurait applaudi[1]. Le danger est qu'on s'y contente trop aisément, qu'on n'y pousse pas la pensée à sa dernière exactitude, l'expression à sa justesse définitive. La terre qui ne travaille pas, suivant le dicton des agriculteurs, ne pousse que des herbes folles, eût-on à la surface jeté la semence à pleine volée. Ainsi faut-il que l'esprit absorbe, digère, s'assimile ce qu'il reçoit, par un effort intérieur approfondi et prolongé. C'est dans la méditation du travail écrit qu'on s'apprend à classer les idées, à les coordonner, à en peser la valeur, à les rendre avec la précision d'un esprit attentif à ne dire que ce qu'il faut et à le dire comme il faut. La parole est volontiers négligente ou risquée; et il est tant d'aberrations de la pensée qui n'ont d'autre cause que la déformation du langage ! En écrivant on s'observe. « Comme il est un temps pour enseigner aux enfants à nager avec des vessies, disait Bacon, il en est un aussi où ils doivent apprendre à danser avec des semelles de plomb[2]. » Les Allemands, auxquels nous avons à tort attribué l'invention des exercices oraux et à qui nous les empruntons aujourd'hui avec plus de zèle que de circonspection, reconnaissent eux-mêmes non seulement que les explications de textes poursuivies uniformément

---

1. « Expéditive et économique, professionnelle et parlementaire, telle doit être désormais l'instruction publique en France.... L'art de parler facilement, d'exprimer nettement ce que l'on a bien conçu, est une habitude importante à contracter dans tout gouvernement municipal et parlementaire.... » *De l'instruction publique*, Paris, 1838; Introduction et Première partie, § 2.

2. « Primum erit ut jam a principio caveamus a pensis vel magis arduis, vel magis pusillis quam res postulat.... Alia est methodus incipere natare cum utribus qui sublevent, alia incipere saltare cum calceis ponderosis qui aggravent. Neque facile est dictu quantum harum methodorum prudens intermixtio conferat ad promovendas tam animi quam corporis facultates. » (*De augmentis et dignitate scientiarum*, lib. VI, cap. IV, § 5; lib. VII, cap. III, § 10.)

dans les classes supérieures fatiguent l'écolier et l'ennuient, mais qu'elles laissent sans emploi les plus précieuses facultés de la jeunesse [1].

Mais, de toutes les prescriptions propres à régler l'effort, la plus efficace est, en toute matière, d'en circonscrire le champ. *Multum, non multa* est une maxime qu'on répète souvent, qu'on pratique peu. Le malheur de nos programmes, en général, c'est d'être trop bien faits, je veux dire d'être faits par des hommes spéciaux. Comment s'étonner que rien de ce qu'ils proposent ne leur paraisse inutile ? Et, quand chacun de son côté a apporté sa pierre à l'édifice, quoi de moins extraordinaire que, frappé surtout du beau caractère de la construction, on oublie un peu la condition de ceux qui sont appelés à y vivre ?

1. « Quant à la grande et générale aversion qui existe dans le public contre les devoirs faits à la maison », dit en substance le document auquel nous avons déjà fait d'intéressants emprunts, « nous devons, d'après les observations que nous avons l'occasion de faire, tant sur les étudiants et les médecins que dans nos relations avec les autres professions libérales, nous devons déclarer que nous estimons très haut l'importance de ces devoirs pour le développement de l'originalité de l'esprit et que nous attribuons le défaut malheureusement si commun de fermeté et de logique dans le raisonnement à ce qu'on n'en fait pas assez. Sans doute, la nature de ces sortes de devoirs n'est pas indifférente. Une besogne purement mécanique, une copie à faire ou une leçon à apprendre, ne contribue que peu ou point à l'éducation de l'activité personnelle. Dans ce travail isolé, l'écolier doit s'exercer à utiliser ses lexiques, sa grammaire, ses livres, s'apprendre à les consulter, à ordonner ses souvenirs, à examiner les différents points d'une question, à leur donner avec des justifications critiques leur valeur respective. Alors se développent pleinement chez lui et la capacité de travail et le plaisir qui en résulte. Le gymnase doit, il est vrai, donner l'impulsion et ouvrir les voies ; mais ce serait singulièrement restreindre l'objet des études secondaires que de vouloir que la tâche soit à la fois tracée et remplie en classe. Le travail à la maison, le travail personnel est le complément nécessaire de l'enseignement de la classe pour les élèves des cours moyens et des cours supérieurs, et, dans le calcul des efforts qu'on impose à la jeunesse, il faut tenir compte des deux modes d'activité. Il est difficile de fixer exactement la mesure exigible du travail personnel : elle varie avec l'aptitude, l'application, la diligence de l'élève ; elle peut être de trois à cinq heures par jour. » (*Consultation de la Commission médicale*, IV, 4.)

Aujourd'hui l'opinion est manifestement favorable aux sacrifices. L'enquête ouverte sur la première application du plan de 1880 constate que l'enseignement scientifique est trop développé, qu'il faut le restreindre et le simplifier. Parmi les autres branches qui ont pris un accroissement trop considérable, on signale les notions d'ordre historique appliquées à la littérature et à la philosophie. Dans les classes de grammaire surtout il y a pléthore et confusion. Des modifications qui sont demandées sur ces différents points, il résultera un allégement notable. Mais c'est moins le cadre que l'esprit des programmes qu'il importe de modifier. Et ici le maître est tout. C'est à lui qu'il appartient de se borner, de faire participer l'élève au bénéfice de sa science sans l'en accabler : « Quand je faisais la leçon à mes élèves, dit Tyndall, j'avais surtout à cœur de leur attacher des ailes. » Que de choses en histoire qui peuvent être résumées d'un mot, indiquées d'un trait! Notre langue est devenue le sujet d'une enquête approfondie, et c'est merveille de voir comme on en fouille tous les secrets, comme, à la lumière de la philologie, ce vieux langage se colore, s'anime, reprend vie! Nous sommes arrivés à traiter nos classiques avec le même scrupule que les anciens. Mais, dans cette œuvre de reconstitution savante, n'y a-t-il pas bien des curiosités qui ne font qu'encombrer l'esprit de l'enfant et embarrasser le travail de sa pensée? Quelle utilité, par exemple, à lui mettre entre les mains les éditions des chefs-d'œuvre de Molière ou de Racine dans l'orthographe du temps, alors surtout que l'orthographe du temps était si mal fixée? Nous nous complaisons aux recherches littéraires, et assurément on comprend mieux une œuvre replacée dans son cadre ou, comme on dit, dans son milieu. Au moins faut-il que le cadre ne fasse pas oublier le tableau. Il n'est rien qui ne puisse servir à former le maître : que son esprit soit le creuset où toute matière s'élabore ; mais qu'il n'en verse dans l'intelligence de l'enfant que le plus pur produit. L'érudition, dans nos classes, doit être comme le soleil des Champs Elysées de Fénelon, qui, de ses rayons adoucis et voilés, pénètre sans offusquer les yeux[1]. Aussi bien fût-il loisible au maître de tout enseigner, il n'en résulterait pas qu'il fût possible à l'élève de tout apprendre. La capacité de l'enfant a ses limites. Dès que la mesure est pleine, on peut verser tout ce que l'on veut, a-t-on dit avec une malicieuse franchise : c'est un tonneau sans fond. Et cependant ce tonneau fatigue et s'use à recevoir même ce qu'il ne garde pas. La sobriété, la mesure, le choix dans l'enseignement ne répond pas seulement à des convenances supérieures d'ordre et de goût ; c'est une nécessité de bon sens. Le maître, le vrai maître, se fait connaître moins encore peut-être à ce qu'il dit qu'à ce qu'il ne dit pas.

Ce qu'il ne dit pas, c'est la part de l'avenir, la part de cette seconde éducation dont nous ne faisons plus assez de cas. « Mon fils, écrivait le chancelier d'Aguesseau à l'aîné de ses enfants au moment où il allait quitter les bancs du Collège, vos classes sont terminées, vos études commencent. » Le conseil, dans son exagération piquante, est utile à retenir. Au sortir du Lycée, l'élite de notre jeunesse entre dans les écoles, s'inscrit aux Facultés, et jamais le travail n'y a été plus actif. Sans oublier les examens, — et quoi de plus légitime que cette aspiration aux grades qui ouvrent les carrières ? — elle vise plus haut, elle a le souci de la haute culture, le goût de la science. Mais, cette justice rendue au petit nombre, n'arrive-t-il pas généralement que,

1. *Aventures de Télémaque*, liv. XIX.

contrairement au mot de d'Aguesseau, les classes une fois closes par le baccalauréat, on se croit quitte avec l'étude ? On se décharge de tous ces souvenirs qui étaient à peine des commencements de savoir ; on appelle cela jeter du lest pour se lancer plus allègrement dans la vie. Or la vie a, comme le Lycée, ses classements. Et d'où vient que les rangs du Lycée y sont tant de fois modifiés, intervertis, bouleversés, si ce n'est de ce que, tandis que les uns continuent de s'exercer et gagnent, les autres, s'arrêtant, ne peuvent plus que perdre ? Même pour ceux qui se bornent à ne pas se laisser saisir par un esprit d'oisiveté malsaine et de futilité dissolvante, il se produit une sorte de prolongement de travail intérieur qui les sauve à leur insu. « Il y avoit une ville, dit un moraliste ancien naïvement interprété par Amyot, où les paroles se geloient en l'air incontinent qu'elles estoient prononcées ; et puis, quand elles venoient à se fondre l'esté, les habitants entendoient ce qu'ils avoient devisé et parlé l'hyver[1] » ; et le moraliste appliquait la comparaison à ces préceptes de vertu qui, recueillis pendant la jeunesse, ne sont « clairement ouïs » que dans l'âge mûr. Ainsi en est-il de tout enseignement dont on entretient le souvenir. Les choses reviennent d'elles-mêmes, mieux ordonnées, mieux digérées et avec le degré de maturité croissante qu'apporte chaque progrès de l'âge.

Parmi les moyens de cette seconde éducation que le dix-huitième siècle a si bien comprise et dont les promoteurs de ce qu'on appelle l'esprit de 1879 ont fait l'expérience heureuse, Rollin, Duclos, Montesquieu, Marmontel, Barthélemy, Bernardin de Saint-Pierre, tous ceux qui ont vécu le plus près de la jeunesse, placent

---

1. Plutarque, *Sur les moyens de connaître les progrès qu'on fait dans la vertu.*

en première ligne les voyages, les lectures, les entretiens. Pendant cinq ans, lord Chesterfield se dévoue à marquer à son fils, qui visite l'Europe, les villes où il doit s'arrêter, les hommes qu'il doit écouter, les livres qu'il doit lire[1]. Nos enfants voyagent à moins de frais que le jeune Philippe Stanhope, et les entretiens ne leur sont pas préparés étape par étape. Mais, grâce à la facilité des transports, à l'aisance générale et, pour ceux que la fortune n'a pas favorisés, aux libéralités des pouvoirs publics[2], il n'en est guère qui ne voient s'ouvrir devant eux plus ou moins par les voyages le grand livre du monde. Jamais non plus les moyens de s'instruire n'ont été plus abondamment mis par la presse à la portée commune. Enfin on ne saurait dire que les familles manquent où se conserve le goût des choses de l'esprit. C'est là cependant que se trahit notre faiblesse. Quand le jeune homme a cessé d'entendre la voix du maître qui pendant dix ans l'a fait vivre dans le commerce des idées, l'habitude en est-elle conservée autant qu'il conviendrait à la table ou au foyer de la famille? Prend-on la peine d'écarter les questions d'affaires et d'intérêt, les petites nouvelles du jour et les propos légers pour ramener la jeunesse, sans gravité affectée ni indiscret pédantisme, à des objets qui l'élèvent? Et pourtant il n'est pas de meilleure école pour asseoir le jugement et imprimer à l'esprit naturellement, jour par jour, le sceau de la virilité. En se plaignant de la surcharge des programmes, les familles nous pressent de rendre à leurs enfants des loisirs qu'ils puissent consacrer à la lecture et au travail personnel;

---

1. *Lettres de lord Chesterfield à son fils, Philippe Stanhope*, traduction d'Amédée Renée.
2. Voir *Les enfants pauvres en voyage; les caravanes scolaires*, par Abraham Dreyfus (*Revue politique et littéraire*, n° du 21 juin 1884), et les *Colonies scolaires de vacances* par M. Cottinet (*Revue pédagogique*, n° du 15 juillet 1884.)

ces loisirs leur seront rendus. Qu'elles nous aident, en échange, à bien employer les heures où le jeune homme leur appartient, tandis qu'il est encore au Collège, afin de continuer à exercer cette bienfaisante tutelle lorsqu'il n'y sera plus.

L'ESPRIT DE DISCIPLINE DANS L'ÉDUCATION

Juin 1885.

Les incidents disciplinaires qui se sont produits au Lycée Louis-le-Grand, il y a quelques semaines, ont soulevé dans l'opinion publique une émotion que les faits seuls, si regrettables qu'ils aient pu être, ne semblent pas suffire à expliquer. La presse et le Parlement en ont poursuivi l'examen avec insistance, presque avec passion. Tous les motifs ont été allégués, les plus légers comme les plus graves. On a mis en cause les personnes et les choses. Des troubles de même nature avaient éclaté quelques jours auparavant sur divers points de la France et à Paris même, dans des établissements libres : tout s'est effacé devant le trouble du Lycée considéré, à juste titre d'ailleurs, dans les traditions universitaires, comme le premier Lycée national. Après avoir exagéré la gravité du désordre, on s'est récrié sur la sévérité de la répression. Il a fallu du temps pour se rendre compte que, si les coupables avaient été frappés comme ils devaient l'être, quelques-uns de l'exclusion de tous les Lycées de Paris, un plus grand nombre de l'exclusion du Lycée Louis-le-Grand, aucun n'était, comme on l'a répété, empêché de poursuivre ailleurs ses études[1]. Les classes mêmes avaient repris réguliè-

---

[1]. Le nombre des élèves exclus de tous les Lycées de Paris a été de 12, celui des élèves exclus du Lycée Louis-le-Grand de 89. Depuis, un

rement leur cours dans les divisions mutinées, — elles ont été interrompues quatre jours à peine, — qu'on se refusait encore à croire que les esprits fussent apaisés. Qu'à plus d'un égard cette agitation de l'opinion ait été factice, il serait difficile de ne pas le reconnaître. Mais on ne saurait contester davantage qu'au fond de ces discussions plus ou moins impartiales, plus ou moins élevées, la question qui se débattait était une question d'éducation, ou plutôt la question même de l'éducation. La controverse dépassait donc de beaucoup par son importance la cause qui l'avait suscitée. Mais nous ne saurions nous plaindre ni qu'elle ait duré si longtemps, ni qu'elle ait été parfois si vive, en pensant aux réflexions qu'elle a dû faire naître dans les esprits droits, sincères et vraiment touchés de l'intérêt public.

Parmi les critiques que nous avons recueillies, les unes s'appliquaient aux règlements universitaires, les autres aux principes mêmes sur lesquels repose l'esprit de discipline; d'autres embrassaient l'éducation publique en général; d'autres enfin touchaient spécialement à l'internat. Est-ce bien là qu'il faut chercher les causes du malaise dont la mutinerie du Lycée Louis-le-Grand ne semble avoir été qu'une explosion? Quelle part y a-t-il lieu de leur faire? N'en est-il pas d'autres plus générales et plus profondes? C'est ce qu'il n'est peut-être pas inopportun d'examiner.

certain nombre des jeunes gens de cette seconde catégorie ont été admis à rentrer à Louis-le-Grand, soit comme externes, soit même comme internes.

I

La critique qui pouvait le moins nous surprendre est celle qui portait sur les règlements de l'Université. Il était tout simple qu'on s'enquît si les règles instituées pour prévenir ou réprimer les fautes de la jeunesse étaient bien en rapport avec l'état moral de la société à laquelle l'éducation publique la prépare; il n'était pas moins naturel qu'on se demandât si celles des autres pays n'avaient rien que nous dussions leur emprunter.

Hâtons-nous de le dire tout d'abord, il ne semble pas que nous ayons rien à perdre à la comparaison. C'est, il est vrai, un procédé d'examen qui a toujours quelque chose de spécieux : chaque peuple a ses usages et une manière de les observer qui en détermine le caractère. Mais, puisque l'examen a été provoqué, il convient que nous ne paraissions pas nous y soustraire.

On sait qu'en Angleterre, malgré les protestations des philosophes comme M. Spencer[1] et des pédagogues comme M. Bain[2], les châtiments corporels n'ont pas cessé d'être appliqués aux écoliers. Le principal seul a le droit de frapper et il s'en acquitte en personne. Mais il fouette de confiance tout élève qui lui est renvoyé par un professeur. Dans certaines écoles il est tenu un registre des punitions journalières : celui dont le nom s'y trouve porté trois fois est fustigé sans rémission. A la seconde récidive le pantalon est supprimé. L'âge ne

[1]. *De l'éducation intellectuelle, morale et physique* (2ᵉ édition), ch. III, p. 173, note. — Cf. p. 214.
[2]. *La science de l'éducation*, chap. V, *Les punitions*. — Cf. chap. IV.

fait point de différence : enfants ou jeunes gens, quiconque est assis sur le banc d'une classe relève du *flogging*. Un jeune gentleman de six pieds de haut, à la veille de quitter le collège — raconte dans une sorte d'autobiographie scolaire M. Brinsley-Richards [1] — avait acheté une commission dans la cavalerie; dans dix jours il allait revêtir l'uniforme. En fêtant avec des camarades son prochain affranchissement, il eut le malheur de faire quelques libations trop copieuses : avant de partir, il dut subir douze coups d'étrivières. Dans certains établissements on a remplacé le fouet par la baguette : fouet ou baguette, c'est toujours l'emploi de la force admis comme base de la discipline; et personne ne songe ni à s'étonner ni à se plaindre. M. Brinsley déclare qu'à la première exécution dont il fût témoin le cœur lui sauta dans la poitrine. « Quand je vis la victime, un enfant de dix ans, à la chevelure bouclée, à la peau blanche, dont le seul défaut était de trop aimer à rire, s'agenouiller, le pantalon détaché, sur le gradin du billot, et que j'entendis six coups s'abattre

---

1. *Sept ans à Eton*, par James Brinsley-Richards; Londres, 1883. — Cf. dans la *Revue des Deux Mondes* du 1er avril 1883 l'article sur l'*Internat et la vie d'écolier*, de G. Valbert (Cherbuliez). — Voir *De l'enseignement des classes moyennes et des classes ouvrières en Angleterre*. Rapport présenté à M. le Sénateur Préfet de la Seine, par MM. E. Marguerin, Directeur de l'École municipale Turgot, et Motheré, professeur à l'École militaire de Saint-Cyr et au Lycée Charlemagne ; Paris, 1864, chap. IV, p. 89 : « Dans la salle des classes de la grande école publique de Winchester, l'enfant qui entre peut lire cette inscription menaçante : « Aut disce, aut discede; manet sors tertia, cædi ». Bien qu'on semble ainsi diviser les élèves en trois catégories, ceux qui étudient, ceux qui sont renvoyés et ceux qui sont battus, la vérité est que le renvoi n'est pas dans les usages. Le sentiment des hommes de l'enseignement est qu'il faudra maintenir les punitions corporelles tant qu'on ne se décidera pas à l'expulsion des élèves trop endurcis pour être sensibles à des punitions plus douces. Du reste, l'opinion qui attache aux châtiments corporels une idée de dégradation ne fait que de naître en Angleterre. » — Voir aussi *De l'enseignement secondaire en Angleterre et en Écosse*, Rapport adressé à M. le Ministre de l'Instruction publique, par MM. J. Demogeot, agrégé de la Faculté des Lettres de Paris, et H. Montucci, professeur agrégé au Lycée Saint-Louis, 1868, chap. VII, p. 41.

et retentir en faisant le même bruit que si l'on eût versé six grands baquets d'eau, je pensai m'évanouir; ce que j'éprouvai alors, je ne l'ai ressenti qu'une fois dans ma vie, lorsque j'assistai à la pendaison d'un homme. » Au bout de peu de temps il ne lui déplaisait pas de voir donner le fouet à n'importe qui, et il ne lui en coûtait pas trop de le recevoir lui-même. Il y a cinquante ans, la suppression du flogging ayant été agitée, ce furent les élèves qui en demandèrent le maintien [1].

En Allemagne, où tout se raisonne, la question de la bastonnade est discutée périodiquement. Depuis trente ans elle est revenue cinq fois dans les assemblées générales où les chefs d'établissement délibèrent sur les sujets d'intérêt commun. Quelques-uns seraient disposés à préférer la baguette au bâton ou le soufflet à la baguette et au bâton. D'autres voudraient que la peine, quelle qu'elle soit, ne pût être infligée qu'aux élèves des classes inférieures, tout au plus à ceux des classes moyennes. On s'entend, d'ailleurs, pour établir que le bâton ne sera jamais sous la main du maître; il doit être déposé dans la salle de conférence des professeurs ou dans le cabinet du directeur; c'est là qu'en cas de besoin il faudra l'aller chercher. On se demande, d'autre part, quelle partie du corps touchera le châtiment, s'il frappera à nu ou à travers le vêtement, s'il sera administré sur-le-champ ou après délibération du corps professoral, avec ou sans l'autorisation du chef de l'établissement, en présence des camarades du coupable ou à huis clos, par le professeur de la classe, par un domestique, ou par le père dûment averti. Les avis

---

1. Demogeot et Montucci, *De l'enseignement secondaire en Angleterre et en Ecosse*, p. 41-42. (Voir plus bas, p. 171, note 3, le sentiment de Locke.

inclinent dans le sens des tempéraments, mais il ne s'agit que de tempéraments. L'opinion générale est que, si la bastonnade est un moyen de discipline regrettable, c'est un moyen nécessaire. Ceux qui la condamnent en principe font leurs réserves sur l'application. C'est particulièrement la doctrine courante pour le soufflet. On reconnaît que les lois scolaires n'en autorisent point l'emploi ; on croit qu'il est indispensable d'en conserver l'usage. Telles sont les conclusions des Assemblées de Westphalie (1851), de Poméranie (1861), de Saxe (1874), de Prusse (1871 et 1880)[1].

Ce n'est pas nous flatter que de dire que la seule

1. Voir dans le *Bulletin de la Société pour l'étude des questions d'enseignement secondaire*, t. II (année 1881), p. 437 : *les assemblées de proviseurs et l'éducation dans les établissements secondaires de Prusse.* — Cf. F. Buisson, *Rapport sur l'instruction primaire à l'Exposition universelle de Vienne en* 1873, chap. v, § 7 : « Les règlements les plus récents de la Prusse autorisent, en les réglant, les corrections manuelles dans les écoles. Ceux du grand-duché de Saxe-Weimar (1873) et du Mecklembourg-Schwerin (1873) interdisent expressément de donner des soufflets et des coups de poing, mais autorisent la correction avec une canne flexible, non pas tant que l'élève est à sa place, mais sur l'estrade, non pas pendant la classe, mais à la sortie ou dans la récréation ; les mêmes règlements croient nécessaire de défendre à l'instituteur de faire découvrir le corps pour exercer la peine corporelle. Enfin il paraît que la vue seule de l'instrument de correction suffirait à inquiéter les élèves, car il est très expressément recommandé de ne pas se servir de la même canne pour montrer à la carte ou au tableau noir. L'instruction pour les directeurs d'école à Munich (5 mars 1875) prévoit, outre la mise au cachot, des corrections corporelles qui seront infligées, sur l'ordre du directeur, par le domestique attaché au service matériel de l'école. A ces documents on pourrait ajouter des citations de plusieurs traités de pédagogie où se trouve développée *ex professo* la théorie de la nécessité des corrections manuelles. Un seul exemple peut suffire : les directeurs d'écoles publiques de Dresde ont inséré en tête des programmes de 1874 une consultation de dix grandes pages sur cette question ; ils y soutiennent que la correction physique est indispensable ; ils s'expliquent fort au long sur les précautions à prendre, sur l'instrument à préférer, sur la partie du corps qu'il convient de frapper. Ils revendiquent enfin pour l'instituteur le droit de frapper même les grandes filles, à condition que les coups tombent sur le dos. (On sait qu'en Allemagne et en Autriche les classes de filles comme les classes de garçons sont généralement tenues par des instituteurs.) »

idée de ces discussions répugne à nos habitudes d'esprit. Au moyen âge, sans doute, en France comme ailleurs, les règles des Collèges tenaient presque tout entières dans le titre donné par l'abbé Rathier à une sorte de rudiment qu'il avait composé pour faciliter l'intelligence de la grammaire aux écoliers : *Serva dorsum*, moyen de sauver son échine[1]. Si la voix de saint Anselme[2], de Gerson[3], de Lanfranc et de plus d'un autre bon maître recommandant la vigilance, la patience et la douceur envers les enfants, ne s'était pas tout à fait perdue dans le désert, on trouvait plus simple généralement d'appliquer un mode de discipline qui demandait moins d'efforts. Ainsi s'expliquent les invectives d'Érasme[4],

---

1. Voir *Histoire littéraire de la France*, t. VI, p. 374.
2. *Eadmeri Cantuariensis monachi ordinis S. Benedecti libri duo de Vita S. Anselmi*, p. 7 et 8. — Voir Ch. de Rémusat, *Saint Anselme de Canterbury*, chap. v, p. 63-64 : « Un jour un abbé renommé par sa piété s'entretenait avec saint Anselme de leur état et de la difficulté de discipliner les enfants élevés au monastère. « Ils sont pervers et incorrigibles, disait-il; cependant nous ne cessons de les battre nuit et jour, et ils deviennent toujours pires. » — « Vous ne cessez de les battre, dit Anselme; et, quand ils sont adultes, que deviennent-ils? » — « Hébétés et brutes », répondit l'abbé. — « Que diriez-vous, reprit Anselme, si, ayant planté dans votre jardin un arbre, vous le comprimiez ensuite de manière à l'empêcher de déployer ses rameaux? Ces enfants vous ont été donnés pour qu'ils croissent et se fortifient, et vous les tenez dans une si rude contrainte que leurs pensées s'accumulent dans leur sein et n'y prennent que des formes vicieuses et tourmentées. Nulle part autour d'eux la charité, ni la piété, ni l'amour; dans leur âme irritée croissent la haine, la révolte et l'envie. Ne sont-ce pas des hommes pourtant? Leur nature n'est-elle pas la vôtre? et voudriez-vous qu'on vous fît ce que vous leur faites? Vous les battez. Mais est-ce seulement en battant l'or et l'argent que l'artiste en forme une belle statue? » — Cf. Lanfranc, *Epist*.
3. *Blanditiis magis quam terroribus parvuli capiuntur*, dit Gerson dans son traité *De Parvulis trahendis ad Christum*; et ailleurs : *Ne pueri cædantur verberibus, minime iracundus sit præceptor; quam rari sint boni magistri cogitare stupor est*.
4. « Gallia litteratoribus, secundum Scotos, nihil est plagiosius. Hi moniti respondere solent eam nationem non nisi plagis emendari. » *Declamatio de pueris ad virtutem ac litteras liberaliter instituendis idque protinus a nativitate* — Cf. *De conscribendis epistolis*, chap. ix, *De emendando*.

de Rabelais[1], de Montaigne[2] contre les barbarifiques traitements dont ils avaient été témoins ou victimes. Encore doit-on ajouter que ce maître de Saint-Paul, dont Érasme a tracé le terrifiant portrait, était un principal anglais[3], et que, si Montaigne, avec son imagination qu'exalte parfois le plaisir de peindre les choses, nous représente les classes jonchées de tronçons d'osier sanglant, il reconnaît lui-même qu'en son bas âge, dans la maison paternelle, il n'a « tasté des verges qu'à deux coups, et bien mollement[4] ». Mais, à partir du seizième siècle, le fouet cesse au moins d'être le principal instrument de l'action disciplinaire[5]. Son efficacité est ouvertement mise en doute. On répète avec Montaigne « que ce qui ne peult se faire par la raison ne se faict jamais par la force, et qu'il ne s'est vu aultre effet aux verges, sinon de rendre les âmes plus lasches ou plus malitieusement opiniastres[6] ». Les Jésuites, qui en conservent l'usage dans leurs écoles, ne les appliquent qu'avec discrétion, et regarderaient comme un déshonneur pour un membre de la Société de les infliger lui-même : c'est un correcteur spécial qui est chargé de cette besogne servile[7].

« Il y a plusieurs autres voies que le fouet pour rame-

---

1. Liv. I, chap. xxxvii. « Tempeste feut un grand fouetteur d'escholiers au collège de Montagu. Si par foucter paovrets petits enfans, escholiers innocents, les pédagogues sont damnés, il est, sus mon honneur, en la roue d'Ixion, fouettant le chien Courtault, qui l'esbranle. »
2. *Essais*, I, 25.
3. On croit qu'il s'agit du docteur Colet, maître de l'école de Saint-Paul. (J. Demogeot et Montucci, *Rapport sur l'enseignement secondaire*, etc., p. 40.)
4. *Essais*, II, 8.
5. Voir Budé, *De studio recte instituendo*, chap. xi; Philelphe, *De Educatione liberorum*, I, 10; Æneas Sylvius, *De liberorum educatione*, p. 967; Sadolet, *De liberis instituendis*, p. 547.
6. *Essais*, II, 8.
7. *Ratio studiorum*, p. 107 et 129. — Voir G. Compayré, *l'Orbilianisme ou l'usage du fouet chez les Jésuites*.

ner les enfants à leur devoir, dit un des chefs de l'Oratoire, le Père Lamy ; une caresse, une menace, l'espérance d'une récompense ou la crainte d'une humiliation font plus d'effet que les verges[1] ». Les maîtres de Port-Royal voudraient que les enfants n'eussent jamais ouï parler de férules et de coups[2]. Si Rollin hésite à frapper d'anathème un système d'éducation « qui avilit et ne corrige point », c'est moins par égard pour ceux qui n'y avaient pas renoncé, bien qu'il fût capable de ce scrupule, que par respect pour un texte de l'Ecclésiaste qui l'autorise. Au fond, tous ses sentiments protestent contre la violence. Il compare le fouet aux poisons en médecine : il n'y faut recourir qu'à l'extrémité dernière. En le laissant à la disposition du principal, il l'interdit aux maîtres, dans la crainte qu'ils n'en usent mal[3].

C'est dans cet esprit qu'a été conçu le premier *Règlement rédigé pour les exercices intérieurs des Collèges*, le règlement de Louis-le-Grand (1769) Ce document, qui ne comprend pas moins de 240 articles, ne fait

---

1. *Entretien sur les sciences*, 1ᵉʳ entretien, p. 207. — Voir Hamel, *Histoire du collège de Juilly*.
2. *De l'éducation chrétienne des enfants*, par M. Varet (1666), p. 140-144. — Cf. Sainte-Beuve, *Port-Royal*, liv. IV.
3. Traité des Études, *du gouvernement intérieur des classes et des collèges*, chap. I, 1ʳᵉ partie, art. 5, § 1. — Cf. § 2, *in fine*. — Locke ne peut se décider non plus à condamner les châtiments corporels; voir *Quelques pensées sur l'éducation*, traduction de M. Compayré, sect. III, nᵒˢ 45 à 51 ; VIII, nᵒˢ 78 à 80, 83 à 87; XII, n° 107; XXIV, n° 147. « Il n'y faut recourir, dit-il (sect. IV, n° 52), que rarement et surtout dans les grandes occasions, dans les cas extrêmes. » — « Ce qui est certain, dit-il ailleurs (sect. VIII, n° 78), c'est que les châtiments corporels, quand ils ne font pas de bien, font beaucoup de mal. S'ils n'atteignent pas l'esprit et n'assouplissent pas la volonté, ils endurcissent le coupable. » — Mᵐᵉ de Maintenon s'inspirait du même esprit lorsqu'elle écrivait aux dames de Saint-Cyr : « Ne point corriger mollement les enfants, mais user rarement du fouet, et, quand on le donne, le faire craindre pour toujours, afin qu'on ne recommence pas ». (*Maximes sur l'éducation*.)

aucune mention des peines corporelles; le mot n'y est même pas prononcé. « Comme le bien de l'éducation ne consiste pas tant à corriger les fautes des jeunes gens qu'à les prévenir, autant qu'il sera possible », y lisons-nous, « tous les maîtres se feront de leur exactitude et de leur surveillance un premier moyen de faire éviter à leurs élèves les fautes que leur négligence pourrait occasionner.... Ils n'useront de sévérité qu'après avoir épuisé tous les moyens qui peuvent faire impression sur une âme honnête et sensible. » Le spirituel bon sens de Voltaire et l'imagination émue de Rousseau ont fait leur œuvre. L'esprit de 1789 commence dès ce moment à pénétrer les mœurs scolaires comme tout le reste. Les règlements qui, tant pour les Écoles que pour les Collèges, datent de la Révolution, portent la marque de principes pédagogiques trop souvent gâtés par l'emphase, mais éclairés et sains : à la férule est substitué un système d'avis préventifs, de réprimandes mesurées, de légers surcroîts de travail.

En donnant à ces prescriptions la précision d'un ordre du jour militaire, le statut du 19 septembre 1809 n'en change pas le caractère sage et humain. Les punitions qu'il permet d'infliger aux élèves sont, suivant la faute : 1° les arrêts, « qui consistent à être placé pendant la récréation à l'extrémité de la cour, sans pouvoir sortir d'un cercle donné et avec défense pour le coupable de jouer ni de parler à ses camarades » ; 2° la table de pénitence; 3° une tâche extraordinaire pendant la récréation; 4° la privation de l'uniforme, remplacé par un habit d'étoffe grossière et d'une forme particulière : punition qui ne permet pas à l'élève qui l'a méritée de marcher dans les rangs; 5° la prison[1]. Quant

---

[1] Art. 92, 93 et 94.

aux coups, le maître qui s'en rendrait coupable serait justiciable des tribunaux universitaires ; le Code ajoute qu'il peut être responsable civilement[1].

Peu à peu, dans l'usage, les peines qui étaient de nature à porter atteinte à la santé de l'enfant ou qui semblaient avoir un caractère de puérilité ont été elles-mêmes supprimées : telles la table de pénitence, la privation de l'uniforme et la prison. Le règlement du 7 avril 1854 — celui qui est en vigueur aujourd'hui — écarte toutes les formes de souffrance matérielle et réduit les punitions à des privations de satisfaction graduées. Les voici dans leur ordre, qui mérite d'être relevé. Ce sont : 1° la mauvaise note ; 2° la retenue avec tâche extraordinaire pendant une partie de la récréation ; 3° la retenue avec tâche extraordinaire pendant une partie du temps destiné à la promenade ; 4° l'exclusion momentanée de la classe ou de la salle d'étude, avec renvoi devant le proviseur ; 5° la privation de sortie chez les parents ; 6° la mise à l'ordre du jour du Lycée ; 7° les arrêts avec tâche extraordinaire dans un milieu isolé, sous la surveillance d'un maître ; 8° l'exclusion du Lycée[2]. Disons de plus que, tout récemment, la peine des arrêts en lieu isolé a été abolie, le danger de la séquestration auquel elle expose l'élève ne paraissant pas compensé par l'avantage des réflexions salutaires qu'elle a pour objet de lui inspirer[3]. Disons aussi que, pour mieux assurer l'équité distributive, les quatre dernières punitions du règlement de 1854 (c'est un judicieux emprunt fait au statut de 1809) ne doivent être prononcées que par le chef de l'établissement[4]; et

---

1. Code civil, liv. III, tit. IV, art. 1382-1384.
2. Art. 1er.
3. Circulaire du 2 mai 1883.
4. Art. 1er.

que la plus grave de toutes, l'exclusion, ne devient définitive qu'après décision du Recteur, si l'élève est pensionnaire libre, du Ministre, s'il est boursier[1]. Les tâches extraordinaires, dont disposent les maîtres et les professeurs, peuvent être elles-mêmes soumises à une revision du proviseur, et elles sont déterminées de telle sorte que l'enfant ne succombe jamais sous une charge décourageante[2].

Tel est l'exposé sommaire des principes qui régissent nos règlements d'éducation.

Sans prétendre que l'esprit de mesure qui les a inspirés soit toujours compris, même aujourd'hui, comme il devrait l'être, on est en droit d'affirmer, à ce qu'il semble, d'abord qu'ils sont faits, comme toutes les bonnes lois, pour les gouvernés, non pour les gouvernants ; ensuite que, compatissants à l'enfance sans faiblesse, fermes sans rigueur, préventifs plutôt que répressifs, ils ont pour objet essentiel l'impression morale à produire. L'une des premières préoccupations des conseils de professeurs, créés par l'arrêté du 10 octobre 1882, a été, dans chaque établissement, de se rendre compte du système des punitions en usage, d'examiner leur appropriation à la faute, à l'âge, au caractère. Les procès-verbaux de ces délibérations font honneur aux maîtres qui y ont pris part, comme aux proviseurs qui les ont dirigées[3].

1. Art. 1er. — Cf. Décret du 19 janvier 1881, art. 13.
2. Art. 3. — Voir la Circulaire du 7 avril 1854.
3. Voir le *Résumé des procès-verbaux des réunions du Conseil des professeurs du Lycée Condorcet pendant l'année scolaire* 1882-1883. (Paris, Imp^{ie} Seringe, 1883.)

II

Mais c'est moins des règlements que s'inquiètent certains esprits que du fondement proprement dit de la discipline scolaire. A quoi bon tout cet appareil de peines? Pourquoi ne pas s'en remettre simplement à la nature? C'est un juge infaillible. De quoi s'agit-il? De faire sentir à l'enfant les effets des actes répréhensibles qu'il commet. Or quelle leçon plus saisissante que le développement même de ces effets? L'enfant touche à un ressort; le ressort se détend et le frappe : est-il un châtiment plus topique, plus direct, plus personnel? Tout ce réseau de punitions dans lesquelles on enserre l'activité de l'écolier et qui ne peuvent s'appliquer que par l'intermédiaire oppresseur d'un maître est artificiel et vain. Il n'y a de sincérité, il n'y a d'efficacité que dans les réactions naturelles et les conséquences inévitables.

Ce système, mis en faveur aujourd'hui par le talent de M. Herbert Spencer, n'est au fond que le système de Rousseau. Il n'existe point de châtiments pour Émile; c'est à la nature seule qu'il appartient de le punir s'il transgresse ses lois : dans un accès de colère, il a brisé les carreaux de sa chambre; il apprendra par un rhume les inconvénients qu'il peut y avoir à s'exposer au froid de la nuit[1]. Et ainsi du reste. « N'offrez jamais à ses volontés indiscrètes que des obstacles physiques ou les punitions qui naissent des actions mêmes et

---

1. *Émile*, p. 85, édition Garnier.

qu'il se rappelle dans l'occasion. » Émile n'a point à obéir aux hommes; il ne connaît que la dépendance des choses [1]. Les leçons verbales sont pour lui sans moralité comme sans effet. Il ne sait même pas ce que c'est que d'être en faute. Jusqu'à douze ans il n'a pas, ne peut pas, ne doit pas avoir de conscience : l'expérience seule lui tient lieu de loi. L'idéal serait d'en faire un être robuste, qui ne sût pas distinguer sa main droite de sa main gauche. Son précepteur lui-même n'est qu'une sorte de témoin, propre, tout au plus, à rapprocher de lui les occasions de mettre sa volonté en action [2]. L'épreuve commencée, il la suit, résolu à ne point intervenir, et se bornant à voir la leçon s'imposer avec ses conséquences plus ou moins dures, toujours irrésistibles et convaincantes.

1. Les textes qui mettent ce point fondamental en lumière se retrouvent, pour ainsi dire, à chaque page de l'*Emile*. « Maintenez l'enfant dans la seule dépendance des choses : vous aurez suivi l'ordre de la nature dans le progrès de son éducation. » (Liv. II, p. 65.) — « Votre enfant ne doit rien faire par obéissance, mais seulement par nécessité : ainsi les mots d'obéir et de commander seront proscrits de son dictionnaire, encore plus ceux de devoir et d'obligation; mais ceux de force, de nécessité, d'impuissance et de contrainte y doivent tenir une grande place. » (Liv. II, p. 70.) — « Ne donnez pas à votre élève des leçons verbales : il n'en doit recevoir que de l'expérience. Ne lui infligez aucune espèce de châtiment, car il ne sait ce que c'est qu'être en faute.... Dépourvu de toute moralité dans ses actions, il ne peut rien faire qui soit moralement mal et qui mérite ni châtiment ni réprimande. » (Liv. II, p. 74.) — « Il ne faut jamais infliger aux enfants le châtiment comme châtiment; il doit toujours leur arriver comme une suite naturelle de leur mauvaise action. » (Liv. II, p. 86.) Etc.

2. Voir les histoires du jardinier Robert (liv. II, p. 82), du bateleur (liv. III, p. 179) et la scène de l'accès de colère (liv. II, p. 80). — Rousseau caractérise lui-même, au surplus, ce qu'il y a d'artificiel dans ses procédés. Répondant à une critique de M. Formey au sujet du bateleur : « Ai-je dû supposer, dit-il, quelque lecteur assez stupide pour ne pas sentir dans cette réprimande un discours dicté mot à mot par le gouverneur pour aller à ses vues? A-t-on dû me supposer assez stupide moi-même pour donner ce langage à un bateleur? Je croyais avoir fait preuve au moins de talent assez médiocre pour faire parler les gens dans l'esprit de leur état? N'était-ce pas tout dire pour tout autre que M. Formey? »

C'est cette doctrine que M. Spencer a reprise avec une véritable originalité dans le détail des observations.

Comme Rousseau, M. Spencer place l'enfant en face de la nature. Ce n'est pas qu'il accepte absolument le principe de l'*Émile* : que « tout est bien sortant des mains de l'Auteur des choses et que tout dégénère entre les mains de l'homme [1] ». — « Nous ne sommes pas de ceux, dit-il, qui croient au dogme de lord Palmerston : que tous les enfants sont nés bons. A y bien regarder, le dogme opposé, si insoutenable qu'il soit, nous paraît encore moins éloigné de la vérité. Nous ne croyons pas davantage que les enfants soient susceptibles d'une transformation complète. Au contraire, nous savons que, si l'éducation peut diminuer leurs imperfections naturelles, elle ne saurait les détruire [2]. » Mais, bon ou mauvais, l'enfant n'a point de meilleur maître que la nature. Les seuls châtiments vraiment salutaires sont ceux qu'elle applique sur le coup. Point de menaces; une muette et rigoureuse exécution : la cendre chaude brûle celui qui la touche une première fois, elle le brûle une seconde, une troisième fois, elle le brûle chaque fois; rien ne vaut cette correction immédiate et inévitable. Ajoutez que la peine est toujours proportionnée à la violation de l'ordre des choses, la réaction étant en rapport avec l'action; qu'elle introduit avec elle dans l'esprit de l'enfant l'idée de la justice, le châtiment n'étant qu'un effet; enfin, qu'il n'y a pas d'effet plus sûr : la langue universelle en dépose; l'expérience chèrement achetée, l'expérience amère, est l'enseignement par excellence, le seul dont on profite. Si le jeune homme qui entre dans la vie

---

1. *Émile*, p. 1.
2. *De l'éducation*, etc., p. 171.

consume son temps dans l'oisiveté ou remplit mal les fonctions qui lui sont confiées, il perd son emploi ; si l'homme d'affaires manque ses rendez-vous, il perd son argent : voilà les pénalités qui portent[1]. Ce que M. Spencer se plaît particulièrement à mettre en lumière, c'est que la nature, se faisant elle-même raison, rend absolument inutile l'intervention de ceux qui, dans l'éducation ordinaire, parents ou maîtres, se donnent la tâche de la suppléer. D'où ce double avantage : d'une part, que les enfants sont préservés de tout sentiment d'aigreur et de rancune ; on ne peut en vouloir à l'ordre des choses; d'autre part, que les père et mère restent dans leur rôle de bienveillance[2], — leur action, quand elle trouve lieu de s'exercer, consistant en une expression de blâme, d'affliction, de regret, qui s'ajoute, mais sans jamais s'y substituer, aux conséquences fatales du méfait commis[3]. Toute cette démonstration est conduite avec une subtilité supérieure et pleine d'*humour*. Les raisonnements semblent d'une logique irréfutable ; les exemples sont très habilement appropriés[4] ; les mots piquants abondent, comme lorsque l'auteur définit les réactions, parfois si cruelles, de la nature « des empêchements bienfaisants au renouvellement des actions qui contrarieraient essentiellement les intérêts de notre vie[5] ». Il est aisé de s'expliquer qu'une telle doctrine rencontre des adhérents parmi les pères, qu'elle semble dispenser de leur devoir de patronage ; on ne pourrait guère s'étonner sur-

---

1. *De l'éducation*, p. 180 à 201.
2. C'est dans le même sens que J.-J. Rousseau dit : « En imposant aux enfants un devoir qu'ils ne sentent pas, vous les indisposez contre votre tyrannie et les détournez de vous aimer ». (Liv. II, p. 72.)
3. *De l'éducation*, etc., p. 97 à 200.
4. *Ibid*, etc., p. 189 à 194, 197, 202, etc.
5. *Ibid.*, p. 182.

L'ESPRIT DE DISCIPLINE.

tout qu'elle en trouvât parmi les enfants, qu'il affranchit de toute tutelle.

Mais la séduction ne résiste pas à une observation attentive, et M. Spencer, nous le verrons, en a fait l'épreuve sur lui-même.

Rousseau, qui a presque toujours le bon sens de s'arrêter à mi-chemin du paradoxe, limite à douze ans l'âge où l'effet des réactions naturelles peut servir de règle pour l'enfant. A partir de douze ans il fait au raisonnement sa part[1]. A quinze ans intervient un élément nouveau : le sentiment moral. Il semble bien aussi que, dans sa pensée première, M. Spencer ne soumettait pas l'adolescence proprement dite à son système. Il déclare quelque part qu'il le considère comme divinement ordonné à l'égard des enfants et des hommes[2]; ce n'est que par voie de conséquence qu'il l'applique à la période intermédiaire entre l'enfance et la première maturité. Il est juste surtout de ne pas oublier que c'est sur le terrain de l'éducation privée qu'il nous appelle : l'éducation publique se refuserait formellement aux conditions que la doctrine suppose. Mais, même dans ces conditions particulières, le principe de la discipline des réactions naturelles et des conséquences inévitables est-il applicable à la jeunesse ?

Laissons de côté les exemples de la barre de fer rouge, de la flamme des bougies, de la pelote d'épingles, de l'eau de la bouillotte : ils se prêtent trop aisé-

---

[1]. « Voyez comment nous approchons par degrés des notions morales qui distinguent le bien et le mal. Jusqu'ici nous n'avons connu de loi que celle de la nécessité : maintenant nous avons égard à ce qui est utile; nous arriverons bientôt à ce qui est convenable et bon. » (*Emile*, liv. III, p. 172.)
[2]. *De l'éducation*, etc., p. 201. — Cf. p. 184, 186.

ment aux conclusions que l'on en veut tirer, et ils ne sont plus guère de mise dès que nous sommes sortis de la première enfance. Ne parlons pas non plus des peines qui ne sont que la sanction d'un entêtement passager ou d'une négligence sans portée. Assurément il n'y a pas grand inconvénient à laisser l'enfant qui s'obstine briser le canif qu'on est décidé à ne pas lui rendre, mettre en désordre la chambre qu'on lui fera ranger, jeter l'habit qu'on ne remplacera pas, manquer la promenade pour laquelle il ne s'est assez diligemment préparé. Mais laissera-t-on à l'adolescent le temps de se rendre compte tout à l'aise des résultats de sa mollesse? S'il ne fait pas ou fait mal son métier d'écolier, s'il ne règle pas son esprit e son caractère, si, autour de lui, on ajourne la réforme de ses mauvais penchants jusqu'à ce que les conséquences en éclatent, ce n'est rien moins que sa destinée entière qui peut être compromise. Qu'à côté du raisonnement ou de l'exemple d'autrui, trop souvent insuffisant, on fasse la part de l'épreuve personnelle; rien de mieux : c'est la rançon de la liberté. Mais attendre que le jeune homme s'instruise exclusivement par ses propres fautes, n'est-ce pas la plus redoutable des chimères? Pour traiter avec sagesse des intérêts de l'éducation, il ne faut observer la jeunesse ni dans le portrait satirique qu'en a tracé La Bruyère[1], ni à travers les illusions d'un idéal fait, comme celui de l'*Emile*, pour le triomphe d'une doctrine; il convient de la voir telle qu'elle est, mêlée de bien et de mal, avec ses défaillances soudaines et ses relèvements non moins prompts, toujours atta-

---

1. *De l'Homme*, 50. « Les enfants sont hautains, dédaigneux, colères, envieux, curieux, intéressés, paresseux, volages, timides, intempérants, menteurs, dissimulés; ils rient et pleurent facilement; ils ont des joies immodérées et des afflictions amères sur de très petits sujets; ils ne veulent point souffrir de mal et aiment à en faire ; ils sont déjà des hommes. »

chante malgré la peine qu'elle donne et les chagrins qu'elle fait, parce qu'on sent jusque dans ses écarts la force de la vie, mais toujours exposée aussi à fléchir sous sa propre faiblesse, si elle ne trouve autour d'elle l'appui d'une raison éclairée et ferme. Or les défauts ou les vices les plus à craindre ne sont pas ceux qui se manifestent par une sorte d'éruption violente, laquelle peut en effet parfois trouver en elle-même son châtiment et son remède; ce sont ceux qui se forment à l'ombre, se développent et grandissent presque sans que celui qui les couve en ait nettement conscience. Contre ces penchants secrets, obscurs, mal définis, il n'y a pas de réaction de la nature, et le bienfait de l'éducation es d'intervenir à temps. C'est au diagnostic, pris de haut et de loin, que se reconnaît l'œil du maître; c'est à la façon dont il suit et traite le mal encore latent que se révèle la sûreté de sa main. Élever, ce n'est pas seulement prévoir, c'est aussi prévenir.

Ne serait-ce pas, au surplus, condamner l'enfant à un régime bien sévère que de compter uniquement, pour exercer sa volonté, sur les réactions naturelles et les conséquences inévitables? Kant parlait en métaphysicien du devoir lorsqu'il écrivait : « Si on punit l'enfant quand il fait mal et si on le récompense quand il fait bien, il fait alors le bien pour être bien traité ». C'est de l'enfant surtout qu'il doit être permis de penser qu'il n'est ni ange ni bête. Arracher de son cœur la crainte de la punition et l'espoir de la récompense, c'est briser deux des plus précieux ressorts de sa vie intérieure. Faute de l'aiguillon de l'émulation, disait Pascal, les élèves de Port-Royal tombent dans la nonchalance. Émile, qui n'a ni aiguillon ni frein, écrivait Voltaire, finira par faire des sottises; et le cinquième livre de Rousseau n'est pas précisément pour démontrer le contraire. La récompense est le témoignage qui traduit aux yeux de l'enfant, comme aux yeux de tous, l'estime dont il est l'objet; le châtiment est une sorte d'avertisseur des dangers de la voie dans laquelle il s'engage. La discipline ainsi entendue, bien loin d'être un instrument d'oppression et de violence, devient une sauvegarde pour sa volonté, qu'elle affermit dans les inclinations généreuses ou qu'elle prémunit contre les entraînements funestes.

La peine que les conséquences inévitables provoquent est souvent d'ailleurs hors de proportion avec la faute qui les a produites. L'homme lui-même réclame pour sa conduite d'autres sanctions que cette dure et inexorable loi de représailles. Il veut qu'on juge l'intention en même temps que le fait, qu'on lui sache gré de ses efforts de résistance, qu'on le frappe s'il le faut, mais qu'on ne pousse pas du premier coup les choses aux extrémités. Comme l'homme, plus que l'homme, l'enfant a besoin d'être traité avec égard; c'est dans les ménagements que réside envers lui la véritable justice. Je ne sais rien de plus inhumain, en vérité, que ce mécanisme des réactions naturelles, toujours prêt à le saisir brutalement, comme un engrenage auquel à peine a-t-il présenté le doigt qu'il est pris.

Non seulement le système expose l'éducation de la jeunesse à des rigueurs injustifiables, mais il a pour effet d'abaisser le caractère qu'on se propose d'élever. Dans la doctrine de M. Spencer, il n'existe ni bien ni mal en soi. On y chercherait vainement l'idée d'une obligation morale; M. Spencer ne prononce pas une seule fois le mot de devoir. C'est le résultat d'un acte qui en détermine seul la nature et la valeur. Supposez qu'un enfant ait la main assez leste pour échapper à la réaction d'une imprudence, l'esprit assez délié pour esquiver les conséquences d'une faute, le voilà quitte. Il s'agit non de bien faire, mais d'être adroit, non d'être sage et honnête, mais de réussir. Toute la morale se résout ainsi en une question d'habileté avec l'intérêt pour mobile. Certes l'intérêt et l'habileté ont leur place légitime dans le monde, — on ne réfute pas un paradoxe par un paradoxe et il faut prendre l'humanité telle qu'elle est, — mais à la condition qu'ils soient subordonnés à une règle supérieure. L'enfant aussi bien ne s'y trompe point : il se sent coupable, à n'en pas douter, quand il fait mal ; et, à moins qu'il ne soit foncièrement mauvais, il ne demande qu'à réparer sa faute. On sourit de l'histoire du cadet anglais mis à la porte de son Collège pour avoir refusé de se laisser fouetter, et poursuivant son directeur à travers la France et la Suisse, de ville en ville, — un fouet réglementaire, un beau fouet tout neuf, dans sa malle, — jusqu'à ce qu'il fût arrivé à se faire donner les douze coups d'étrivières qu'il avait mérités. La morale de la légende, c'est qu'il éprouvait le besoin de rendre ses comptes, de se racheter et de se renouveler par l'expiation. Le cœur de l'enfant contient en germe tout ce que renferme celui de l'homme. Il y aurait exagéraion à lui appliquer les théories de Platon et de Beccaria. Cependant la philosophie la plus haute n'est pas de trop pour expliquer ce qui s'y passe et chercher la raison des règles auxquelles il doit être soumis. J.-J. Rousseau supprimait ou tout au moins suspendait l'exercice de la conscience morale jusqu'à quinze ans; M. Spencer semble s'en passer tout à fait; c'est la condamnation de la doctrine; comme Rousseau, M. Spencer est en dernière analyse, obligé de le reconnaître : on ne bâtit pas sur le vide.

Excessive et dangereuse dans son principe, la discipline purement empirique et utilitaire n'atteint même pas d'ordinaire son objet. Tandis qu'on la croit seule en mesure de rendre la peine morale et efficace, elle aboutit, au fond, indirectement, à en compromettre l'efficacité et la moralité.

N'y a-t-il pas lieu de craindre, en effet, que l'intelligence des lois de la nature, même dans les conditions sensibles et restreintes où M. Spencer y cherche son appui, ne dépasse la portée de l'enfant du premier âge auquel il s'adresse? Est-il bien sûr que ce soit toujours dans les réactions physiques de ses actes que le pauvre petit coupable verra la cause de la peine qui le frappe? Ce muet et brusque langage des choses, cette impassibilité de l'ordre inéluctable l'étonne d'abord plus qu'elle ne l'éclaire : derrière le phénomène dont il est victime, il cherche une main à laquelle il puisse s'en prendre; il admet tout plus volontiers que cette sorte d'impersonnalité; et, après quelques épreuves, ce jeu des forces de la nature dont le secret doit lui rester si longtemps fermé risque de n'être pour lui qu'un artifice qui l'irrite.

Plus artificielle encore et plus décevante est la discipline des conséquences inévitables dans les actes qui relèvent de l'ordre moral. On ne saurait trop tôt sans doute exercer l'enfant à raisonner ce qu'il fait. Mais n'est-ce pas exiger beaucoup de son activité, essentiellement mobile, que de l'obliger à se demander à chaque pas, à chaque mouvement, à chaque fois qu'il conçoit un désir, une pensée, ce qui pourra lui en arriver? La chose faite, si elle n'a pas été à bien, est-on en droit d'espérer que c'est toujours contre lui-même qu'il tournera son raisonnement? que, privé du jouet qui l'amusait et qu'il a eu tort de casser, de la promenade dont il se réjouissait à l'avance et pour laquelle il s'est mis en retard, il accusera son entêtement et sa négligence plutôt que la sévérité de ceux qui ont prononcé la peine? Il y a bien de l'utopie à vouloir décharger les parents de la responsabilité que leur affection leur impose, et dont, quoi qu'on fasse, la conscience instinctive de l'enfant ne les affranchit pas. Enfin cette conséquence que l'on invoque pour l'effrayer représente toujours plus ou moins l'avenir. Et pour lui qu'est-ce que l'avenir? Il ne connaît que le présent; le présent seul répond à sa pensée impatiente et bornée. Qu'avec le temps il arrive à devenir le juge, prévoyant et responsable, de ses actes, c'est le but et le bienfait de l'éducation. L'erreur est de considérer dès le premier âge cette discipline comme la discipline unique et comme une discipline infaillible. En l'appliquant, sous une forme absolue, uniforme, presque aveugle, à la conduite de l'enfant, on en affaiblit l'effet réel, on en ébranle surtout l'effet moral.

Tous les criminalistes de la pédagogie, — et nous ajoutons bien vite, pour ceux qu'effrayerait le mot, que nous rangeons Rollin en première ligne dans cette catégorie, — tous les criminalistes de la pédagogie posent en principe la nécessité d'une règle. Il n'y a pas d'éducation sans respect, pas de respect sans autorité, pas d'autorité sans règle[1]. Mais ce qui fait la puissance de la règle, c'est bien moins la règle en elle-même que l'idée qu'en conçoit celui qui la subit et que lui en donne celui qui l'applique.

On a mis à l'épreuve ou proposé toutes sortes de procédés pour échapper à la direction du maître. On a pensé

---

1. « Puerum rege », dit Rollin, reprenant un principe de Quintilien « qui, nisi paret, imperat. » (*Du gouvernement intérieur*, etc., chap. 1re part., art. 35.)

confier aux enfants le soin de se juger entre eux. L'idée ne pouvait manquer de séduire l'abbé de Saint-Pierre ; sur cette chimère comme sur tant d'autres, il a une organisation toute prête : un jury choisi parmi les pairs du délinquant au nombre de sept et statuant sous la présidence du régent avec l'appareil d'une cour de justice[1]. Quelques-uns seraient disposés à ne donner au maître d'autre moyen d'action que ce qu'ils appellent « l'opinion générale » : à lui de se créer parmi ses élèves une sorte de parti, tel qu'il n'ait, le cas échéant, qu'à les laisser intervenir pour réprimer les oppositions ou les écarts[2]. D'autres enfin, tenant presque en égale défiance l'intervention des élèves et l'autorité du maître, voudraient, dans la distribution des peines, supprimer toute action personnelle. Ils considèrent, d'une part, que le maître est un homme, et que, excité par la lutte ouverte ou sourde que les écoliers sont toujours prêts à engager, il se laisse aller, même le meilleur, à des excès de sévérité ; ils font observer, d'autre part, que l'élève n'a pas une connaissance suffisamment claire de ses obligations, que la limite qui sépare pour lui les choses permises des choses défendues est vague, qu'aujourd'hui surtout, où les ressorts de l'éducation sont détendus, il se sent comme enveloppé dans une discipline molle qui parfois se resserre tout d'un coup et le blesse ; qu'il y a un intérêt moral supérieur à ce que la loi lui apparaisse non comme une contrainte, mais comme une raison ; et ils demandent qu'il soit promulgué pour les Lycées et les Collèges une sorte de code disciplinaire où seraient expressément spécifiés les délits et les peines, de façon que le maître n'eût plus qu'à prononcer d'après les faits et au vu d'un

---

1. *Projet pour perfectionner l'éducation*, Observation xxʳ.
2. Voir A. Bain, *La science de l'éducation*, chap. v, *L'émulation, les prix.*

texte. Ainsi serait-on assuré contre les exagérations pour la répression des fautes journalières. Quant aux cas graves, ils seraient déférés à une commission permanente de professeurs qui, après avoir entendu le coupable dans ses excuses et moyens de défense, prononceraient l'arrêt[1].

Ce sont là sans doute des suggestions intéressantes. Mais elles ne soutiennent guère l'examen. N'est-ce pas d'abord abaisser singulièrement l'idée de la discipline, que d'en remettre les pouvoirs à des enfants, non par exception et pour une fois, — ce qui peut être tenté avec succès et non sans profit par un maître habile, — mais à l'ordinaire et dans un esprit de système, comme si des enfants étaient en mesure d'être vraiment équitables, d'apprécier la valeur relative d'une faute, de toucher le fond de l'esprit et du cœur du coupable, de donner à la peine le caractère qui la moralise? La discipline est un instrument de précision; même entre les mains d'un maître, elle a besoin d'être réglée. N'est-ce pas, d'autre part, se méprendre sur la force de l'opinion, que de s'imaginer qu'elle puisse dans tous les cas assurer une répression suffisante? Outre qu'il est plus facile en cela, comme on l'a dit finement, de mériter le succès que de l'obtenir[2], celui-là risquerait de n'avoir qu'un bien frêle appui qui dans l'éducation publique compterait toujours sur ce sentiment de faveur. Et que dire de la proposition d'établir un code qui désintéresse, en quelque sorte, les personnes dans la distribution de la justice et place l'enfant comme en présence du marbre de la loi? S'il

---

[1]. Nous empruntons l'idée de cette organisation et les considérations sur lesquelles elle se fonde à un projet rédigé par M. Hérelle, professeur de philosophie au Lycée d'Évreux, et qu'il avait communiqué en partie à M. Francisque Sarcey. (Voir le *XIX° Siècle* des 28 février, 1" et 4 mars 1883.)

[2]. *La science de l'éducation*, chap. v, *L'Influence personnelle du maître*

est bon que l'enfant sache quelle responsabilité il encourt, à quelle punition il s'expose en commettant telle ou telle faute, parce que les surprises sont mauvaises pour sa conscience, il ne s'ensuit nullement qu'un tarif suffise à tout. Est-il possible de déterminer une échelle des punitions d'après les circonstances infinies qui peuvent atténuer ou aggraver le caractère d'un délit? Et est-ce dans cette échelle, si bien graduée qu'elle soit, que l'enfant après l'expiation trouvera la lumière, le réconfort, le soutien dont il a besoin pour se relever?

Cette personnalité que l'on redoute dans l'agent qui représente la règle est précisément ce qui fait la valeur de la règle. Un homme dont j'aime à invoquer l'expérience, parce qu'elle repose sur une connaissance approfondie des intérêts de la jeunesse, l'ancien directeur de l'École Turgot, M. Marguerin, avait introduit dans son école un système de punitions qui n'entraînait pas de peines réelles, et de récompenses qui ne conféraient aucun privilège palpable : l'élève avait l'honneur d'une récompense, la honte d'une punition. Cette comptabilité, tout idéale, était portée chaque semaine sur le livret de l'enfant pour être communiquée à la famille. Lorsque le nombre des punitions atteignait un certain chiffre, qui variait selon l'âge, l'élève était publiquement averti, puis, en cas de récidive, mis à l'ordre du jour, et finalement rendu à ses parents, s'il ne s'amendait point. C'est avec ces mesures toutes comminatoires que M. Marguerin arrivait à élever des centaines d'enfants. L'Ecole Alsacienne fait aussi un très intelligent usage de cette forme de discipline. Les enfants savent qu'après trois avis ils peuvent être privés pendant huit jours du droit de revenir en classe; et avec le plus grand nombre cela suffit. Tant il est vrai que la punition n'a pas toujours besoin d'être effective pour être efficace et qu'elle vaut surtout par le caractère qu'on lui attribue !. Bien plus, les châtiments qui ne sont que châtiments sont peut-être ce qui laisse le moins de trace. La peine accomplie, le souvenir s'en efface ou ne laisse souvent qu'un fond malsain d'humiliation et de colère[1]. Il n'y a de durable et de salutaire que le sentiment de la faute attaché d'une main sûre à la conscience du coupable.

M. Bain est d'accord sur ce point avec Rollin. Dans son étude sur *les règles de l'exercice de l'autorité*, il s'attache moins aux moyens d'appliquer la règle qu'aux conditions suivant lesquelles elle doit s'appliquer. Il s'y montre plein de scrupule; il ne craint pas d'appeler à son aide les lumières des jurisconsultes, et ses recommandations, ajoutées à celles de Bentham, ne comprennent pas moins de trente articles[2]. Toutes les observations de Rollin tiennent en quelques pages; mais ces pages sont d'une justesse exquise. Moins préoccupé, lui aussi, du formulaire disciplinaire que de l'esprit de discipline proprement dit, c'est-à-dire de cette action morale qui pénètre l'enfant, sa principale pensée est d'éclairer le maître et de créer son autorité[3]. Qu'est-ce que l'autorité, et d'où vient que les uns l'obtiennent sans effort, tandis que d'autres, malgré les plus louables résolutions, n'y parviennent jamais? Pourquoi les moyens qui réussissent à ceux-ci échouent-ils entre les mains

---

1. « J'accuse toute violence, dit Montaigne, en l'éducation d'une âme tendre qu'on dresse pour l'honneur et la liberté. » (*Essais*, II, 8.) — « La honte d'avoir mal fait, d'avoir mérité une punition, est la seule discipline qui ait des rapports avec la vertu. » (Locke, *Quelques pensées*, etc., sect. VIII, n° 78.)
2. *La science de l'éducation*, chap. v, *Des règles de l'exercice de l'autorité*.
3. *Du gouvernement intérieur des classes et des collèges*, chap. I, 1re part., art. 3.

de ceux-là? La Bruyère en trouve la cause dans la façon dont on use des peines. « Les enfants, dit-il avec force, savent précisément, et mieux que personne, ce qu'ils méritent. Ils connaissent si c'est à tort ou avec raison qu'on les châtie, et ne se gâtent pas moins par des peines mal ordonnées que par l'impunité[1]. » C'est cette maxime que Rollin semble commenter lorsqu'il met le maître en garde contre la tentation de trop agir et d'agir trop vite. Il veut qu'on choisisse avec calme et sagacité le moment de punir, qu'on laisse un intervalle de réflexion entre l'avertissement et le châtiment, qu'on se donne ce répit en même temps qu'à l'élève, qu'on songe toujours à l'instant qui suivra, à celui où, de part et d'autre, on se demandera si la punition a été bien appliquée et sagement proportionnée. Rien de plus sage que ces observations. Mais l'autorité, la véritable autorité, a des assises plus larges. Ce qui aux yeux de l'écolier constitue le maître, c'est la pleine possession de soi-même, le parfait accord de la conduite et du langage, l'esprit d'exactitude et de justice, un judicieux mélange de bienveillance et de fermeté, tout ce fond de qualités graves et aimables sur lequel repose ce qu'on appelle le caractère. Il n'est pas de réactions naturelles, pas de conséquences inévitables dont on puisse attendre les effets qu'exercent l'air, l'ascendant, la parole d'un homme ainsi établi dans la conscience des enfants. Comme il donne à la récompense sa valeur, il imprime à la peine sa force moralisatrice. Lui seul est capable d'éveiller dans l'esprit de l'élève le sentiment de la faute commise, ce mécontentement de soi qui est le commencement de la sagesse[2], d'accomplir en un mot « l'œuvre de persua-

1. *De l'homme*, 59.
2. « Je ne saurais croire qu'une correction soit utile à un enfant, quand la honte de la subir pour avoir commis quelque faute n'a pas

sion » qui, suivant une heureuse expression de Rollin,
« est la vraie fin de l'éducation[1] ».

Et telle est, au moins dans sa dernière évolution, la
doctrine de M. Spencer. Très absolu dans l'énoncé du
principe sur lequel il se fonde, il se garde bien d'en
pousser à fond les « conséquences inévitables ». Le
sentiment de la réalité morale l'avertit. Rousseau se
flatte ou s'abuse lorsqu'il prétend que c'est l'observation de l'enfance qui lui a inspiré son système. Il n'a
guère vu les enfants que de loin, dans ses rêveries[2],
en solitaire et en doctrinaire, il ne les aime point :
Émile n'est qu'une créature de son imagination. On
sent, au contraire, que tous les exemples allégués par
M. Spencer à l'appui de sa thèse ont été recueillis
dans le courant de la vie, pris sur le vif ; et c'est la rigueur de ces observations de détail, précises et solides,
tout à l'anglaise, qui le ramène dans les voies de l'éducation vraiment psychologique.

Il ne pouvait manquer de rencontrer, son élève avançant en âge, ce qu'il appelle lui-même les cas graves,
c'est-à-dire les cas qui touchent au fond des sentiments
et des habitudes morales, ceux contre lesquels les réactions naturelles ne peuvent rien. Que faire ? Il semble
qu'il ait quelque peine à aborder la difficulté. Il se pose
trois fois la question sans y répondre[3] : il lui en coûte
évidemment de rompre avec la théorie qui l'a conduit
si aisément jusque-là. Son objet principal, sa préoccu-

plus de pouvoir sur son esprit que la peine elle-même. » (Locke, Quelques pensées, etc., sect. III, n° 48, et sect. IV, n° 55.)
1. Du gouvernement intérieur des classes et des collèges, chap. I,
1ʳᵉ part., art. 5, § 2. — Cf. id. ibid., art. 2, 4, 5, 10.
2. « Si j'ai fait quelque progrès dans la connaissance du cœur humain,
dit-il, c'est le plaisir que j'avais à voir et à observer les enfants qui m'a
valu cette connaissance. » (Rêveries d'un promeneur solitaire).
3. De l'éducation, etc., p. 201, 204, 209.

pation dominante, nous l'avons vu, c'est, en éloignant la main des parents, de leur éviter l'*odium* qui s'attache, selon lui, à l'intervention trop souvent renouvelée de leur autorité. Un jour arrive, cependant, où il faut bien rendre à cette autorité son action, et voici comment il y revient. « Nous avons démontré, dit-il, qu'en laissant simplement éprouver à l'enfant les réactions douloureuses de ses mauvaises actions, les parents échappent à cette lutte de tous les jours, dont le résultat le plus clair pour eux est qu'ils sont considérés et traités en ennemis intimes. Il reste à faire voir que dans le cœur de l'enfant à qui cette discipline a été bien appliquée il s'est produit un sentiment d'affection[1]. » C'est par ce sentiment d'affection, par les relations qui en résultent que M. Spencer ramène, pour ainsi dire, le père et la mère à l'enfant, dont il les a d'abord séparés. Dans l'ensemble du système ainsi complété et amendé, la discipline des réactions naturelles n'est plus qu'une sorte de discipline préparatoire, un moyen de donner à la volonté de son élève comme une première façon, de l'aguerrir, par la lutte avec les dangers palpables du monde physique, aux conflits plus troublants de la conscience, de lui faire comprendre, par le contact grossier, parfois violent, des choses, les rapports de cause à effet, avant de l'exercer à appliquer ces rapports aux phénomènes de la vie intérieure. La direction qui semblait si simple alors qu'il ne s'agissait que de laisser faire la nature, devient, il est vrai, M. Spencer n'en disconvient pas, difficile et complexe. Mais ici le philosophe soutient heureusement l'éducateur. Aucun pédagogue finalement n'a mieux établi que l'objet propre de l'éducation est de faire un être apte à se gouverner[2]. C'est

1. *De l'éducation*, p. 205.
2. *Ibid.*, etc., p. 222. — « Le grand but de l'éducation, a dit M. Gui-

par cette définition qu'il conclut : en est-il qui réponde mieux aux besoins de la société moderne ?

Qu'on accepte le fait ou qu'on y résiste, qu'on s'en applaudisse ou qu'on s'en effraye, le monde autour de nous se transforme. Serviteurs et maîtres, ouvriers et patrons, enfants et parents, gouvernés et gouvernants, ne sont plus attachés les uns aux autres par les mêmes liens qu'autrefois. Tous les rapports sociaux changent de caractère. L'autorité n'est plus le principe souverain qui les règle. Dans l'ordre civil et religieux comme dans l'ordre politique, l'idée d'émancipation générale et de mutuelle indépendance s'impose à nos mœurs et pénètre les lois. Fait pour une société plus libre, l'enfant doit être préparé par l'éducation aux pratiques de la liberté. Les maîtres de la pédagogie ont diversement cherché leur point d'appui suivant les pays et les temps. Tandis que Rousseau croyait le trouver dans la nécessité des choses et la fatalité des réactions de la nature, Locke le demandait au sentiment de l'honneur[1], Rollin à la raison et à la piété, à ce qu'il aurait certainement appelé dans sa langue platonicienne, s'il avait eu la connaissance du grec autant que celle du latin : ὁμοίωσις τῷ Θεῷ[2]. A la vérité, de tous ces moyens d'action il n'en est point qui ne puisse s'exercer légitimement sur l'esprit de la jeunesse; le tort des esprits systématiques est de paraître exclure celui qu'ils ne préfèrent pas. Mais, quelle que soit la part faite aux autres mobiles, — car elle sera toujours à faire, — nul doute

---

zot dans le même sens, est d'apprendre à l'homme à s'élever lui-même lorsque d'autres auront cessé de l'élever. » *Méditations et Études morales, Conseils d'un père sur l'éducation*, IV, *De l'éducation qu'on se donne à soi-même* (1811).

1. *Quelques pensées*, etc., sect. IV, nos 56 à 63.
2. *Du gouvernement intérieur des classes et des collèges*, chap. I, 1re part., art. 13; — 2e part., art. 5.

que l'éducation doive aujourd'hui prendre la raison pour principal levier, et, sans se laisser désarmer de l'autorité nécessaire, s'appuyer sur la persuasion, dont parle si judicieusement Rollin, comme sur la force suprême.

Mettre à profit tout ce que la conscience de l'enfant recèle d'aptitudes morales; l'accoutumer à voir clair dans son esprit et dans son cœur, à être sincère et vrai; lui faire faire peu à peu l'essai et comme l'apprentissage de ses résolutions; aux règles qu'on lui a données substituer insensiblement celles qu'il se donne, à la discipline du dehors celle du dedans; l'affranchir non pas d'un coup de baguette, à la manière antique, mais jour à jour, en détachant, à chaque progrès, un des anneaux de la chaîne qui attachait sa raison à la raison d'autrui; après l'avoir ainsi aidé à s'établir chez soi en maître, lui apprendre à sortir de soi, et le pénétrer des grandes idées du devoir, public et privé, qui s'imposent à sa condition sociale; tels sont les principes de l'éducation, qui de la direction de ses tuteurs naturels peut faire passer l'enfant sous la discipline de sa propre direction. En appliquant à l'adolescent ces règles de *self-government*, M. Spencer a certainement contribué à affermir les bases de la science pédagogique et à l'accommoder au caractère des lois nouvelles qui nous régissent. Le jour où il s'est ainsi pleinement conquis lui-même, l'enfant cesse d'être un enfant; il est mûr pour la vie active; il est homme

III

Cette discipline est-elle compatible avec le régime de l'éducation publique? La question est peut-être une de celles sur lesquelles certaines critiques se sont portées avec le plus d'ardeur.

Que l'éducation publique soit impuissante à former le caractère si toutes les forces morales de la famille et de la société n'y apportent leur concours, nous n'y contredisons point; c'est même le point qu'il nous paraît particulièrement utile aujourd'hui de mettre en lumière et que nous nous réservons d'aborder tout à l'heure. Mais il serait injuste de ne pas reconnaître tout d'abord ce qu'elle fait par elle-même sous les diverses formes dont elle est susceptible — pensionnat, demi-pensionnat, externat — et le caractère de son action.

Le premier sentiment que l'enfant tire de ses rapports permanents avec d'autres enfants, tous élevés comme lui, est celui d'une égalité morale absolue. Entre lui et ses camarades, quelles que soient les distinctions de la naissance et les disproportions de la fortune, point de différence[1]. C'est un des traits les plus sensibles

---

1. Rollin, l'un des premiers, en a fait la remarque. « Ici, dit-il (*Du gouvernement intérieur des classes et des collèges*, chap. I, 2ᵉ part., art. 2), les rangs sont réglés non par la naissance ou les richesses, mais par l'esprit et le savoir. Le roturier se trouve de niveau avec le prince, et pour l'ordinaire le devance beaucoup. » — A côté de Rollin il n'est que juste de citer Mme de Maintenon. Toutes les distinctions étaient proscrites à Saint-Cyr, si ce n'est celles que créait le mérite. On y était « sans égard au plus ou moins de naissance, aux protections, aux agréments naturels ». (*Règlements et usages des classes*, p. 28). « Je

peut-être et les plus humains de nos mœurs scolaires. Nous ne connaissons pas les institutions du *fag* et du *tug*, si chères aux écoliers de Winchester, d'Éton et de Cambridge. On sait que la vie de l'étudiant anglais se partage en deux périodes, celle où il sert un camarade plus âgé que lui, et celle où il est servi par un camarade plus jeune : au *fag* incombe le soin de faire le ménage de son maître, de nettoyer les pots et les gobelets, de porter les livres, d'assister aux jeux pour ramasser les balles, d'aller aux provisions, de mettre le couvert, de faire rôtir le pain ; heureux quand, pour sa peine, il ne reçoit pas au passage quelque rebuffade ! Qu'il y ait dans l'organisation du *fagging* l'égalité d'une sorte de vassalité subie et exercée tour à tour, nous n'en disconvenons pas, et nous n'ignorons point non plus que, dans l'usage, la domesticité du *fag* a beaucoup perdu de ses rigueurs primitives[1]. Mais comment être assuré, même aujourd'hui, que le commandement presque sans contrôle remis à un enfant sur un enfant est toujours pratiqué dans des conditions qui ne laissent aucun ferment de rancune[2] ? Quant au *tug*, c'est-à-dire

vois avec un extrême plaisir », écrivait Mme de Maintenon aux institutrices, « que, malgré le respect, la reconnaissance et la sincère affection que vous avez pour le roi, vous ne distinguez point les filles que vous tenez directement de sa main ; j'ai même le plaisir de voir mes parentes oubliées, et que vous ne comptez ni protection, ni recommandation, ni élévation de naissance, mais leurs seules vertus et leurs plus grands besoins. » (*Lettres édifiantes*, t. VI, p. 39.)

1. Voir Tom Brown, *Scènes de la vie de collège en Angleterre*, ouvrage imité de l'anglais avec l'autorisation de l'auteur, par J. Levoisin (Paris, Hachette, 1876). — Les brimades de nos grandes écoles, qu'on a parfois rapprochées du *fagging*, et dont l'usage, aujourd'hui heureusement presque aboli, n'était pas plus recommandable, n'ont jamais été qu'un accident passager dans la vie des élèves, une sorte de saturnale, non un système d'éducation.

2. « Dans les maisons où la surveillance est relâchée ou insuffisante, le système du *fagging* a donné lieu souvent à des scènes d'une tyrannie révoltante. Les peines dont disposent les anciens à l'égard du *fag* sont cruelles. Il en résulte un véritable régime de terreur. » (J. Demogeot et H. Montucci, *De l'enseignement secondaire*, etc., chap. IX.) — Cf. *id.*

au *colleger* logé, nourri, instruit gratuitement, il faut l'avoir vu pour se figurer avec quel mépris il est traité par l'*oppidan* ou pensionnaire payant. « Un *tug* vient-il à s'aventurer dans une pension d'*oppidans*, on le voit bientôt redescendre précipitamment l'escalier, sa grande robe flottant en désordre derrière lui, accablé sous une grêle de projectiles, bottes, bottines et pantoufles, qui s'abattent de toute part sur ses épaules et son chapeau[1]. » La cause de ce mépris, dit naïvement M. Richard Brinsley, c'est que les *tugs* appartiennent, pour la plupart, à des familles peu fortunées, qu'ils portent des robes, qu'ils n'ont pas le droit d'entrer dans les canots, qu'ils remplissent des offices dégradants, qu'ils vivent à part, que leur nourriture même est de moins bonne qualité[2]. Rien ne peut relever le *tug* de cette sorte de déchéance, ni sa valeur, ni ses succès[3]; plus tard la société rétablit l'équilibre, et le *scholar*, fût-il *tug*, y trouve la considération qu'il mérite; mais au Collège, quoi qu'il fasse, il reste de race inférieure. Il n'est point de préjugé auquel nos instincts répu-

---

Appendice nº 4, *Arguments du docteur Thomas Arnold en faveur du service domestique fait par les élèves.*

1. *L'internat et la vie de collège*, déjà cité.

2. *Sept ans à Eton*, déjà cité. — « Les étudiants ne vivent pas sur le pied de camarades tous égaux entre eux : ils sont rangés en catégories qui correspondent aux différentes classes de la société anglaise. Ainsi, à Cambridge, on distingue quatre ordres : les *noblemen*, fils aînés de pairs; les *fellow-commoners*, cadets de familles nobles ou fils aînés de baronnets; les *pensioners*, étudiants roturiers et payants; enfin, les *sizars* ou étudiants boursiers. Les deux premiers ordres se distinguent par l'habit et par certain privilèges. Les *noblemen* dînent sur une estrade au milieu de leurs condisciples; ils sont dispensés du stage qui doit précéder la présentation aux examens, etc. Autrefois les boursiers balayaient les salles, faisaient le service de la table, etc. Ces travaux étaient censés payer leur instruction. » (Marguerin et Motheré, *De l'enseignement des classes moyennes en Angleterre*, chap. I, p. 5.)

3. « Ce sont les boursiers en général qui soutiennent l'honneur de l'établissement à l'Université et dans les concours; ce sont eux qui accaparent les prix et les distinctions. Ils forment, suivant l'expression des maîtres, « l'élite et la crème de l'école. » (J. Demogeot et H. Montucci. *De l'enseignement secondaire*, etc., chap. VI, p. 36.)

gnent plus invinciblement. Nos boursiers, connus comme tels par tous ceux au milieu desquels ils vivent, maîtres et camarades, ne sont pas moins bien traités que les autres. On serait même disposé parfois — les exemples ne sont pas rares — à les considérer avec plus d'égards, par cela seul que leur situation mérite plus d'intérêt. « Le principal, disait déjà Rollin de son temps, leur doit un soin particulier. Ils sont les enfants de la maison, et les Collèges, à l'origine, ont été fondés pour eux; on doit toujours s'en souvenir[1]. »

Ce sentiment d'une égalité de raison qui corrige les inégalités du sort est fortifié par le respect mutuel d'un des plus généreux principes de la société moderne, je veux dire le principe de la tolérance. La législation qui attribuait aux écoles primaires un caractère confessionnel[2] n'a jamais été appliquée aux établissements d'instruction secondaire. Les opinions, les croyances les plus diverses se sont de tous temps coudoyés sur les bancs du Lycée. Si ce rapprochement ne prévient pas toujours la division des esprits, lorsque la vie met aux prises les intérêts et les passions, le souvenir qu'il laisse en atténue du moins en partie les effets. Ce qui fait la force de ce sentiment, c'est qu'il a pour base la pratique quotidienne de la franchise. Sur ce point il n'est presque besoin de rien prescrire aux enfants; il n'y a qu'à ne les pas empêcher d'être ce qu'ils sont en général naturellement. « La feintise et la politique ne sont pas de cet âge, suivant la judicieuse remarque

---

1. *Du gouvernement intérieur*, etc., chap. i, 2ᵉ part., art. 3. « Le principal, trouvons-nous quelques lignes plus bas, doit empêcher surtout que les riches n'aient du mépris pour eux (les boursiers), et pour cela leur témoigner lui-même de l'estime et de la considération. » — Cf. l'abbé de Saint-Pierre, *Projet pour perfectionner l'éducation*, Observation xxiv.
2. Loi du 15 mars 1850, art. 36.

d'un contemporain de Montaigne : l'escholier a de soi le cœur ouvert et droit. » Celui qui se ferme, qui se retranche et dissimule, celui-là est mal vu et durement qualifié. Le monde adoucit plus tard ces âpretés de langage ; mais lorsque le fond de probité sur lequel cette loyauté repose a été bien établi par l'éducation publique, ce qu'elle a d'éminemment moral résiste et demeure.

L'éducation publique est en outre une école de justice. L'instinct de la justice, inné chez l'homme civilisé, est particulièrement gravé dans le cœur de l'enfant. Sur ce point la logique de ses impressions ne le trompe pas. Il se l'applique à lui-même, quelque sévère qu'elle soit ; il l'applique à ses camarades, il l'applique à ses maîtres. C'est par là d'ordinaire qu'il les apprécie. Les autres faces du caractère de l'homme lui échappent. Il se fait juge de son équité, et il est rare qu'il ne soit pas bon juge, parce que l'équité est la règle souveraine de la vie écolière. Un maître juste, fût-il sévère, est toujours respecté, et il n'est pas rare qu'on l'aime. Un maître d'un esprit partial ou d'un caractère inégal, qui semble n'avoir ni suite ni mesure, n'est ni respecté ni aimé ; il n'a d'autre ressource que de se faire craindre. Tout ce qui blesse chez l'enfant ce besoin de justice, le trouble et parfois le révolte ; tout ce qui paraît y donner satisfaction le met à l'aise. Incapable d'exercer sûrement l'autorité, l'enfant se rend exactement compte de la façon dont on l'exerce. C'est en ce sens que M. Bain a pu dire que les décisions d'un bon maître ne doivent jamais se trouver en désaccord avec le sentiment de sa classe[1]. Le chancelier d'Aguesseau racontait à son fils que

1. Voici le passage entier : « Le principe du jury d'élèves proposé par Bentham pour l'attribution des récompenses, dit M. Bain, quoiqu'il

c'est au Collège qu'il avait éprouvé quelques-unes des plus fortes impressions de sa jeunesse, et qu'elles avaient plus d'une fois, par ressouvenir, illuminé sa conscience de magistrat. S'il faut en croire Rousseau, c'est le ressentiment d'une injustice dont il avait eu à souffrir à six ans qui lui inspira la passion de la justice pour toute sa vie.

Il n'y a qu'une sorte de privilège que l'écolier soit disposé à reconnaître : c'est celui de la supériorité. L'enfant s'incline devant toutes les supériorités, devant celle de la force comme devant celle de l'intelligence; il subit l'une, il estime l'autre et la respecte, qu'elle éclate dans les dons de nature ou qu'elle se marque par l'application. Talleyrand disait finement que dans l'éducation domestique tout porte à la tête ; on s'enivre de l'éloge[1]. Au grand air de l'éducation commune ces vapeurs se dissipent, et les choses reprennent leur mesure. Les écoliers ne s'étonnent pas qu'il y ait dans une classe des premiers et des derniers. La distinction les touche. Ont-ils l'idée que ce qui fait le caractère de cette élite, c'est qu'il n'est interdit à personne d'y pren-

ne soit pas formellement reconnu dans les méthodes d'éducation modernes, est toujours appliqué tacitement. L'opinion d'une classe, lorsqu'elle a toute sa valeur, est l'accord du jugement de la tête avec celui des membres, du maître et des élèves... Le véritable régulateur est la présence de toute la classe réunie; le maître ne parle pas en son propre nom, il ne fait que diriger le jugement d'une multitude avec laquelle il ne doit jamais se trouver en désaccord. » (*La science de l'éducation*, chap. v, *l'Émulation*.)

1. Nul peut-être n'a été plus sévère pour l'éducation privée que M. de Bonald. « L'éducation privée, dit-il, présente dans le très jeune âge de petits prodiges. Mais à trente ans ils ne savent rien, et je veux qu'ils ne sachent rien à neuf ans pour savoir quelque chose à trente. Je me défie beaucoup de ces petits merveilleux qui ont tout vu, tout appris, tout fini à onze ans ; qui entrent dans la société avec une mémoire sans jugement, une imagination sans goût, une sensibilité sans direction, et qui, mauvais sujets à seize ans, sont nuls à vingt. » — Cf. Rollin, *Du gouvernement intérieur*, chap. I, 1ʳᵉ part., art. 2 et l'abbé de Saint-Pierre, *Projet pour perfectionner l'éducation*, chap. XII.

dre place, et que le rang de chacun s'élève ou s'abaisse suivant ses mérites? Toujours est-il que cette idée est conforme à celle qui préside au développement de l'aristocratie du monde moderne, — aristocratie qui n'appartient en propre à aucune caste, qui se renouvelle ou se crée tous les jours par les services rendus et le travail, et qu'un pays doit avoir à cœur de soutenir, non seulement comme l'expression la plus pure de sa force intérieure, mais comme la garantie de sa durée : une démocratie qui se défierait de l'élite sortie de son sein ne tarderait pas à succomber sous sa propre faiblesse, faute d'hommes.

De ces divers sentiments procède un autre sentiment qui les relie tous et qui contribue puissamment à préparer la jeunesse à la vie. L'éducation isolée ne saurait lui donner une idée suffisamment juste des relations de l'existence commune, et l'on se demande comment Rousseau arrivait à concilier les principes de l'*Émile* avec les théories du *Contrat social* : Émile élevé seul et pour lui seul semble fait pour vivre seul. La destinée qui attend l'enfant exige qu'il s'apprenne à vivre avec les autres. Or c'est seulement dans le milieu de l'éducation publique, dans ces associations résultant non d'un libre choix, mais d'un rapprochement tout à la fois fortuit et inévitable, qu'il peut se rendre compte des liens qui unissent les membres d'une communauté, des rapports qui les engagent les uns à l'égard des autres, des devoirs qui les obligent entre eux. Les éléments de morale sociale qui, dans nos programmes d'enseignement, font partie du cours de philosophie, sont pour le jeune homme une introduction théorique à l'existence active. La vie de collège en est pour l'enfant l'apprentissage réel. Dans ce courant d'actions et de réactions réciproques, l'expérience lui apprend, au

jour le jour, comment se limite le droit, à quel titre
s'impose le devoir, ce que produisent les fautes ou les
mérites individuels, ce qu'entraînent les responsabilités
collectives, quels sacrifices l'intérêt général commande.
Ainsi se révèle à sa conscience, par des exemples à sa
portée, par des effets dont le caractère se grave, une
des lois essentielles de l'ordre moral, loi complexe et
délicate entre toutes, la loi de la solidarité[1].

Aux avantages qui résultent, pour la formation du
caractère, des relations journalières des enfants entre
eux s'ajoutent pour le développement de l'esprit ceux
qui tiennent à la communauté des études. Ici encore,
est-il besoin de le répéter? il s'agit du bienfait de
l'éducation publique en général et quelle qu'en soit la
forme, pensionnat, demi-pensionnat ou externat.

Rollin considère qu'il n'est rien de plus sain pour le
tempérament de la jeunesse que l'exactitude dans le
devoir qui, chaque jour, s'impose avec une égale autorité. Il rappelle que, dans l'ancienne Université, il était
d'usage de lire et d'expliquer les Statuts deux fois par
an en présence de tous les maîtres et de tous les écoliers, afin de les bien pénétrer les uns et les autres
de l'esprit de la règle, et il se félicite que, de son
temps, le Parlement ait rétabli cette coutume[2]. Il aimait à s'y conformer. Plus d'une page du *Traité des
Études* n'est sans doute que la reproduction du commentaire qu'il donnait de ses principes de gouvernement. Il n'est point à ses yeux de pratique insignifiante,
point de petite prescription. Son imagination, nourrie
des souvenirs de l'antiquité, ne recule pas devant un

---

1. Voir sur ce point les observations judicieuses et fines de M. H.
Marion (*De la solidarité morale*, 2ᵉ édition, 1883, 1ʳᵉ part., chap. I à IV).
2. *Du gouvernement intérieur*, etc., 2ᵉ part., chap. I, art. 5.

rapprochement « avec les lois qui n'ont fait la grandeur du caractère du peuple romain que parce qu'elles étaient minutieusement et religieusement observées ». La même réflexion se retrouve à deux siècles de distance dans un philosophe imbu des idées modernes. C'est en s'appuyant également sur l'exemple des Romains que M. Bain soutient la nécessité d'un certain formalisme dans les règles des institutions qui ont pour objet d'exercer une action sur l'âme humaine[1]. Pour l'enfant, en effet, cette régularité, dont on peut lui rendre compte, dont il arrive à se rendre compte lui-même, est le premier élément d'une saine hygiène intellectuelle et morale ; c'est le plus ferme fondement de l'habitude.

Il est facile de railler l'habitude. Entraîné par l'esprit de paradoxe, Rousseau n'y manque pas. La seule habitude qu'il permette à Émile, c'est de n'en point avoir[2]. Combien Montaigne était mieux inspiré par l'expérience, lorsqu'il disait : « C'est une violente et traîtresse maîtresse d'eschole que la coustume ; elle establit en nous peu à peu, à la desrobée, le pied de son auctorité... : le principal effect de sa puissance, c'est de nous saisir et empiéter de telle sorte qu'à peine sert-il de nous ravoir de sa prinse et de rentrer en nous, pour discourir et raisonner de ses ordonnances[3] ! » De là l'importance qu'elle a dans l'éducation. Bien plus que l'homme encore, l'enfant en subit la contrainte. L'habitude est la loi de son activité. S'il ne se fait pas cette loi lui-même, ce sont les autres qui la lui font ; s'il ne se crée pas de bonnes habitudes, il en contracte

---

1. *La science de l'éducation*, chap. v, p. 67, *Des règles de l'exercice de l'autorité.*
2. *Émile,* liv. I, p 79.
3. *Essais,* I, xxii.

de mauvaises. L'abbé de Saint-Pierre, qui semble ne se reconnaître dans ses idées que lorsqu'il les a marquées d'un numéro, ramène à cinq celles que l'écolier doit prendre au Collège, et il les énumère dans l'ordre suivant : l'habitude à la justice, l'habitude à la prudence, l'habitude à la prévoyance, l'habitude à la vérité, l'habitude à se graver dans la mémoire les idées et les faits[1]. Observateur plus profond et plus judicieux que l'abbé, qui se piquait pourtant d'esprit pratique, Rollin s'attache au principe même de l'habitude, c'est-à-dire à la force morale qui consiste à se conformer à l'ordre général des choses, à s'accoutumer à faire ce qu'il faut faire en temps utile et comme il faut le faire : en un mot, à se régler. Sachant ce que produit cet effort éclairé et persévérant, il sait aussi ce qu'il exige. L'habitude, répète-t-on volontiers, est une seconde nature. Mais il n'en va pas si vite pour se faire cette seconde nature, et c'est ce qui constitue le profit de la lutte. Qu'on regarde l'enfant, alors qu'il y engage pour la première fois sa frêle volonté : il subit une véritable crise. Ce qui le soutient, c'est qu'il touche presque aussitôt le prix de sa peine. Le premier pas franchi lui rend le second facile. Chaque étape lui apporte un surcroit de puissance sur lui-même, et il finit par ne ressentir plus que le plaisir de son effort[2]. « A quoi on a été une fois capable, on n'est plus incapable[3]. » Un des hommes de ce temps qui ont le plus efficacement contribué à l'avancement des questions pédagogiques, sans prétention à la pédagogie, Ch. Renouard, aimait à raconter dans les écoles l'histoire « de la femme de village qui, ayant apprins de caresser et porter en

---

1. *Projet pour perfectionner l'éducation*, chap. II à XII.
2. Voir Locke, *Quelques pensées*, etc., sect. V, n° 66.
3. Montaigne, *Essais*, I, XXII.

ses bras un veau dez l'heure de sa naissance et continuant tousiours à ce faire, gaigna cela par l'accoutumance que, tout grand bœuf qu'il estait, elle le portait encores[1] ».

De tous les stimulants qui peuvent contribuer à développer l'habitude au Lycée, il n'en est pas de plus actif que le travail, — le travail dans son aimable austérité. On comprend notre pensée. Ce que certaines écoles appellent le travail attrayant est une chimère et un danger : une chimère, car les résultats de l'application ne valent que ce qu'ils coûtent ; un danger, car on trompe l'énergie naturelle de l'enfant par un simulacre d'efforts auquel il ne se laisse pas prendre longtemps. Tout travail doit être une victoire remportée sur la volonté : c'est par là qu'il est un acte de liberté et contribue au développement de l'être moral ; c'est par là aussi qu'il devient même pour l'enfant qui en recueille le bienfait sans en analyser le caractère, la source des satisfactions les plus délicates[2]. Or le travail est comme l'air ambiant de l'éducation publique. A l'exemple des camarades s'y joint celui des maîtres. « Le meilleur moyen pour les sous-maîtres d'inspirer aux écoliers de l'estime, disait le règlement de 1769[3], c'est de travailler eux-mêmes pendant le temps des études, sans préjudicier, d'ailleurs, à la vigilance qu'ils doivent avoir[4]. » Ainsi en est-il, à plus forte raison, du professeur. Les grades qu'il conquiert, les travaux aux-

---

1. Montaigne, Essais, I, xxii
2. *Studium discendi voluntate, quæ cogi non potest, constat.* (Quintilien. I, chap. iii.)
3. Art. 15.
4. Qu'il nous soit permis de constater que, dans les Lycées de Paris, tel est bien le caractère de la fonction. Sur les 218 maîtres qui en composent aujourd'hui les cadres, 176 aspirent à l'enseignement, 57 à des carrières diverses ; et 103 sont pourvus de diplômes supérieurs au simple baccalauréat.

quels il se livre augmentent son action bien au delà de ce qu'ils représentent pour la valeur propre à son enseignement. Tout en lui sert de modèle. Pour peu qu'à l'autorité de la science il joigne celle du caractère, il n'est pas de miracle qu'il ne puisse opérer. Ceux qui ont suivi d'un peu près le développement intellectuel et moral de la jeunesse le savent comme nous : il y a deux choses qui marquent dans la vie d'un écolier, un livre et un maître : un livre qui, s'emparant fortement de son intelligence, la lui révèle, pour ainsi dire, et lui donne le sentiment de ses forces; un maître qui, par un éloge justifié, même par une critique sévère, mais opportune, pénètre jusqu'au fond de son esprit et de son cœur. Il n'est pas de bon professeur qui n'ait provoqué ces sortes d'évolution qui décident parfois de tout un avenir. Or, si je ne connais pas de joie plus noble pour un maître que celle de voir un élève grandir, se développer, remplir son attente, la dépasser même, et de pouvoir se dire : j'y suis peut-être pour quelque chose; — je ne sais pas non plus de sentiment plus salutaire, plus moralisateur, que celui de l'élève qui a la conscience de ce qu'il doit à son maître. Les vicissitudes de l'existence peuvent rapprocher les rangs, les intervertir même; cette empreinte de gratitude et de respect demeure ineffaçable, pour le plus grand profit de celui qui tient à honneur de la conserver.

C'est l'ensemble de ces dispositions morales qui constitue chez l'enfant « cette belle humeur » dont, à Port-Royal, Lancelot faisait la première condition de l'éducation; et, il faut bien l'ajouter, la belle humeur n'a jamais été plus nécessaire qu'aujourd'hui. Le caractère se ressent infailliblement des malaises de l'intelligence. Or, nous ne pouvons le méconnaître, nos programmes d'études ne se prêtent pas suffisamment à une gradation de travail patient et mesuré. Il n'est pas une réforme qui n'ait eu pour objet de les restreindre et pour effet de les étendre. Ce ne serait pas trop de la journée de Gargantua « couché à la dixième heure de l'après-midi et levé à la quatrième de la nuit » pour en remplir les cadres. Le mal vient de loin, nous l'avons démontré, et il est le même dans presque tous les pays. Dans tous les pays aussi on cherche à l'atténuer. Qui n'est touché aujourd'hui chez nous de la nécessité de moins demander à l'enfant et de mieux choisir dans ce qu'on lui demande? Certains esprits seraient même portés, par excès de réaction, comme il arrive, à n'exiger plus assez, dans la crainte d'exiger trop. L'expérience et la bonne volonté de tous trouveront, il faut l'espérer, le point de la sagesse. Toutefois, si allégé que soit le poids de l'enseignement, l'éducation, il n'y a pas à se faire illusion, ne peut plus être, comme autrefois, une œuvre de loisir, destinée à germer lentement, à mûrir au gré du temps et du soleil. On pousse aux résultats, et on les veut prompts. L'habitude de voir l'industrie produire presque instantanément des merveilles nous induit à penser que la nature doit en faire autant; on gourmande ses lenteurs, on brusque ses temporisations. Pour soutenir cette sorte d'entraînement, pour parer à la déviation des intelligences et des caractères, qui en est le péril, rien ne peut être plus utile que le régime du travail commun : il oblige ceux qui le dirigent à ne pas dépasser la mesure au delà de laquelle la moyenne des esprits ne les suivrait pas ; il entretient chez les enfants eux-mêmes cette agilité d'esprit qui préserve la volonté des défaillances. Un pédagogue étranger me disait un jour avec une spirituelle bonhomie : « Les études sont devenues pour la jeunesse la première campagne, et, en campagne, les soldats romains, animés les uns par les autres, supportaient allègrement le poids d'un armement qui, dans la vie ordinaire, les eût accablés. »

De cette communauté d'études se dégage encore une autre et très pénétrante influence. A travers les variations des programmes, notre enseignement classique a conservé son caractère essentiellement moralisateur. En faisant aux sciences la place qui leur était due, les lettres n'ont pas perdu leur privilège de mères nourricières, comme on disait au seizième siècle. C'est que, tandis que les unes représentent une des plus belles applications de l'esprit humain, les autres sont l'esprit humain lui-même. Poètes, historiens, orateurs, philosophes de tous les temps et de tous les pays ont pour fond commun d'observation l'âme humaine avec ses instincts, ses passions, ses problèmes éternels. Ces problèmes et ces passions sont pour l'homme l'objet des méditations de la vie, et la jeunesse n'en peut recevoir que l'impression première ; mais cette impression est d'autant plus vive, qu'elle a été ressentie avec d'autres, partagée et communiquée. Plutarque, qui tenait école de morale, — école publique et école privée, — n'admettait dans la seconde aucun auditeur qui n'eût passé plus ou moins de temps dans la première. Ceux-là seuls lui semblaient en mesure de profiter de ses consultations intimes, qui avaient eu d'abord l'initiation d'un enseignement général. A son avis, rien ne vaut pour les premiers efforts de la réflexion et de la pensée le concours que se prêtent les uns aux autres, même inconsciemment, des jeunes gens réunis sous une commune direction. Il comparait ces assemblées aux chœurs de danse où tous les danseurs se tenant par la main sont entraînés dans le même rythme. Tout autre, en effet, est le profit d'un texte expliqué dans un froid tête-à-tête, ou commenté avec un auditoire participant à ce branle que Plutarque décrit si ingénieusement. Les écoliers ont eux-mêmes le sentiment très net de ce qu'ils appellent une bonne classe, c'est-à-dire de ces jours particulièrement heureux où, sous la parole émue du professeur, il semble qu'il passe à travers les bancs comme un frisson d'attention communicative. A quel maître n'est-il pas arrivé de retrouver un élève qui ne paraissait que faire nombre et qui dix ans, vingt ans après sa sortie du collège était tout rempli du souvenir de quelques vers de Sophocle, d'une page de Tacite, d'une scène de Corneille ou de Molière, dont l'explication bien menée avait, pour ainsi dire, fait battre à l'unisson tous les esprits? Les germes le plus obscurément éclos à la chaleur de ce foyer commun ne sont ni les moins sûrs, ni les moins féconds.

Tel est, dans ses traits essentiels, le concours que l'on peut attendre de l'éducation publique. En même temps qu'elle inculque à l'enfant les idées d'égalité, de tolérance, de loyauté, de justice, de respect pour la supériorité de l'intelligence et du caractère, de solidarité, qui sont comme le viatique du monde moderne, elle lui crée, par l'habitude de la règle, du travail, de l'effort aisément soutenu, de la vie morale puisée aux mêmes sources, le tempérament d'esprit et de cœur qui lui permettra d'en supporter les épreuves.

Mais si les grands courants qui résultent des communs exercices contribuent à développer certains sentiments, suffisent-ils pour donner à chaque caractère la direction particulière dont il a besoin?

Nous le reconnaissons volontiers avec M. de Laprade, « on ne peut faire des classes de caractères, comme on fait des classes de latin et de mathématiques[1] ». Mais, lorsque l'auteur de *l'Éducation libérale* ajoute qu'il faut, pour cet enseignement, autant de professeurs et autant de méthodes que d'élèves, et surtout lorsqu'il conclut que « le caractère ne peut être formé que dans le sanctuaire de la famille », il nous semble qu'il dépasse la mesure. Si cette conclusion était absolument fondée, combien d'enfants seraient condamnés à n'avoir pas d'éducation! Poussant plus loin encore la critique du collège, Locke n'admet pas que l'instruction même soit donnée par un autre que par le père ou par un précepteur remplaçant le père, et il se refuse à comprendre que l'enfant « ait rien à gagner à vivre, plus ou moins de temps, au milieu d'une troupe de camarades de toute espèce, qui ne sauraient lui apprendre qu'à se quereller à propos de toupies et à tricher au jeu pour un liard[2]. » De tels paradoxes se réfutent d'eux-mêmes[3].

Ce qui est vrai, c'est qu'on ne peut espérer de ne trouver dans un établissement d'éducation, public ou libre, que de bonnes natures et de bons exemples[4]. Ce

1. *L'éducation libérale*, 2ᵉ partie, chap. IV. — Voir *L'éducation et l'enseignement en matière d'instruction secondaire*, par Timon (M. de Cormenin, Paris, 1847).
2. *Quelques pensées*, etc., sect. VII, nᵒˢ 70 et 71.
3. Cf. l'abbé de Saint-Pierre, *Projet pour perfectionner l'éducation*, chap. XIII.
4. M. A. Bain fait sur ce point une observation qui mérite d'être relevée : « Les mouvements tumultueux auxquels toute multitude est sujette constituent la plus grande difficulté dont le maître ait à triompher. Des êtres humains pris en masse se comportent tout autrement que ces mêmes êtres pris un à un, et il se produit parmi les premiers toute une série nouvelle de forces et d'influences. Un homme seul en présence d'une multitude est toujours au poste du danger. Tout individu qui n'est qu'une unité dans une masse prend un caractère entièrement nouveau. La passion antisociale ou malveillante, le plaisir de triompher, qui n'existe plus chez l'individu en présence d'un autre plus puissant que lui, se réveille et s'enflamme quand il se sent soutenu par d'autres. Toutes les fois qu'une attaque générale devient possible, l'autorité d'un homme isolé pèse bien peu dans la balance. » (*La science de l'éducation*, chap. V, *De l'influence personnelle du maître*.)

qu'on ne peut contester davantage, c'est que, capables d'élans généreux, les foules, quelles qu'elles soient, sont sujettes aussi à des entraînements dangereux, et que le cœur humain s'y transforme pour le mal comme pour le bien, au Collège ainsi qu'ailleurs. N'a-t-on pas vu, au Lycée Louis-le-Grand, les élèves mutinés former, sous prétexte de solidarité, une sorte de ligue, impénétrable à tous les efforts du raisonnement personnel et des sentiments particuliers? Ce sont là des effets déplorables. Mais ils ne prouvent rien contre la discipline de la vie commune, sinon que les règles sur lesquelles elle repose ne peuvent avoir toute leur force et leur véritable moralité qu'à la condition que chacun en comprenne la raison et s'en applique la nécessité, ou, en d'autres termes, qu'à l'effort de la direction d'ensemble se joigne celui d'une direction individuelle; c'est-à-dire qu'en habituant l'enfant à vivre au milieu d'autres enfants, pour s'imprégner de tout ce qu'il peut puiser d'utile et de sain dans leur commerce, il faut l'exercer du même coup à se tirer de la presse, comme dit Montaigne, à se faire sa responsabilité propre, à résister loyalement aux mauvaises camaraderies et au faux respect humain.

Cet affranchissement des erreurs communes exige de sa part, sans doute, deux sérieux efforts de travail intérieur : la réflexion et l'activité; la réflexion qui se rend compte, l'activité qui se décide, — nul n'arrivant à se conduire qu'à ce prix. Elle exige en même temps chez le maître qui doit l'aider le discernement, l'esprit de suite, une grande fermeté tout à la fois et une grande souplesse de moyens. Il en est, en effet, des caractères comme des intelligences : l'accès en est plus ou moins ouvert, et il n'est pas le même pour tous. Mais, en faisant la classe pour trente élèves à la fois, le professeur habile dirige les exercices d'après la connaissance qu'il a de chacun d'eux et dans le sens où il a le plus de chances d'en faire recueillir à tous le profit. Ainsi de l'éducateur. Il étudie les caractères, il s'ingénie pour approprier le secours au besoin et assurer à l'enfant dans la vie commune dont il suit les règles le développement de sa vie particulière[1]. Ce qui caractérise surtout cette direction, c'est qu'il n'est rien qui n'y serve. L'instruction se donne à heures fixes; l'éducation se fait partout: « le matin et le vespre, disait Montaigne, le travail et le jeu, toutes heures luy sont unes, toutes places luy sont estudes[2] ». Que l'œuvre soit délicate, cela est certain. Les difficultés commencent dès le moment qu'elle s'applique à deux enfants à la fois, et elles s'accroissent en raison du nombre. Nul n'a eu un sentiment plus vif que Rollin[3]; mais à Dieu ne plaise qu'il les considérât comme insurmontables! M. de Laprade n'en disconvient pas lui-même. Il va jusqu'à considérer comme presque impossible de bien élever un enfant unique. Tout au contraire de Rousseau, il donne à son élève des frères et des sœurs; il groupe autour de lui les parents, les amis, les camarades que la famille choisit en partie, que donnent parfois en dehors d'elle les rencontres de la vie : tant il est vrai que cette double action de la dis-

---

[1]. Quelques jours après la révolte du Lycée Louis-le-Grand, affranchis des influences communes auxquelles ils avaient cédé et rendus chacun à son impulsion propre, les mêmes jeunes gens qui s'étaient laissé entraîner au désordre témoignaient à leur digne chef, cruellement frappé dans ses affections, les plus vifs sentiments de repentir et de respect. Nous aimons à signaler ce prompt retour, à leur honneur d'abord et aussi à l'honneur de l'éducation publique.

[2]. *Essais*, I, xxv.

[3]. « Vouloir mettre tous les enfants de niveau et les assujettir à une même règle, c'est vouloir forcer la nature. » (*Du gouvernement intérieur*, etc., chap. I, 1ʳᵉ part., art. 2.) — Cf. Guizot, *Méditations morales, Conseils d'un père sur l'éducation : des moyens que doit apporter dans l'éducation la variété des caractères*.

cipline générale et de la discipline individuelle, l'une et l'autre nécessaires à la formation du caractère, n'est pas incompatible avec l'éducation commune !

IV

Au fond, c'est l'internat que l'on attaque. Les uns considèrent qu'il ne peut produire sur le caractère de la jeunesse que d'irrémédiables déviations[1], les autres que, s'il n'en est pas la cause, il est au moins impuissant à en prévenir les effets.

Nous nous sommes déjà expliqués sur l'internat. Nous n'en aimons pas le principe, nous travaillons à en réduire l'usage ; mais il nous paraît impossible d'en supprimer l'institution[2]. Toutes les familles n'ont pas les loisirs, les ressources, les facilités nécessaires pour assurer à leurs enfants chez elles ou auprès d'elles l'éducation qui leur agrée. Il n'en est point des lycées comme des écoles primaires; il n'y a que les centres de population relativement considérables qui en possèdent; ceux des grandes villes sont dispersés, souvent insuffisants. Anéantir pour les jeunes gens bien doués par la nature, moins bien traités par la fortune, le seul moyen qu'ils puissent avoir de s'élever, ce serait tout à la fois commettre envers eux une sorte de déni de justice et frustrer la société du bénéfice de

---

1. *De l'internat et de son influence sur l'éducation de la jeunesse*, Mémoire lu à l'Académie des sciences morales et politiques dans la séance du 29 juillet 1871, par H. Sainte-Claire Deville. — Cf. J. Simon, *la Réforme de l'enseignement secondaire*, 3ᵉ partie, chap. II.
2. Voir sur ce point dans la *Revue politique et littéraire* (7 avril 1883) un article plein de verve signé E. R. Cet article a paru à l'occasion même de la révolte du Lycée Louis-le-Grand.

la valeur intellectuelle et morale que des études bien faites leur permettraient de développer. C'est dans une société démocratique surtout qu'il convient d'aller au-devant de ces humbles marqués du sceau de l'intelligence, et de les aider à tirer des dons de la nature un légitime et utile parti.

On propose des palliatifs. Quelques-uns voudraient que l'État, s'affranchissant du soin d'entretenir lui-même des internats, en laissât à l'industrie privée la charge et les avantages; nous ne pensons pas que l'industrie privée soit en mesure de fournir aux familles et au pays plus de garanties que les établissements publics. Encore moins peut-on espérer sérieusement de voir substituer d'une manière absolue au régime du pensionnat proprement dit ce qu'on appelle la pension de famille. Ce mode d'éducation suppose des habitudes de vie privée très différentes de celles que nous ont créées nos mœurs familiales. Ajoutez qu'onéreux moralement pour ceux qui en acceptent la responsabilité, il est très dispendieux à ceux qui y ont recours, et qu'il ne peut être dès lors qu'un régime d'exception. — Ce ne sont point là des solutions franches et nettes; elles déplacent la question, elles ne la tranchent point.

En réalité, c'est moins l'internat lui-même qui est visé que les conditions dans lesquelles il est organisé aujourd'hui. Le vice fondamental de l'institution, telle qu'elle existe à Paris surtout, c'est d'abord d'exister à Paris même ou au sein des grandes villes; c'est ensuite de se prêter à des agglomérations d'enfants qui dépassent toute mesure, et la critique touche, par là, à un moindre degré sans doute, mais elle touche aussi nos grands externats.

On ne sait au juste combien d'élèves l'Université de Paris comptait au temps de Rollin, ni ce qu'il eut lui-même à gouverner d'enfants dans son Collège de Beauvais. Mais vers la fin du dix-huitième siècle, quinze ans environ avant la Révolution, les 5000 enfants ou jeunes gens recensés comme appartenant à l'enseignement secondaire étaient répartis entre « onze collèges de plein exercice et plus de quarante autres assez vastes pour contenir un bon nombre de boursiers qui allaient de là écouter les professeurs dans les Collèges[1] ». Lorsque le décret du 15 novembre 1811 établit les cadres des lycées, le nombre des pensionnaires fut fixé à 200[2]. A Paris, par exception, on admettait le chiffre de 400. C'était le maximum prévu pour le Collège d'Harcourt et pour l'établissement qu'on se proposait de créer dans l'ancien prieuré de Saint-Martin[3]. Tel devait être également le cadre du Lycée Charlemagne, mis en état de recevoir des pensionnaires. Enfin le projet préparé pour la maison Sainte-Croix, rue de Charonne, et pour la maison Parmentier, rue des Postes, ne comportait qu'une population de 500 enfants. Et dès ce moment les esprits prévoyants n'étaient pas sans inquiétude sur ces grands casernements.

Que diraient-ils aujourd'hui de nos maisons, qui ne comptent pas moins de 1200, 1300, 1900 élèves, et dont les maîtres, professeurs ou administrateurs composent à eux seuls, non compris les agents inférieurs et les domestiques, un corps de 120, 130, 150 personnes[4]? Quelle charge pour le chef qui, en même temps qu'il

---

1. *Dictionnaire de l'encyclopédie*, art. Collège.
2. Art. 5.
3. Décret du 21 mars 1812, art. 3, 6, 8, 9, 11, 12, 14.
4. Voir aux Annexes, n° VII.

préside au mouvement de la vie générale, a sous sa responsabilité personnelle la conduite particulière et, pour ainsi dire, la conscience de chaque enfant[1]! On ne gouverne pas la jeunesse de haut ni de loin : il faut la voir de près. Le moyen, sans cela, de mesurer le vent à la toison, de faire exactement la part de l'aiguillon et du frein, d'appliquer à propos l'éloge et le blâme, de saisir l'heure où l'oreille s'ouvre et où le cœur se fond, *faciles aditus et mollia fandi tempora!* Le moyen même d'assurer à l'enfant, au milieu de cette diversité de forces qui influent sur son caractère, l'unité de direction!

C'était autrefois un mode d'éducation fort goûté que celui qui consistait à laisser l'écolier pendant toute la durée ou au moins pendant une période prolongée de ses études entre les mains du même maître, qui lui imprimait sa marque. Nous préférons aujourd'hui, à juste titre, le système contraire. A chaque année ses professeurs. Cette organisation constitue assurément un des moyens d'action les plus puissants de l'éducation publique; elle préserve l'écolier de l'asservissement ou de la révolte. L'enfant fût-il irréprochable, il ne serait pas moins bon de le soumettre à ces disciplines diverses qui l'assouplissent. Mais, au delà d'une certaine mesure, cette diversité devient un instrument de confusion et un danger. Même pour l'enseignement, nous l'avons établi, il n'est pas bon que l'écolier ait trop de maîtres à la fois; son intelligence y perd le point d'appui ferme dont il a besoin pour prendre confiance. A plus forte raison en est-il ainsi pour l'éducation du carac-

---

1. « Le proviseur », dit la circulaire interprétative du règlement du 7 avril 1854, « doit avoir jour par jour et en quelque sorte heure par heure la connaissance exacte de tous les faits qui se passent dans l'établissement. »

tère. L'enfant ne peut se sentir sûrement conduit par tant de mains ensemble. La règle commune seule, dès lors, a prise sur lui. Il n'a plus d'activité propre; il s'abandonne aux rouages de la machine qui le mène; il désapprend à se conduire. Qu'attendre d'un esprit ainsi désemparé, lorsque viendra le moment d'affronter la mêlée de la vie, dans une société dont le caractère dominant semble devenir chaque jour davantage l'amoindrissement de l'individu?

Notre organisation universitaire, sans doute, est depuis longtemps en possession d'institutions propres à assurer sa vigilance : surveillants généraux, qui suivent dans le détail des occupations de la journée un nombre plus ou moins considérable de sections d'enfants; assemblées des maîtres répétiteurs qui, tous les jours, viennent se rendre compte entre eux et rendre compte à l'administration qui les dirige de leurs observations sur les dispositions générales ou individuelles des enfants. A ces organes essentiels de la vie intérieure de nos lycées en a été tout récemment ajouté un autre, — le conseil des professeurs élus par leurs collègues et réunis sous la présidence du chef de l'établissement pour délibérer de tous les intérêts des études : innovation libérale et certainement faite, si elle est bien comprise, pour établir l'harmonie des volontés et des directions, et créer l'âme de la maison. Toutes ces forces morales rapprochées, combinées, fondues ensemble, peuvent conjurer, en partie, les dangers des agglomérations excessives. Mais la situation appelle des remèdes plus énergiques.

Le premier de tous, celui sans lequel tous les autres seraient inutiles, c'est la réduction du nombre des élèves. Le seul argument invoqué pour justifier la population des grands établissements est un argument d'ordre financier : il faut que les Lycées, qui tous ou presque tous ont besoin des subsides de l'État, arrivent à couvrir leurs dépenses dans la plus large mesure, et le nombre peut seul diminuer la charge des frais généraux. Ce raisonnement n'est appliqué, et nous nous en félicitons, ni aux établissements primaires ni aux établissements supérieurs. Bien plus, en même temps que la gratuité des études était établie pour les uns comme pour les autres, une prescription sage fixait à 350 élèves le nombre maximum des enfants qui peuvent être réunis dans un externat primaire[1] ; et des conférences étaient instituées dans les Facultés, à côté des cours publics, pour assurer à chaque étudiant les secours particuliers qui lui sont nécessaires[2]. Nous espérons qu'un jour l'esprit de ces réformes si utiles pénétrera dans l'enseignement secondaire, moins favorisé jusqu'ici, et que la multiplication des Lycées permettra de limiter à 500 jeunes gens au plus, pour l'internat surtout, les cadres de tout établissement.

Le second remède, nous l'avons déjà indiqué aussi, c'est de ne plus établir d'internat que hors des grandes villes ou tout au moins loin des centres les plus populeux. L'espace, le grand air, l'éloignement des contacts malsains et des exemples dangereux sont des garanties d'hygiène physique et morale ; c'est dans ces conditions que nous avons pu établir Lakanal, à l'instar de Vanves, et, si le Lycée de Passy ne les réunit pas toutes, il en offre du moins le plus grand nombre.

D'autres réformes se préparent que nous appelons

1. Circulaire du 28 avril 1882 ; Instruction générale du 28 juillet 1882.
2. Arrêté du 5 novembre 1877 ; Circulaires des 20 mars 1878, 8 septembre 1879 et 1er octobre 1880.

depuis longtemps de nos vœux. Chose singulière : dans un pays habitué à compter au nombre de ses gloires les plus populaires tant d'écrivains qui ont traité de l'éducation, et dont le génie didactique par excellence a certainement contribué plus que tout autre à former l'esprit humain, la pédagogie a longtemps tardé à être mise en honneur. Une chaire de psychologie appliquée à l'éducation vient enfin d'être instituée à la Sorbonne[1]. C'est la consécration de la place que la science pédagogique occupe dès aujourd'hui dans les écoles primaires, qu'elle doit prendre, avec non moins d'autorité, dans le haut et dans le moyen enseignement[2].

En même temps on poursuit l'examen des améliorations à apporter dans la situation des maîtres répétiteurs. On se préoccupe surtout d'assurer aux jeunes maîtres une somme de loisirs suffisants pour leur permettre de se préparer aux grades par un travail régulier, et nous ne pouvons qu'y applaudir. Mais à côté de ces maîtres destinés à l'enseignement, il n'importe pas moins d'encourager, en les honorant et en les rétribuant comme il convient, ceux que leurs aptitudes désignent pour la direction des esprits[3], de créer, en

1. La chaire vient d'être définitivement créée, sous le nom de : « Chaire de Science de l'éducation » (Décret du 1er mars 1887).
2. Il n'est pas d'Université en Allemagne qui ne compte un ou plusieurs cours de pédagogie, professés tour à tour par chacun des professeurs. — Parmi les propositions qui ont été discutées dans la commission chargée d'étudier les améliorations à apporter à la condition des maîtres répétiteurs, on a agité celle de créer, pour le personnel intérieur des Lycées, des conférences de pédagogie qui seraient faites par le proviseur. C'est ainsi que jadis procédait Rollin : rien ne pourrait contribuer plus utilement aux réformes que nous poursuivons.
3. L'institution des surveillants généraux est insuffisante : Louis-le-Grand pour 600 internes en a 4; Saint-Louis 3 pour le même nombre; Condorcet pour près de 1900 enfants, 2. Absorbés par les soins de la discipline d'ensemble, les surveillants généraux ne peuvent s'occuper suffisamment de la discipline particulière des esprits.

un mot, une sorte d'école d'éducateurs qui se développent par la méditation des principes en même temps que par l'observation journalière des enfants[1] et fournissent à l'administration des Lycées et des Collèges, après des épreuves spéciales, s'il le faut, une pépinière de pédagogues éclairés[2].

Des hommes, c'est toujours là qu'il faut en venir dans les institutions humaines. Lorsqu'il s'agit d'éducation surtout, les meilleurs règlements ne valent que ce que valent ceux qui les appliquent. Dans les établissements sagement restreints dont nous concevons la création hors des grandes villes, et avec un personnel intérieur ainsi formé, — qu'on suppose un de nos excellents proviseurs, allégé de l'écrasante besogne que leur impose aujourd'hui la trop grande étendue des intérêts dont ils sont chargés, l'esprit libre et bien pénétré de la pensée que le Lycée n'est pas seulement un atelier de préparation aux examens, sachant faire à chacun sa part d'action légitime, mais ayant partout l'œil et la main, laissant l'enfant, sous le contrôle d'une discipline générale plus souple, s'épanouir dans son activité naturelle et s'offrir aux conseils, multipliant les occasions de le rapprocher de lui, d'élever son cœur, de fortifier sa conscience : à de telles conditions, ne semble-t-il pas que l'internat lui-même, puisqu'il faut qu'il subsiste, n'a rien de contraire aux principes

---

[1]. Une réserve a été faite en faveur de ces maîtres dans le décret du 8 janvier 1887, réserve trop étroite et très insuffisante à notre idée, mais dont il ne sera pas impossible de tirer parti.
[2]. Le projet de loi sur l'enseignement secondaire libre adopté par la Chambre des députés et actuellement soumis au Sénat comprend un examen sur la pédagogie parmi les épreuves imposées à ceux qui veulent ouvrir un établissement ; il serait bon d'imposer cette condition à tout notre personnel administratif : ni la licence ni l'agrégation ne sauraient y suppléer.

de l'éducation à la fois libérale et forte dont nous avons essayé d'établir le caractère?

V

Cependant aucun de ces efforts ne pourra porter ses fruits sans le concours ferme et suivi de la famille et de tous ceux qui sont en mesure de soutenir son action. Qu'on nous permette d'insister sur ce point.

L'un des ressorts du gouvernement intérieur des Collèges, tel que Rollin le décrit, c'est la participation des parents à tout ce qui intéresse le développement moral de l'enfant. J.-J. Rousseau, qui, à défaut de l'exemple, sait si bien fournir le précepte, n'admet pas que le père invoque l'empêchement ou le souci des affaires, des fonctions, des devoirs : « son premier devoir n'est-il pas d'être père[1]? » Seconder la direction de la famille et ne jamais chercher à s'y substituer, tel est, depuis cent ans, le caractère de notre éducation nationale. Il n'a été en aucun temps plus marqué qu'aujourd'hui. Autrefois les sorties des écoliers étaient rares, les vacances courtes ; les distances et la difficulté des communications rendaient malaisés les rapprochements. Pour la plupart des écoliers l'année scolaire se passait loin du foyer. Si l'on s'en fût remis à l'abbé de Saint-Pierre, une fois sortis de la famille pour leur éducation, les enfants, surtout les filles, n'y seraient plus rentrés que pour se ma-

---

1. *Émile*, liv. I, p. 20-21.

rier; la correspondance même, au témoignage de Rollin, qui n'exagère rien, était peu suivie[1]. Ce n'est pas certes de l'insuffisance des congés qu'on pourrait avoir actuellement à se plaindre. Dans l'internat, avec quelques bonnes notes, un élève peut conquérir chaque semaine la liberté du dimanche. D'autre part, il est loisible à la famille, en visitant elle-même l'enfant ou en le faisant visiter par des intermédiaires autorisés, de suivre ses dispositions jour par jour[2]. Elle intervient enfin dans quelques-uns des actes les plus graves de la discipline du pensionnat : en vertu des règlements nouveaux, elle a le droit de décider s'il suivra, ou en quelle mesure il suivra les exercices religieux de l'Église dans laquelle il est né; et à partir de dix-sept ans elle peut obtenir qu'il rentre et sorte seul, c'est-à-dire qu'il s'appartienne entièrement au delà du seuil du Lycée : c'est un partage absolu de l'autorité.

Qu'un grand nombre de familles en usent comme il convient, nous sommes heureux de le déclarer bien haut. Mais n'arrive-t-il pas trop souvent qu'on jette l'enfant à l'éducation publique comme un fardeau dont on se décharge? On pourvoit à son bien-être et à ses plaisirs; on s'en remet pour le reste aux maîtres, dont c'est l'affaire, aux années qui doivent accomplir leur œuvre; et l'on attend que l'établissement vous

---

[1] *Du gouvernement intérieur*, etc., chap. II. 1re part., art. 1er. — Cf. chap. III et IV.

[2] « Il faut, — dit la circulaire interprétative du règlement du 7 avril 1854 expliquant l'importance des bulletins trimestriels, — il faut que l'enfant sache bien que, même au Collège, il vit constamment sous l'œil de ses parents. » Ajoutons que la diminution du nombre des élèves dans chaque établissement permettrait de développer davantage ces notes si précieuses pour les familles qui veulent se rendre compte.

rende un homme. Encore si l'on acceptait les résultats de cet étrange désintéressement! Mais viennent les mauvais jours, les échecs, les égarements, on s'étonne, on s'irrite, on se range parmi les pères de famille mécontents, et l'on ne songe même pas à se demander si l'on a le droit d'être bien content de soi [1]. Ils se plaignent de l'amertume des eaux qu'ils boivent, disait Locke à ses contemporains, et ils oublient que ce sont eux qui ont empoisonné la source [2].

L'éducation publique ne peut réussir qu'à la condition que la famille la prépare, la soutienne et la complète. Locke, comme Rollin, demande que l'œuvre commence dès le berceau. De l'avis de tous les psychologues, ce n'est trop tôt ni pour connaître l'enfant ni pour le régler. L'intelligence tarde quelquefois à s'ouvrir. Le caractère se fait connaître de bonne heure; un mot, un geste, un regard le révèle. Ce sont ces premiers mouvements de la nature qu'il est bon de mettre à profit pour imprimer à la volonté naissante une direction. L'enfant ne naît, en général, ni absolument bon ni absolument mauvais; il devient le plus souvent ce qu'en font ceux qui l'élèvent [3]! Faut-il pour cela s'en remettre à la tendresse ou s'armer d'autorité, se faire craindre ou se faire aimer? L'éducation complaisante et l'éducation austère ont, l'une comme l'autre, leurs partisans. Au fond, qu'au vase emmiellé de Montaigne

---

1. Voir Prévost-Paradol, *Du rôle de la famille dans l'éducation* (Paris, 1857).
2. *Quelques pensées*, etc., sect. II, n°° 31 à 37. — Cf. Rollin, *Du gouvernement intérieur*, etc., chap. I, 1'° partie, art. 3.
3. « Je trouve que nos plus grands vices prennent leur ply dez nostre plus tendre enfance et que notre principal gouvernement est entre les mains des nourrices. » (Montaigne, *Essais*, I, xxii.) — *Homo non nascitur*, disait Érasme, *sed fingitur*.

et aux dragées de Bernardin de Saint-Pierre on préfère les raisonnements de Locke interdisant à l'enfant tout caprice[1] ou les prescriptions de Kant préconisant les refus irrévocables[2], en réalité il importe peu. La nature, dans sa souplesse infinie, échappe à ces vues de système et en brise les cadres trop étroits. Il existe toujours des moyens de retour dans les refus les plus irrévocables, remarque maternellement Mme Guizot[3], et Montaigne lui-même reconnaît que « l'institution d'un enfant se doibt conduire par une sévère doulceur[4] » : c'est cette mesure de sagesse qu'indiquait ingénieusement Dupont de Nemours lorsque, des commandements militaires qui s'imposent, il distinguait les commandements paternels, qui se raisonnent. Mais la plus funeste des conduites à l'égard de l'enfant est de n'en avoir pas, de s'en remettre à l'humeur du moment, de ne rien prendre au sérieux, défauts ou qualités, d'exalter les unes, de fermer les yeux sur les autres ou de s'en amuser, et de dire : le Lycée corrigera tout cela. Comme si le Lycée n'avait pas assez à faire avec ce que la meilleure éducation de la famille risque toujours de laisser ! L'insouciance à cet égard est d'autant plus coupable que le plus souvent l'enfant va au-devant de cette tutelle aimable, bien loin de s'y dérober. Il n'a d'abord qu'une conscience tout extérieure, pour ainsi dire : le regard de sa mère, qui, suivant qu'il l'enveloppe d'une caresse ou semble le frapper d'un avertissement, lui donne la première et pénétrante notion du devoir ; mais il y a déjà bien du raisonnement au fond de ces

---

1. *Quelques pensées*, etc., sect. II, n°s 38 à 42; sect. XII, n° 107.
2. « Tout refus doit être irrévocable. C'est un moyen infaillible de n'avoir pas besoin de refuser souvent. » — Cf. Rollin, *Du gouvernement intérieur*, etc., chap. I, 1re part., art. 3.
3. *Lettres sur l'éducation*, VII, VIII et IX, *passim*.
4. *Essais*, I, xxv. — « Sit rigor, sed non exasperans; sit amor, sed non emolliens », disait le pape Grégoire.

émotions naïves. Viennent les impressions d'une sensibilité plus forte, les lueurs d'une raison plus vive: et, avec un peu de prévoyance et de suite, la direction s'affermira. Il ne s'agit point ici, d'ailleurs, de viser à la perfection. Trop élever à cet âge équivaudrait presque à mal élever. Il suffit qu'arrivé au moment de se soumettre aux conditions de l'éducation publique, l'enfant y apporte les dispositions d'une volonté orientée et exercée, dans la mesure qu'elle comporte, à se discipliner. Le plus grand miracle accompli par Fénelon dans l'éducation du duc de Bourgogne, c'est moins peut-être l'amélioration qu'il avait opérée que le goût qu'il avait donné à son élève de s'améliorer lui-même.

Féconde en soi, cette préparation a, en outre, pour effet d'attacher la famille à la continuation de l'œuvre commencée. Lorsque l'enfant entre au Lycée, il se produit dans sa vie une sorte de phénomène moral qui le rend singulièrement intéressant à suivre. Le grand air de l'éducation publique l'excite. Externe, il faut qu'il raconte par le menu, à la table de famille, tous les détails de la classe à laquelle il vient d'assister. Interne, il n'a pas trop de son dimanche pour faire connaître les incidents de la semaine : ses impressions et celles de ses camarades, anciens et nouveaux; ce qu'on dit du professeur et du maître d'étude, les habitudes de celui-ci, les succès de celui-là; les récompenses accordées, les peines infligées, l'intervention de tel ou tel supérieur; et sur chaque chose il a son appréciation, son mot, mot qu'il emprunte plus ou moins, qu'on se passe d'ordinaire tout fait, mais que les plus intelligents s'approprient parfois avec un sentiment très personnel. Pour des parents clairvoyants, quelle prise dans ces confidences exubérantes! Quelle occasion de saisir les transformations qui s'annoncent dans le caractère de l'enfant, de connaître le milieu où il se développe, de le garantir contre les entraînements, de lui donner les raisons des sévérités ou des indulgences qu'il n'a pas comprises, de fortifier dans son cœur le sentiment de la confiance et du respect, de le faire rentrer en lui-même surtout, de façon qu'il tire de ses propres discours la leçon qu'elle contient! Tout cela sans moraliser, d'ailleurs, et comme l'enfant le fait lui-même, naturellement et simplement. Quelle faute au contraire si, au lieu de provoquer ses ouvertures, on les repousse, ou, ce qui est plus grave, si on ne les accueille que pour s'associer par le rire ou par un silence coupable à un mauvais sentiment dont il ne se rend peut-être lui-même qu'imparfaitement compte, si on laisse s'éteindre en lui ce foyer de générosité qui est le trésor de la jeunesse, si on l'aide à dépouiller le maître, quel qu'il soit, du prestige moral inséparable de l'autorité[1]!

L'autorité paternelle est devenue plus familière : qui pourrait s'en plaindre? On ne rapprochera jamais trop près de soi les enfants, pourvu que cette intimité n'ait pas pour résultat de créer entre le père et le fils je ne sais quelle complicité de camaraderie mortelle à l'éducation[2]. La vie de l'écolier a ses vertus propres : petites vertus, mais qui disposent aux grandes. Il faut les lui faire pratiquer, les lui faire aimer dans le travail

1. « Un éclat de rire indiscret, dit J.-J. Rousseau, peut gâter le travail de six mois et faire un tort irréparable pour toute la vie. » (*Émile*, liv. II. p. 80.)
2. C'est le principe contraire sur lequel s'appuie Rousseau, il n'est pas sans intérêt de le remarquer. Jusqu'à douze ans il use de camaraderie avec Émile. Vers quinze ans, « le temps approche, dit-il, où nos rapports vont changer, et où la sévérité du maître doit succéder à la complaisance du camarade » (liv. III, p. 182).

de chaque jour. En affaiblir à ses yeux le caractère et
la portée, c'est s'exposer à détruire dans sa conscience
le germe même de la vertu. Tandis que nous nous efforçons d'entretenir les énergies franches qui peuvent contribuer à former son caractère, et de l'habituer virilement, loyalement, à prendre la direction de son libre
arbitre, nous avons besoin d'être assurés que les connivences de la famille, les petits manèges d'indulgence,
d'excuses, de sollicitations de faveurs auxquelles elle
se prête — manèges inoffensifs en apparence, toujours
fâcheux, parce qu'ils font échec à un principe d'ordre
et de sincérité — ne viendront pas contre-battre, détruire, désorganiser pièce à pièce ce travail si lent et
si difficile d'édification morale. « L'éducation actuelle,
dit J.-P. Richter avec profondeur et bonne grâce, ressemble à l'Arlequin de la Comédie italienne qui arrive
sur la scène avec un paquet de papiers sous chaque bras.
« Que portez-vous sous le bras droit ? — Des ordres, répond-il. — Et sous le bras gauche ? — Des contre-ordres ! » Rien de plus énervant que cette sorte d'anarchie.
On ne saurait imaginer à quel degré les familles poussent parfois le goût de l'égalité dans le privilège. Par
un singulier renversement des choses, ce n'est pas la
règle sur laquelle on s'appuie pour tâcher avec nous
de la faire prévaloir ; on réclame l'exception. Et cependant, si la règle pèche aujourd'hui par quelque excès, ce
n'est certes point par excès de sévérité. Dans tel Lycée
d'externes, sous le prétexte d'assurer le succès des examens du baccalauréat, et au risque de compromettre le
résultat sérieux des études, on abandonne les classes
deux mois ou six semaines avant la fin de l'année : un
départ pour la campagne en décide. Ailleurs, dans l'internat, une mesure est-elle reconnue utile pour quelques-uns, tout le monde d'en demander aussitôt le
bénéfice. Le lendemain du jour où il a paru possible

d'accorder, sur le vœu des parents, aux élèves âgés de dix-sept ans l'autorisation de sortir et de rentrer seuls, plus des deux tiers des familles revendiquaient cette licence, sans considérer si elle était motivée par un empêchement invincible et justifiée par le caractère de l'enfant, — sauf à regretter, le mal fait, d'avoir cédé à l'entraînement commun. On détruit ainsi parfois, en un jour de faiblesse le bienfait de plusieurs années de vigilance et de sagesse. Dans le gouvernement de la famille comme dans le gouvernement des peuples, a-t-il été dit avec autant d'esprit que de raison, il est d'usage de mettre toutes les vertus du côté des gouvernants, tous les vices du côté des gouvernés[1]. La vérité est que les parents ont presque toujours une part dans les défauts ou dans les fautes de leurs enfants. On s'abandonne, on compose, on abdique, croyant se mieux faire aimer, et l'on oublie que jamais on ne gagne en affection et en confiance ce qu'on sacrifie en respect. « Lorsque l'intérieur des familles est en proie à une insolente égalité », disait Platon[2] à une société assise, comme la nôtre, sur les bases de la démocratie, « tout, jusqu'aux animaux, semble respirer le désordre. Le père craint et respecte son fils, et le fils traite bientôt son père comme son égal. Il veut pouvoir dire en tout : je suis libre. Dans un tel pays,... les jeunes gens marchent de pair avec les vieillards ; les vieillards, de leur côté, descendent aux manières

---

1. « D'ordinaire ceux qui gouvernent les enfants ne leur pardonnent rien et se pardonnent tout à eux-mêmes. Cela excite dans les enfants un esprit de critique et de malignité, de façon que, quand ils ont vu faire quelque faute à la personne qui les gouverne, ils en sont ravis et ne cherchent qu'à la mépriser. » (Fénelon, *De l'éducation des filles*, chap. v.) — « Je voudrais bien, dit Locke dans le même sens, mais plus crûment et non sans exagération, je voudrais bien que l'on me citât un défaut que les parents et ceux qui entourent les enfants ne leur enseignent pas. » (*Quelques pensées*, etc., sect. II, n° 37.)
2. *De la République*, liv. VIII.

des jeunes gens et affectent le ton léger, l'esprit badin, et, pour éviter d'avoir l'air fâcheux et despotique, ils ne savent qu'imiter la frivolité de la jeunesse. » Triste et saisissant tableau des effets du relâchement des mœurs et du renoncement aux règles de la saine et nécessaire autorité. Non, le respect bien placé n'affaiblit pas l'affection : il l'ennoblit ; loin de détruire la confiance, il la fortifie ; et il se produit toujours dans la vie quelque circonstance où l'on est heureux de trouver auprès de soi une volonté sur laquelle on se repose[1].

Ce n'est pas assez, d'ailleurs, que la famille ne fasse pas dévier les efforts de l'éducation publique. Elle a elle-même, elle doit avoir ses enseignements. Dans une des pages les plus gracieuses de l'*Économique*, Xénophon représente la femme d'Ischomaque — à la tombée du jour, lorsque le bruit des travaux commence à s'éteindre dans la plaine — passant en revue les ustensiles du ménage pour s'assurer qu'ils sont en bel ordre et se recueillant pour mettre ses pensées à l'unisson de celles de son mari, qui va rentrer ; c'est qu'elle attend aussi les esclaves, et elle veut qu'ils n'aient sous les yeux que le spectacle bienfaisant de l'harmonie intérieure, du repos. On aurait peine à concevoir sous une image plus simple une leçon plus forte. L'existence la mieux réglée a ses misères, ses moments de trouble, de lassitude, de découragement, et l'on ne peut faire que l'humanité ne s'y révèle sous un triste jour. Ce sont ces arrière-plans dont parle Lucrèce, et sur lesquels tôt ou tard l'expérience projette pour

---

1. Sur ce sentiment de respect uni à l'affection, voir Montaigne, *Essais*, II, vIII ; Locke, *Quelques pensées*, etc., sect. X, n°° 95 à 99 ; Legouvé, *les Pères et les Enfants au dix-neuvième siècle.*

chacun sa lumière, mais dont il est salutaire d'épargner à la jeunesse la vue prématurée. Il ne suffit pas d'éviter aux enfants les conversations, les lectures, les distractions qui ne sont pas de leur âge, tous ces exemples qui faisaient dire jadis à Quintilien, plaidant la cause de l'éducation publique, « qu'ils ne prennent pas l'idée du vice et du désordre dans les écoles, mais qu'ils l'y apportent[1] »; c'est de soi-même et de ses beaux côtés, suivant l'expression de Molière, qu'il faut s'attacher à leur laisser une impression heureuse. On leur doit ce qu'on sent en soi de plus élevé, de plus pur. Même en se gardant, qui peut répondre de n'être pas surpris? C'est Fénelon qui nous en avertit: « Quoique vous veilliez sur vous-même pour n'y laisser rien voir que de bon, n'attendez pas que l'enfant ne trouve jamais aucun défaut en vous : souvent il apercevra jusqu'à vos fautes les plus légères[2] ». Nous ne demandons en cela au surplus rien de forcé, de factice, rien qui s'éloigne des réalités de l'existence ordinaire. C'est le spectacle simple et naturel du travail, de la modération dans les idées et dans les désirs, de la prévoyance, de l'inflexible probité, qui profite le mieux au cœur de l'enfant, lorsqu'il l'a sous les yeux tous les jours et qu'il y voit en quelque sorte le fonctionnement régulier de la vie. D'où vient que dans le caractère d'un homme qui a marqué se retrouve toujours l'empreinte de la mère? C'est que le père n'est pas là le plus souvent et qu'il se laisse absorber par d'autres soins, tandis que la mère, qui ne quitte pas le foyer de la famille, se donne en toutes choses, dans les petites comme dans les grandes, avec tout son cœur; et l'enfant qui a senti de plus près sa sol-

---

1. Liv. I, chap. I.
2. *De l'éducation des filles*, chap. V.

licitude pénétrante, sa raison affectueuse, son abnégation, rattache, dans sa pensée, ce qu'il a de meilleur à ce cher idéal.

La famille doit encore à l'enfant d'autres leçons plus directes, plus personnelles. On conteste à l'éducation publique le pouvoir de développer dans la masse des élèves qui lui sont confiés le tact, la délicatesse, la distinction, toute cette fleur de sentiment qui constitue proprement le charme du caractère[1]. C'est ne point assez accorder, semble-t-il, à ces vaillantes et aimables camaraderies de jeunesse, qui, elles aussi, trempent et assouplissent l'esprit. Nul doute toutefois que la vie de famille, avec les relations qu'elle crée, les égards qu'elle comporte, les vues qu'elle donne de tous les côtés sur le monde, ne soit plus propre qu'aucune autre à imprimer au caractère ce vernis de politesse et d'agrément; mais c'est le fond que nous considérons avant tout et la solidité qui nous importe. Or l'observation porte ici dans toute sa force. On est en droit d'attendre beaucoup du concours effectif des parents, pour peu qu'ils ne s'y refusent point. Nous n'ignorons pas ce que leur perspicacité peut rencontrer d'obstacles, nous faisons la part des illusions : en raison même de leur affection, ils sont exposés à porter trop haut leurs espérances ou à désespérer trop vite. L'avis désintéressé et froid d'un maître habile est souvent nécessaire pour rétablir la mesure. Et cependant n'est-il pas vrai que ceux-là seuls se trompent, qui veulent obstinément être trompés? Qui est plus près que le père et la mère du cœur de l'enfant? Qui saurait mieux se rendre compte de ses propensions instinctives et de

---

[1]. E. Renan, *la Réforme intellectuelle et morale, la part de la famille et de l'État dans l'éducation.*

ses passions naissantes, distinguer dans ses écarts la défaillance ou la révolte passagère de la faiblesse radicale et de la résistance opiniâtre, exciter, selon le besoin, ou amortir sa sensibilité, l'assujettir aux nécessités qui s'imposent et le faire triompher des difficultés qui ne tiennent qu'à lui, suivre avec sagesse les crises qui arrêtent ou précipitent son développement, surveiller ces délicatesses de l'honneur juvénile, ce premier éveil de la dignité personnelle, si facile à exalter par la pratique des sentiments honnêtes, si prompte à céder sous l'indifférence ou les mauvaises habitudes, le traiter en un mot d'après son tempérament et lui donner le régime moral qui lui convient? A qui appartiendrait-il davantage de le familiariser avec le bien, de le mettre en garde contre le mal[1], sans craindre, suivant l'ingénieuse expression de Mme Guizot, de le laisser toucher à la lame de l'épée et au tranchant du couteau, mais en lui apprenant à toucher et à manier par le bon bout[2]? Qui pourrait mieux surtout saisir ou faire naître les occasions, toujours rares, au Lycée, alors même qu'on les multiplie, de l'exercer à délibérer, à prendre un parti, à faire acte d'autorité sur lui-même, à se commander et à s'obéir[3]? Il est, dit M. de Laprade[4], deux sortes de consciences : les consciences soumises et les consciences fortes; celles qui s'abandonnent, celles qui se conduisent. Et M. de Laprade se place résolu-

---

1. « Je veux », dit admirablement Montaigne, « qu'il ne laisse à faire le mal ny à faulte de force, ny de science, mais à faulte de volonté,.. qu'il puisse faire toutes choses et n'aime à faire que les bonnes. » *Essais*, liv. I, chap. xxii. — Cf. Locke, *Quelques pensées*, etc., sect. IX, n° 94.
2. *Lettres sur l'éducation*, lettre vi. — Cf. lettre xliii.
3. « En tout et partout, il y a assez de mes yeulx à me tenir en office : il n'y en a point qui me veillent de si près, ny que je respecte plus. » (Montaigne, *Essais*, I, xxii.)
4. *L'Éducation libérale*, 2ᵉ part., chap. iii.

ment du côté des consciences fortes, comptant sur la sollicitude des parents pour les régler. La part si largement réservée aujourd'hui à l'autorité de la famille par le sentiment public comme par la loi dans le gouvernement de l'enfant impose plus que jamais aux parents le devoir de travailler à le pourvoir du lest nécessaire pour assurer sa marche à travers les courants de la vie. Tâche grave assurément et délicate : car, pour assurer à sa volonté en travail une direction éclairée, ce n'est pas assez du bon vouloir et des intentions droites : il y faut l'observation persévérante, la sagacité active, l'esprit de décision, tout cet ensemble d'efforts réfléchis et soutenus, de qualités fines et graves que nous trouvons si naturel d'exiger des autres ; mais tâche généreuse aussi et féconde entre toutes : car c'est l'effet d'une éducation bien suivie d'améliorer à la fois ceux auxquels elle s'applique et ceux qui la font.

Cette collaboration de la famille produira des effets d'autant plus heureux qu'elle trouvera l'appui de l'esprit public.

On a répété bien des fois, depuis vingt ans, le mot mis par Plutarque dans la bouche d'Agésilas : « Que faut-il apprendre à l'enfant? Ce qu'il doit faire étant homme. » C'est pour répondre à cette pensée qu'il a été fait place dans l'enseignement de l'histoire à l'histoire contemporaine ; dans l'enseignement de la morale, aux principes de la morale civique ; dans l'enseignement de la philosophie, aux éléments de l'économie politique dont les lois nous régissent. Ces modifications témoignent d'une sage prévoyance. Ce n'est pas aujourd'hui qu'on pourrait reprocher à nos études de draper la jeunesse à l'antique. L'esprit moderne les pénètre de toutes parts. L'Université n'a pas de plus vif souci que de faire des hommes de leur pays et de leur temps. Mais autre chose est de préparer les jeunes gens à la vie, autre chose de les y faire participer avant l'heure. On oublie trop parfois — l'observation est de Rousseau[1] — que la nature veut que les enfants soient enfants avant que d'être hommes, et qu'à intervertir cet ordre on risque de produire des fruits précoces, qui n'auront ni maturité ni saveur et ne tarderont pas à se corrompre. A quoi peut-on aboutir en les encourageant, en les excitant à devancer les années, sinon, comme l'ajoute le maître d'Émile, à faire de jeunes docteurs et de vieux enfants? Heureux ceux qui arrivent frais d'esprit, frais de cœur, aux divers âges de la vie! Il n'est pas de jour, pour ainsi dire, où le Parlement, où la presse ne traite avec la plus vaillante ardeur les questions qui se rattachent à l'éducation nationale. L'intérêt commun, l'intérêt des enfants surtout est qu'on s'occupe d'eux en dehors d'eux, au-dessus d'eux. Si nous demandons que les internats soient placés hors des villes, c'est, entre autres raisons, dans une pensée de préservation morale. Nous voudrions que, d'accord avec nous, le seuil des Lycées fût protégé contre les émotions du dehors par la sagesse des familles et par la sollicitude publique. L'esprit ne se partage pas impunément, à l'âge où il se forme, entre les spéculations désintéressées de l'étude et les troublantes préoccupations des problèmes du moment. Il faut s'habituer à dormir au bruit de la rue, a dit un fin et judicieux moraliste de notre temps; ce sommeil vigilant est l'honneur d'un peuple libre; à chaque génération d'assurer à son tour sa sécurité et sa dignité.

---

1. *Émile*, liv. II, p. 82. — « Laissez mûrir l'enfance dans les enfants », dit ailleurs Rousseau, *ibid.*, p. 77. — Cf. liv. IV, p. 253, sur « l'art de protéger l'enfance ».

Mais laissons la jeunesse, en attendant que son jour soit venu, dormir de son plein sommeil, de ce fortifiant et pur sommeil que traversent seulement les rêves de l'idéal, si nous voulons que, lorsqu'aura sonné pour elle l'heure de l'action, elle se présente le cœur ferme et haut.

L'ÉDUCATION MORALE ET L'ÉDUCATION PHYSIQUE DANS LES LYCÉES

Juin 1889.

La réforme de l'enseignement secondaire est entrée dans une phase nouvelle et revêt un caractère que nous serions mal venu à regretter après en avoir tant de fois signalé l'importance. La controverse s'attache moins aux programmes qu'aux méthodes. L'instruction proprement dite laisse le pas à l'éducation. L'idée même de l'éducation n'a jamais été interprétée avec plus d'ampleur. On y comprend tout ce qui touche au développement physique, intellectuel et moral de l'enfant; et aujourd'hui la question du développement physique et moral a pris un intérêt qui touche à la passion.

Cette évolution dans la préoccupation publique, heureuse par elle-même, ne s'est pas accomplie sans que l'Université en reçût quelques atteintes. Il faut frapper fort pour être entendu, dit-on, sans prendre garde que ces coups ont leur écho dans le cœur des familles, dont on risque d'inquiéter les plus chers intérêts. C'est presque un point acquis dans la polémique courante que la santé de la jeunesse est en danger au sein des lycées et que l'éducation du caractère n'y tient aucune place. Pour nous, l'ardeur, la sévérité même de la critique n'est pas pour nous déplaire. Il est bon que les institutions d'État soient toujours tenues en éveil et sentent l'aiguillon. Les discussions soulevées par l'opinion sont pour tout le monde, — pour l'opinion elle-même, que les meilleures intentions peuvent égarer, pour les familles sans lesquelles nous sommes impuissants, comme pour les pouvoirs publics, une occasion de s'examiner. Toutefois encore faut-il, pour préparer utilement ce qui doit être, connaître exactement ce qui est; encore faut-il se bien rendre compte surtout que ni les plaintes, ni les regrets, ni les vœux ne suffisent, s'ils n'aboutissent à des conclusions susceptibles d'être mises en application. C'est sur ces deux points que nous voudrions présenter quelques courtes observations.

Quel est l'état réel de l'éducation physique et de l'éducation morale des lycées? Qu'est-il possible de faire pour l'améliorer?

I

Il y a vingt ans que le premier cri d'alarme a été poussé. Dans son livre de l'*Éducation homicide*, V. de Laprade prenait en mains la cause de l'enfance, et il la plaidait avec une verve qui ne se refuse aucune vivacité de tour ou d'expression. Il ne lui en coûte point de traiter de « bagnes » les lycées, collèges ou séminaires; car ce ne sont point seulement les écoles de l'État, c'est le système général de l'éducation française que met en accusation sa large et délicate impartialité. Ce régime d'immobilité, d'abstinence, de compression physique et de contention d'esprit, qui est le régime commun à tous les établissements, publics ou privés, où l'on détient les jeunes gens, est, à ses yeux, une institution « aussi féroce et plus délétère que le saint office ». Ces images ne lui échappent point. Il en a pesé le sens et mesuré la gravité; il se pique de faire la preuve de ce qu'on pourrait être tenté de prendre pour des hyperboles ou des imaginations de poète, et il y applique les ressources de la plus sincère éloquence. C'est cet état, dénoncé en 1868, que nous prenons pour point de départ de nos réflexions.

Bien qu'il embrasse dans ses attaques l'ensemble des établissements secondaires, V. de Laprade vise plus particulièrement les lycées de Paris. Ce sont ceux qu'il paraît le mieux connaître, et il ne sait pas de séjour « plus lugubre ni plus malsain ». — « Des puits, dit-il, entre quatre hautes murailles bordées de fenêtres grillées, des puits qui suent en hiver l'humidité d'une cave et exhalent, en été, la chaleur d'un four : voilà où est élevée, de huit à vingt ans, la fleur de la jeunesse, sans horizon, sans soleil, sans air, presque sans mouvement. Pour tous, jeunes et grands, la journée de travail a commencé entre cinq et six heures impitoyablement. Quelques minutes de toilette hâtive, faite pêle-mêle, dans la demi-obscurité d'un dortoir rempli des miasmes de la nuit, autour d'un réservoir commun; puis l'étude; après l'étude, la classe, et après la classe, l'étude encore, onze ou douze heures de suite sur quinze ; dans l'intervalle, trois ou quatre récréations d'une demiheure, de trois quarts d'heure, d'une heure au plus, récréations qui, faute d'exercice approprié, n'apportent ni force aux muscles, ni joie au cœur de l'enfant et le renvoient à ses livres, comme elles l'ont reçu, languissant et morne; pour réparation, un morceau de pain sec au début de la journée; à midi, un repas absorbé précipitamment, en silence, trop souvent au bruit monotone d'une lecture austère, et le soir à l'avenant; dans tous les locaux où se prolonge cette journée d'ennuyeux et écrasant labeur, un air épais et insuffisamment renouvelé sous des plafonds bas et tristes; une température sans règle, une lumière avare et mal distribuée, un mobilier (tables et bancs) déformateur pour les organes qu'il oblige à se replier et pour les membres qu'il laisse sans appui; partout, en un mot, l'appareil de la contrainte, de la souffrance, et, comme disait Montaigne, de la « gehenne »; un mélange des mortifications du couvent et des duretés de la caserne, un régime de moines ou de soldats.

« A ce milieu physique où le corps s'étiole, correspond un milieu moral non moins énervant pour le développement du caractère : une règle sèche, inflexible, qui brise les esprits et les courbe sous le joug; une discipline formelle, qui, enveloppant l'enfant comme dans un réseau d'interdictions, anéantit tout à la fois sa volonté et l'irrite. Rien qui rappelle les clairvoyances préventives, les sages souplesses, les détentes de la famille; rien qui rayonne, éclaire, échauffe; rien pour le cœur : l'Université supprime le corps et l'âme; elle considère l'enfant comme un pur cerveau. »

Ce réquisitoire était-il absolument vrai lorsqu'il parut? Il a donné lieu, à ce moment, à plus d'une réserve, et il ne semble pas qu'en 1870 la jeunesse ait à ce point failli à ses devoirs. Ce qui est incontestable, c'est qu'il ne représente rien moins que la situation présente. Les établissements d'État ne se transforment que peu à peu, simplement, sans bruit, exclusivement en vue du bien public : c'est leur honneur. C'est aussi leur faiblesse à l'égard de l'opinion qui ne compte guère que ce qui se fait avec éclat.

Il y a deux ans, à la fin d'une discussion où tous les maîtres de la science avaient apporté leur part de vues autorisées, l'Académie de médecine concluait : « 1° que les collèges et lycées pour élèves internes devaient être installés à la campagne; 2° que de larges espaces bien exposés devaient être réservés pour les récréations; 3° que les salles de classe devaient être améliorées, au point de vue de l'éclairage et de l'aération ». Nous sera-t-il permis de dire qu'à Paris, ces vœux avaient été devancés? Les deux lycées fondés dans l'intérieur de Paris depuis dix ans, le lycée Buffon et le lycée Voltaire, sont des externats. Les trois internats nouveaux, — Michelet, devenu de simple succursale lycée de plein exercice, Lakanal et Janson-de-Sailly,— ont été édifiés, les deux premiers en pleine campagne, l'autre à la porte du Bois-de-Boulogne. Les vieux établissements, qu'il n'était pas possible de déplacer, ont été dédoublés. Saint-Louis excepté, il n'en est pas un seul aujourd'hui qui n'ait son petit lycée distinct du grand. Tous les espaces ont été accrus. Sur l'emplacement où il a dû être rebâti, Louis-le-Grand conserve la même surface, pour un nombre d'élèves diminué de plus d'un tiers[1]. Buffon et Voltaire sont trois fois plus spacieux que Condorcet[2]. Charlemagne s'est annexé par delà la rue voisine un périmètre supérieur à la moitié de celui que lui avait assigné le décret de 1804[3]. De même pour Condorcet[4]. Il n'est pas jusqu'à Saint-Louis qui n'ait poussé son développement jusqu'aux limites extrêmes où l'enserre la rue Monsieur-le-Prince. Quant à Janson-de-Sailly, Lakanal et Michelet, c'est par hectares que se mesure leur étendue.

D'autre part, dans toutes les constructions nouvelles, les murs de séparation intérieurs ont été maintenus à mi-hauteur, de façon que l'air et le soleil y entretiennent les grands courants de la salubrité et de la gaieté. Pas une étude, pas une classe de ces édifices neufs ou restaurés qui ne reçoive la lumière par de larges baies pratiquées de façon à fournir, suivant les règles des hygiénistes, le jour le plus favorable; pas

---

1. 16 236 mètres carrés au lieu de 16 790. — Le petit lycée couvre à lui seul une surface de 12 800 mètres carrés.
2. 17 830 mètres carrés et 15 197 mètres carrés contre 5220 mètres carrés.
3. 3158 mètres carrés. — Le vieux lycée en a 6409^{mq},65.
4. La surface du petit lycée est de 2928 mètres carrés.

une qui ne soit garnie du mobilier accommodé à l'âge des enfants. Aux anciens appareils de chauffage défectueux, malpropres, qui ne présentaient d'autre avantage que celui de l'économie ont été substitués les appareils inventés par la science moderne, qui assurent le renouvellement de l'air frais en même temps que le service de l'air chaud et auxquels on ne saurait rien reprocher, sinon de n'avoir pas encore résolu le problème de l'économie. Dans les dortoirs réduits à des chambrées de trente lits, le réservoir où l'on se disputait les gouttes d'eau a fait place aux lavabos installés à part, dans des pièces portées le matin à une température douce, pourvues de cuvettes propres à chaque élève et disposées pour des ablutions abondantes. Les infirmeries, établies jadis au centre des bâtiments, ont été, partout où la construction s'y prêtait, reportées aux extrémités ou même isolées de l'établissement ; bien plus, nous avons nos infirmeries spéciales de contagieux. Michelet possède une piscine qui fait l'admiration des étrangers, plus justes envers nous que nous-mêmes, et Lakanal aura bientôt la sienne.

Cette sollicitude éclairée se retrouve dans tous les détails de l'existence quotidienne. La ration de pain sec a été remplacée, en hiver, par un déjeuner chaud, en été, par des fruits. La quantité et la qualité des mets, réglées et surveillées par une commission spéciale, sont soumises, en outre, au contrôle journalier du médecin. Les enfants causent pendant les repas ; bientôt ils causeront au sortir des classes, pendant les intervalles qui séparent les exercices. Dès aujourd'hui aussi, des mesures sont prises pour que, dans la belle saison, en descendant du dortoir et avant d'entrer en étude, ils se rafraîchissent à la première brise du matin. En ce moment enfin se prépare une réforme dans le vêtement, dont l'objet est de laisser aux organes l'aisance nécessaire à leur développement. Jamais on n'a poussé plus loin le souci de l'hygiène. Et cela, non point à Paris seulement. Ce qui se fait ici est proposé en exemple et bientôt suivi dans la mesure que permettent les ressources combinées des communes et de l'État. Des six lycées du ressort, les deux plus considérables, Versailles et Reims, reçoivent actuellement ou sont à la veille de recevoir des améliorations qui vont presque les renouveler. Sur vingt-quatre collèges, douze (Melun, Meaux, Fontainebleau, Coulommiers, Provins, Châlons, Épernay, Clermont, Compiègnes, Étampes, Montargis et Chartres devenu lycée) ont été reconstruits sur des plans nouveaux; quatre autres (Blois, Nogent-le-Rotrou, Pontoise, Beauvais) doivent être rebâtis ou profondément modifiés. Le même mouvement a gagné toute la France où, depuis 1878, l'on ne compte pas moins de trente collèges transformés et de vingt-six lycées réparés ou construits. « A-t-on songé, s'écriait V. de Laprade, a-t-on songé à dépenser, pour la bonne hygiène des écoliers, la millième partie des sommes folles consacrées à tant de bâtisses inutiles?... Consolez-vous, pauvres enfants de Paris, on va édifier une caserne dans la pépinière du Luxembourg! » C'est le budget de 1889 qui serait la réponse la plus éloquente, trop éloquente peut-être au gré de quelques-uns, à la question indignée de V. de Laprade. Et combien ne serait-il pas consolé lui-même à voir aujourd'hui, sur l'emplacement de la pépinière, le petit lycée Louis-le-Grand, si hospitalier, si riant dans son nid de verdure!

Mais que fait-on de ces espaces agrandis et mieux ensoleillés ? Tout d'abord, la séparation des grands et des petits lycées a permis d'établir au bénéfice des petits un régime de privilège : la prolongation du sommeil du matin dans les internats et la multiplication des temps de repos. Dans la division élémentaire, il n'est pas d'exercice qui, matin et soir, ne soit coupé par dix minutes de récréation. Même intervalle dans la division de grammaire, après la classe et avant l'étude qui remplissent la matinée de huit heures à midi. Même repos encore après l'étude du soir pour tous, enfants et jeunes gens, repos étendu d'une demi-heure, dès que la saison le permet, avant le souper. Et l'on se trompe étrangement en vérité lorsqu'on imagine que ces récréations tournent partout en déambulations académiques. C'est le défaut sans doute et le danger à partir d'un certain âge où les préoccupations commencent, où les passions s'éveillent. Mais jusqu'en seconde, c'est-à-dire jusqu'à quinze ans environ, avant l'année du baccalauréat, la nature, grâce à Dieu, est la plus orte; on joue et on joue avec ardeur; les poumons se dilatent, les bras et les jambes s'exercent. Demandez-le faux familles qui, bien avant que la polémique s'emparât de la question des jeux scolaires, ont pu voir plus d'une fois les divisions de Janson-de-Sailly, conduites à tour de rôle sur la pelouse du Ranelagh, s'y ébattre en liberté. Nos élèves, après tout, n'ont-ils pas fait leurs preuves dans les concours récemment ouverts sous les auspices du Congrès des exercices physiques et dans le Lendit de la ligue nationale? Ne comptons-nous pas parmi les lauréats un grand nombre d'entre eux, qui n'avaient été préparés que par leurs jeux de tous les jours? Que ces jeux soient irréguliers, qu'ils manquent de la durée et de l'intensité nécessaires pour produire tous leurs effets, qu'il importe d'y intéresser plus encore que les autres, en raison de l'effort intellectuel auquel ils sont soumis, ceux qu'on appelle les grands, nous sommes loin d'y contrevenir et nous ne cherchons nullement à atténuer dans la pensée publique le mal dont nous cherchons le remède. Mais il n'est pas besoin non plus de l'aggraver pour le mieux guérir.

C'est également au point que nous voudrions ramener la question de la discipline, afin de travailler à la mieux résoudre. Il est arrivé à un homme d'esprit d'écrire, dans une page d'ailleurs charmante, que durant les six premières années de sa vie de collège, de la sixième à la rhétorique, il n'avait pas entendu prononcer un seul mot de morale. Pas un mot de morale au cours d'un enseignement qui repose sur tout ce que les philosophes, les historiens, les poètes de l'antiquité et du monde moderne nous ont légué de plus élevé, de plus judicieux, de plus exquis! Pas un mot de morale dans les textes d'Homère et de Platon, d'Horace ou de Tacite, de Corneille, La Fontaine ou Fénelon! A supposer que, par la plus étrange des conspirations, tous les maîtres s'entendissent à ne faire sortir de leur enseignement que des leçons de mots, comment la raison de l'enfant ne se formerait-elle pas d'elle-même au contact prolongé de ces œuvres limpides et profondes, où l'éloquence, l'esprit la grâce ne sont que le vêtement de la raison? C'est le propre des études classiques qu'en nourrissant l'esprit elles l'élèvent, qu'en aiguisant le goût elles exercent et affinent les sentiments. Et puis, si l'on a pu reprocher autrefois à l'instruction universitaire de maintenir trop longtemps la jeunesse dans le culte et comme dans l'air de l'antiquité, ce reproche a cessé d'être fondé. Michelet comparait les procédés d'éducation du seizième siècle aux vieilles armures faites pour la résistance, non pour l'attaque. Aujourjourd'hui de toutes parts nous ouvrons à l'enfant des jours sur le monde où il est appelé à vivre; non seulement par les sciences d'application qui lui expliquent les phénomènes au milieu desquels il grandit, mais par les langues vivantes, par l'histoire contemporaine conduite jusqu'aux événements dont la secousse nous émeut encore, par la littérature, où les œuvres du dix-neuvième siècle tiennent une si large place. En quoi même il semble que nous excédons parfois la mesure; car on n'a pas à craindre certes que les monuments de la pensée ou de la poésie de notre temps échappent à la curiosité de la jeunesse, tandis qu'il n'est point sûr que ceux qui n'ont pas goûté pleinement, dans la première ferveur des enthousiasmes, les œuvres des grands siècles, nos aînés, aient plus tard l'idée d'y revenir. Et quel aliment plus sûr que cette littérature reposée du dix-septième siècle, qui, comme les littéraratures grecque et latine, joint à la simplicité, à la justesse, à l'universelle vérité de l'observation morale, la solidité incomparable et l'éternelle fraîcheur de l'expression ! Mais l'excès même qui risque de nous entraîner sur ce point n'indique-t-il pas combien est vive la préoccupation de saisir fortement les intelligences des choses de la vie ?

Objectera-t-on que l'instruction n'est qu'un moyen d'action accessoire ? Mais l'esprit de direction, au sens le plus précis du mot, n'est-il pas entré, ne pénètre-t-il pas chaque jour davantage dans le gouvernement des institutions universitaires ? Il a pris hautement possession de l'enseignement supérieur et de l'enseignement primaire. S'il est plus lent à s'introduire dans les lycées, là aussi on commence à comprendre quelle force on en peut recueillir. Notre presse scolaire n'a jamais été plus riche. Sur toutes les questions de psychologie pédagogique nous avons une littérature courante bien informée, très nourrie, libéralement ouverte à la controverse. Et combien d'aperçus nouveaux, d'observations sincères sont sortis des assemblées de professeurs, organisées depuis huit ans ! Les écoles normales primaires, les écoles normales d'institutrices surtout, s'y distinguent par un sens plus ferme tout à la fois et plus délicat des choses de l'éducation ; mais le souci en est partout sensible. Le regret dans les lycées est qu'on ne puisse pas immédiatement passer de l'idée à l'application. L'idée est recueillie cependant, et un jour elle se traduit en une réforme, grande ou petite, qui a d'autant plus de chances de réussir qu'elle a été préparée par l'opinion vraiment éclairée ; et, en attendant cette sanction suprême, un effet se produit infailliblement, le plus salutaire de tous peut-être : on s'est rapproché, on a contrôlé son jugement au jugement d'autrui, on s'est accoutumé à regarder par delà sa classe et sa fonction propre, on a pris à cœur les responsabilités communes et les intérêts généraux. Tel est le sentiment qui existe de la nécessité d'une pénétration plus intime de la vie morale, que presque partout la première question posée dans les réunions de professeurs a été celle du régime intérieur. On a revu les règlements, on a écarté tout ce qui avait plus ou moins conservé le caractère des rigueurs dangereuses et inutiles. Ce n'est pas d'aujourd'hui au surplus que l'Université a renoncé à châtier les enfants et travaille comme elle peut, sinon toujours comme elle veut, à les élever. Qu'il ne se produise plus d'abus, nul n'oserait le prétendre. Il est chez l'élève telles résistances, chez le maître telles imprudences ou tels oublis momentanés du devoir qu'aucun règlement ne saurait prévenir. Et puis il y a aussi les traditions attachées aux vieilles murailles. Mais partout où l'esprit nouveau a trouvé la place libre, il s'est implanté ; dans les lycées de jeunes filles, par exemple, où, sauf un devoir à refaire, une leçon à rapprendre, on ignore ce que c'est qu'une punition. Envisagée dans son ensemble, on ne saurait sérieusement contester que notre discipline a pris un caractère plus moralisateur. On a dit qu'au collège l'adolescent n'avait pas une seule fois, en un jour, en une semaine, en un mois, l'occasion de faire acte d'énergie personnelle, de choisir un parti et de le suivre, que sa vie, réglée au cadran, gouvernée par le tambour, asservie par l'ordre général, n'était qu'une succession d'obéissances et ne développait en lui que l'habitude et le goût de la passivité. C'est lui refuser contre toute justice cette activité de vie intérieure qui est sa force naturelle et sa dignité naissante. Vingt fois par jour l'enfant n'a-t-il pas à se raisonner, à se décider, non pour aller d'un point à un autre peut-être, mais pour se mettre au travail, pour résister à ses mauvais instincts et se faire une bonne conscience? Assurément, c'est là un effort entre tous, un effort qui ne va pas toujours sans sacrifices et qui profite d'autant plus à l'exercice de la volonté. Au surplus, d'où vient cette jeunesse qui s'empresse aujourd'hui dans les Facultés? Où a-t-elle puisé cet amour du travail, ce goût de la science, ce sentiment du devoir qui, dans les moments de crise générale, affermit son jugement et lui inspire les résolutions courageuses? Sans sortir de nos lycées, quelle preuve plus remarquable de l'action exercée sur les caractères que ce qui s'y passe aujourd'hui dans l'ordre des sentiments religieux? Le devoir s'est imposé à l'État, qui doit une égale protection à toutes les consciences, de ménager la place dans les établissements placés sous son patronage à ceux qui ne professent aucune foi comme à ceuxque le sentiment religieux n'a point abandonnés. L'épreuve était délicate, alors que trop souvent la société offre le spectacle et donne l'exemple de l'intolérance ou de la passion. Eh bien, le départ s'est fait, au gré des familles, entre des enfants vivant sous le même toit et soumis pour tout le reste à un commun régime, sans qu'aucune conscience ait été froissée, sans que les rapports de confiance réciproque et de mutuel respect aient nulle part été troublés. Ce n'est point là assurément l'effet d'une éducation sans efficacité.

Cette situation reconnue à l'honneur de ceux qui ont contribué à l'établir, la seule conclusion que nous voulions tirer comme pour l'éducation physique, c'est qu'elle offre une base toute préparée à recevoir des améliorations nouvelles.

II

Mais quel est l'objet qu'on nous propose ? Il importe de le définir. Ce n'est point assez, dit-on, que l'enfant ait à respirer un air plus large, qu'une alimentation plus forte lui soit assurée, que tous ses organes soient plus à l'aise, en classe et à l'étude, qu'il utilise ses moments de repos à des jeux qui le récréent. Il ne suffit point de ne plus contrarier la nature; il faut en exciter, en soutenir le développement. Ici, plus qu'en tout le reste, il serait imprudent de vivre au jour le jour et de ne pas songer au lendemain. On a beaucoup, on a trop parlé, chacun le reconnaît, du surmenage. Il n'y a surmenage réel qu'à la veille des examens et des concours pour les jeunes gens qui s'y préparent. Dans le cours commun des classes, il a été apporté aux études de tels adoucissements, les élèves ont si bien appris à se défendre, que la mesure du travail ne peut vraiment être tenue comme dépassée. Mais le temps devant lequel l'élève de tout âge est attaché à son banc, la sédentarité, comme on la nomme, voilà où est le péril. Et ce péril s'accroît de l'excitation nerveuse, c'est-à-dire de l'affaiblissement dont l'enfant des grandes villes porte le germe en venant au monde. Contre cet état pathologique on invoque la nécessité de soumettre la jeunesse à des exercices quotidiens d'entraînements physiques : marches, courses, sauts, jeux de force et d'agilité. On veut que, comme le cerveau, les muscles travaillent. C'est toute une éducation, l'éducation athlétique, qu'on nous convie à organiser.

De même pour la formation des caractères. L'éducation de préservation pure est tenue pour insuffisante. Il ne s'agit même plus d'agir sur l'enfant. On entend l'affranchir des liens d'une discipline qui l'entrave, l'endort, relâche en lui les ressorts de la vie. On demande qu'il se forme à la liberté par l'apprentissage de la liberté, à la vertu — justice, courage, bonté — par la pratique de la vertu, sous une tutelle familiale qui le dirige sans le contraindre. De part et d'autre, le but ne saurait être plus nettement indiqué ni marqué plus haut. Nous avons eu longtemps le regard fixé sur l'Allemagne. Nous le portons maintenant vers l'Angleterre. C'est à Harrow, à Éton, à Rugby, que nous cherchons des modèles de l'éducation physique et morale. Le sport et le régime tutorial, tels sont les deux termes en qui se résume la réforme poursuivie.

III

Si vif est l'attrait qui nous porte vers les idées nouvelles que l'on ne saurait y regarder de trop près avant de se laisser engager. Le sport est le fondement de l'éducation anglaise. Demandez à un de nos proviseurs des renseignements sur l'établissement qu'il dirige ; il vous dira le nombre des heures d'étude que comporte la journée. A la même question le principal d'un collège anglais répondra par l'indication du nombre des heures de jeux. La moyenne du temps accordé au travail proprement dit est, d'après les professeurs, de cinq à six heures par jour au maximum, de trois à quatre, suivant les élèves, qui sont moins discrets. Deux et souvent trois fois par semaine, les classes cessent à midi. Les exercices physiques, la paume, le ballon, la course, le canotage, le cricket, font partie de l'enseignement. Les prospectus de nos écoles secondaires libres portent en première ligne et en caractères gras : ici on prépare au baccalauréat. Ici il y a un jeu de cricket, est la mention sur laquelle les écoles anglaises appellent tout d'abord l'œil des familles. On consacre au cricket quinze heures par semaine à Harrow, vingt-une à Winchester, vingt-sept à Éton. Il est de règle que, pour prendre rang parmi les directeurs du jeu, les onze, suivant leur titre, il n'y faut pas travailler moins de cinq heures par jour. Les capitaines ont chacun dans le jeu qu'il commande une autorité égale à celle qu'exercent les moniteurs préposés à la surveillance des classes; quant à l'importance de leur rôle, elle est considérée comme supérieure. Au premier rang, les jeux; les livres ne viennent qu'en second : c'est le principe posé par un maître d'Éton. De temps à autre, il s'élève bien quelques réclamations. « En voyant les jeunes gens prêts à tout sacrifier pour le cricket, écrivait il y a quelques années un professeur, en les voyant y consacrer un nombre d'heures et un enthousiasme hors de toute proportion avec ce qu'ils donnent au travail, en voyant que leur esprit en est si complètement envahi qu'ils ne parlent, ne pensent et ne rêvent que cricket, il n'est pas étonnant de trouver beaucoup de gens qui attribuent à cette manie de muscularité la misérable pauvreté des résultats intellectuels que nous obtenons. » D'autres symptômes témoignent que cette éducation ne suffit plus aujourd'hui à tous les esprits. A côté du régime des études classiques, il s'est formé un régime d'études, dites études modernes, où l'on réclame du temps pour des connaissances plus étendues, pour les langues vivantes particulièrement, les mathématiques et les sciences naturelles. Mais l'opinion commune résiste aux besoins nouveaux et ferme l'oreille aux représentations les mieux fondées. Tel que la tradition l'a établi, tel qu'elle le conserve, l'objet de l'éducation anglaise est de former des gentlemen vigoureux et résolus, rompus à la fatigue, aguerris à la lutte, en état de faire face à la grande fortune que généralement la naissance leur assure, et capables, si d'aventure cette fortune est compromise, de courir les terres et les mers pour la réparer, des hommes de race destinés et préparés à perpétuer la race.

Cette vue aristocratique et exclusive se retrouve dans l'institution du régime tutorial. Pour essayer de l'acclimater en France, on la compare parfois à notre ancienne coutume des chambriers. Mais qu'étaient-ce, en réalité, que nos chambriers de Gascogne ou de Bretagne? Des enfants de petite bourgeoisie, hébergés chez des parents ou des amis de petite bourgeoisie comme eux, souvent même chez des gens de métiers; payant par des redevances en nature, tout au plus par quelques écus, leur place au feu et à la chandelle; recevant de la maison paternelle par le coche, aux jours de fêtes carillonnées, des provisions de choix qu'ils déposaient tout fiers sur la table commune; vivant à l'ombre de ces modestes foyers, d'une vie étroite, rangée et retirée. Quoi de commun entre eux et ces jeunes gens de famille répartis autour du collège anglais par groupes de dix, de vingt, de trente, dans des maisons de plaisance, versant entre les mains de tuteur que le directeur a préposé à leur garde des pensions de cinq à six mille francs; assurés à ce prix de tout le confort de la grande vie; ayant d'ordinaire à leur service un personnel domestique et recevant, quand il leur plaît, qui il leur plaît; jouissant enfin d'une pleine liberté, à la seule condition que leurs compagnons d'hospitalité n'en éprouvent ni trouble ni détriment. Car telle est la règle du contrat, et elle achève de marquer l'esprit de l'institution. Aux heures d'étude, retranché dans sa chambre, l'élève peut travailler ou ne rien faire : c'est l'examen, examen peu exigeant d'ailleurs, qui le jugera ; aux heures de repos, il peut, selon son humeur, dormir, se récréer, battre les buissons, courir la campagne ; il suffit qu'il soit là au moment où commence la leçon, et il ne doit compter que sur lui-même ; ce n'est ni la cloche ni le tambour qui l'avertira. Mais vient-il à commettre une faute qui rende son voisinage inquiétant : il est rendu à sa famille. « Le premier, le second, le troisième devoir de tout directeur d'école, disait Thomas Arnold, est de se débarrasser des natures stériles ou rebelles. » Dans sa pensée, comme dans celle de tous ses disciples, l'éducation est une œuvre de sélection ; elle doit sans hésiter séparer le bon grain de l'ivraie ; elle ne travaille que pour une élite.

C'est une élite aussi que nous avons l'ambition de former. Les élites ne représentent pas seulement l'honneur d'une société, elles en font la force. Mais pour les créer, il n'en va pas de même dans les pays où la naissance, la fortune, l'esprit de hiérarchie n'ont pas perdu leurs privilèges et chez un peuple qui a fait du mérite personnel sa règle unique, sa loi. Que représentent les centaines de jeunes gens élevés dans les dix ou douze grandes écoles d'Angleterre, à côté des milliers d'enfants qui peuplent nos lycées et auxquels nous ne pouvons fermer la porte que lorsqu'ils se sont rendus absolument indignes d'y rester? Des divers degrés d'éducation, il n'en est pas de moins comparable entre l'Angleterre et la France que l'éducation secondaire. On a pu dire de l'organisation des collèges anglais qu'elle avait pour but d'établir dans le développement intellectuel de la jeunesse comme une halte de repos, une sorte d'oasis, où pour un temps on laisse sommeiller l'esprit, où l'on ne s'occupe que de la croissance des forces physiques, alors que la nature concentre elle-même son activité sur ce travail. Notre lycée est un champ clos où se rassemblent tous ceux qui ont à conquérir leur rang, à se faire une place. Il n'est pas rare qu'à Éton ou ailleurs, une belle journée s'annonçant, les élèves demandent et obtiennent de remplacer la classe par un match. Tout récemment il nous est arrivé de proposer aux nôtres une distraction qu'ils ont refusée, l'échéance prochaine des examens dont dépend leur avenir ne leur permettant aucune relâche. Les familles, les mères surtout — nous ne disons rien qui ne s'appuie sur des faits — sont les premières à animer leurs enfants à la lutte : tant le besoin du succès s'impose! Nous vivons et nous mourons au concours, disait Prévost-Paradol. Le concours est une des formes essentielles de notre organisation démocratique. Il n'est pas impossible et il est sage de chercher à en modérer l'application. Mais nul aujourd'hui n'en saurait arracher le principe des entrailles du pays. On ne réforme pas un état social qui est le produit de l'équitable travail des siècles.

De même que les principes, il faut considérer les mœurs et les intérêts. Il est bien peu de pédagogues qui défendent l'internat pour lui-même. Il n'en est point qui n'en reconnaissent la nécessité pour les familles que le manque de loisirs ou de ressources empêche d'assurer elles-mêmes l'éducation de leurs enfants. Même en Angleterre, qu'on cite en exemple, est-ce que Westminster n'a pas ses boursiers cloîtrés dans l'enceinte de la vieille abbaye, et la plus grande école secondaire de Londres, l'École de Saint-Paul, n'est-elle pas un internat[1] ? Chez nous, que demande l'Académie de médecine ? Non pas que les internats soient supprimés, mais qu'ils soient déplacés. Ce vœu est-il conforme à celui des parents ? Il est regrettable que nous soyons, quant à présent du moins, induit à craindre le contraire. Lakanal se peuple, mais lentement. A Lyon, le petit lycée de Saint-Rambert ; à Bordeaux, Talence ; à Marseille, la Belle-de-Mai sont en décroissance. Les familles trouvent trop longues les moindres distances. Les convertirait-on à des vues plus sages en appliquant aux lycées hors des murs le régime tutorial ? Dans un rêve généreux, l'auteur du beau livre sur *l'Éducation de la bourgeoisie sous la Révolution* a jeté les bases d'une sorte de cité de Dieu, établie en rase campagne, non loin d'un bois et près d'un cours d'eau, avec toutes les salubrités et tous les agréments de la vie, où, comme à Harrow, les élèves seraient distribués par hameaux sous la garde de tuteurs choisis parmi les professeurs, et à défaut de professeurs, parmi les officiers en retraite, d'anciens fonctionnaires, des avocats, des médecins, investis d'une délégation de l'autorité paternelle, et surveillant à la fois le développement physique, intellectuel et moral des pupilles qui leur seraient confiés. Qui ne souscrirait à cette aimable conception ? Un moment, à la fondation de Lakanal, nous avons presque espéré la voir réalisée. Ce ne sont pas les incitations ni les encouragements qui ont manqué pour créer autour du lycée, à Bourg-la-Reine et à Sceaux, des familles scolaires. Mais à ces instances quelques-uns de nos jeunes professeurs objectaient les loisirs dont ils avaient besoin pour leurs études personnelles : c'est Paris, ses bibliothèques, ses instruments de travail qu'ils avaient ambitionné de trouver près de Paris. Tous s'inquié-

---

1. Tel est aussi le caractère du *Collège international de Londres*, collège d'études secondaires commerciales, situé dans Isleworth (Middlesex).

taient, en outre, à la pensée du trouble introduit dans leur vie domestique. L'esprit de famille varie avec les pays. L'Angleterre a sa façon de le pratiquer. De bonne heure, le jeune garçon quitte le foyer paternel ; on lui apprend à s'en passer; pourvu qu'il y revienne deux ou trois fois l'an, aux époques consacrées, à Noël et à Pâques, de part et d'autre les sentiments se trouvent satisfaits. A-t-il trouvé sa voie? à peine s'inquiète-t-on de savoir où il la poursuit. Chez nous, il n'en coûte pas toujours assez à notre gré de se séparer des enfants pour les mettre au collège ; au collège même, il s'en faut qu'on les suive d'assez près ; mais on ne les perd jamais de vue : en s'affranchissant de ses devoirs, on n'entend pas se priver de ses affections. Les enfants sont l'âme de la famille française : nous vivons avec eux, pour eux, en eux. Ajouterai-je que l'intimité de ces mœurs familiales n'est nulle part peut-être plus respectée que dans l'Université? Ce sont ceux-là mêmes qui pourraient avec le plus d'autorité prendre en mains l'éducation complète des enfants des autres qui se refusent à rien sacrifier du souci de leurs propres enfants. Restent les éducateurs de bonne volonté. Pour ceux-là comme pour tout le monde, la loi est large et l'administration bienveillante. Il n'est pas d'officier, de médecin, d'ancien fonctionnaire qui ne soit pourvu des titres nécessaires pour ouvrir, sous le nom d'établissement secondaire, une maison de famille. Posséderaient-ils tous, comme on semble le préjuger, l'expérience, l'aptitude, le don ? Il ne suffit pas de s'improviser chef d'un établissement privé pour avoir du même coup les vertus qu'on exige d'un éducateur public. La plus grosse difficulté pourtant ne tient pas à ce point délicat. Entre l'enseignement primaire devenu entièrement gratuit, et l'enseignement supérieur qui, après l'avoir été pendant quelques années, a heureusement cessé de l'être, l'enseignement secondaire est resté à la charge de ceux qui en recherchent le bienfait. Seulement, par un effet de l'émulation naturelle qui gagne de proche en proche, les couches où sa clientèle se recrute s'étant étendues, il a fallu en mettre les conditions à la portée des fortunes modestes. Même après avoir été élevé comme il l'a été en ces dernières années, le prix de l'éducation secondaire n'est point rémunérateur pour l'État; et c'est ce qui fait que les établissements libres, sauf ceux qui sont soutenus par de puissantes associations, ne pouvant l'offrir aux mêmes conditions, ont renoncé à la donner. Le régime tutorial ne suppose donc pas seulement une modification profonde dans nos mœurs domestiques; il n'est applicable qu'en prenant son assiette dans les classes qui peuvent en supporter la dépense : c'est une éducation de luxe.

Ainsi, à quelque point de vue que nous nous placions, nous ne devons pas nous flatter de faire prévaloir le régime tutorial comme règle dans la conduite de nos lycées, pas plus que nous ne pouvons espérer d'y assurer aux pratiques du sport la part de temps et d'activité prépondérante que les collèges anglais lui consacrent. Mais il ne s'ensuit pas que nous devions renoncer à améliorer notre éducation physique et morale, suivant les conditions où nous placent notre tempérament national et nos traditions. Dans quelle mesure et à quelles conditions ces améliorations sont-elles réalisables? C'est ce qu'il nous reste à examiner.

V

L'éducation athlétique exige de l'espace. L'éducation morale demande, avec une certaine liberté de plein air et de clair soleil, elle aussi, des hommes qui la dirigent et du temps pour la faire. Ce sont ces espaces qu'il faut obtenir, ces hommes qu'il faut nous assurer, ce temps qu'il faut conquérir sur la durée de la journée scolaire.

La condition des espaces étant une question matérielle ne sera peut-être pas, quelque difficulté qu'elle présente, la plus malaisée à remplir. Au moins n'est-il pas impossible, pour les créations nouvelles, de les placer hors des centres populeux ; pour les établissements qui existent, de se ménager du champ en réduisant le nombre des élèves, et d'assurer aux enfants, à distance de l'enceinte habitée, un lieu de plaisance, où ils aillent deux fois par semaine, le jeudi et le dimanche, tantôt le matin, tantôt le soir, parfois la journée entière, se renouveler et s'exercer. C'est à quoi nous sommes arrivés dans la plupart de nos lycées de province, à Reims, à Orléans, à Bourges. Même à Paris, un essai de ces excursions aboutissant à des récréations physiques a pu être tenté, non sans succès, dans les dépendances du parc de Meudon, et nous avons constaté les effets salutaires produits par l'attrait de ces excursions inaccoutumées, par l'excitation d'un air plus vif, par l'entrain des jeux que dirigent ou secondent les maîtres de gymnastique. Que les subsides nécessaires soient accordés pour aménager les terrains d'exercice, pour les mettre à l'abri des intempéries et les munir des engins indispensables ; que dans les lycées même on favorise les associations de jeux et qu'elles deviennent un objet de véritable émulation ; que les enfants surtout ne soient pas tentés de considérer les jeux comme une nouvelle charge de l'internat ; que tous, pensionnaires et externes, y soient conviés et astreints ; que les familles nous viennent en aide au lieu de nous opposer, comme il arrive trop souvent, leurs craintes sans fondement, leur mollesse plus fâcheuse encore ; que l'opinion tienne compte de l'effort entrepris avec décision, soutenu avec persévérance, et l'on peut espérer de triompher des habitudes d'une éducation trop sédentaire.

Il ne faut point d'ailleurs s'exagérer l'importance des appareils. Si rien ne vaut le jeu de plein air pendant les belles journées d'hiver ou d'été, d'autres exercices praticables en tout temps et en tout lieu ne sont pas moins favorables à la santé. Il est un art français entre tous, qui, en même temps qu'il fortifie les muscles, développe l'agilité et le sang-froid, stimule le courage, éveille dans l'adolescent le sentiment de la dignité : c'est l'escrime. L'enseignement en est coûteux, il est vrai. Plus qu'aucun autre, il serait nécessaire de le rendre accessible. Obligatoire pour les candidats aux Écoles militaires, il devrait être encouragé pour tous. A défaut du fleuret, d'ailleurs, il y a des escrimes qui, moins relevées peut-être en apparence, mais moins dispendieuses, ont aussi et plus encore peut-être, l'avantage de mettre tous les organes en mouvement : la boxe, la canne, le chausson. De tous les espaces que nous voudrions voir s'ouvrir à l'intérieur de nos lycées urbains, pour les jeux de tous les jours, on n'en saurait trouver de plus utile peut-être qu'une salle appropriée à cette gymnastique ; non pas un de ces couloirs obscurs dans lesquels tant bien que mal aujourd'hui quelques couples se réfugient et que d'autres besoins leur disputent ; une vraie salle d'armes, une académie, comme on disait jadis où, deux ou trois fois l'an, en présence des familles, se donneraient des assauts.

Le choix des hommes à préposer à l'éducation morale, telle qu'on la veut développer, est chose plus délicate. Toutefois ils ne nous manqueront pas. Pour la conduite d'un lycée, on cherche volontiers ce qu'on appelle un administrateur, et, entre l'administrateur et l'éducateur, il y a plus d'un secret rapport. L'administration bien entendue d'un établissement d'éducation implique l'étude du cœur humain et l'habileté à le manier. Mais elle suppose avant tout chez celui qui est investi de l'autorité : d'une part, la liberté d'action nécessaire pour l'exercer ; d'autre part, les aptitudes pour s'y plaire et s'y développer; elle suppose, en outre, autour de lui le concert des volontés.

Or, nous l'avons bien souvent signalé, le premier défaut de notre éducation publique est qu'elle s'applique, dans nos meilleurs c'est-à-dire dans nos plus grands lycées, à trop d'enfants à la fois. On reconnaît volontiers que rien ne se pourra faire de décisif tant qu'on n'aura pas dispersé ces agglomérations de douze cents, quinze cents et dix-huit cents élèves réunis sous une même main. Mais on objecte la difficulté de grossir les dépenses en multipliant les établissements, et l'objection n'a jamais eu plus de portée qu'aujourd'hui. Encore serait-il nécessaire cependant de prendre à cet égard des résolutions fermes, sauf à n'en faire que progressivement, au fur et à mesure que les ressources le permettront, la complète application. D'un autre côté, dans les établissements de moyenne importance comme dans les autres, le détail des questions administratives absorbe le temps et la pensée de ceux dont le principal souci, je dirais volontiers le souci unique, devrait être la direction de l'enfant. Rollin voulait que le principal d'un collège se réservât toujours le loisir de la méditation. Où nos administrateurs trouveraient-ils aujourd'hui le loisir de ce recueillement indispensable pour avoir sur la jeunesse une action sûre d'elle-même, alors que tous les moments de la journée leur sont, minute à minute, disputés par les intérêts complexes dont ils ont la responsabilité?

Affranchir la fonction en simplifiant certains rouages administratifs pour tous, en allégeant, pour quelques-uns, le poids du nombre, ce ne serait pas seulement contribuer à la rendre plus efficace, ce serait du même coup, ce qui n'importe pas moins, travailler à susciter les vocations. Trop souvent on n'entre, comme on dit, dans l'administration qu'à la fin d'une carrière, ou faute de pouvoir supporter les fatigues de l'enseignement. A-t-on le goût de s'y porter, se sent-on pénétré de cet amour de la jeunesse sans lequel la profession devient un métier au détriment de celui qui la remplit non moins qu'à l'égard de ceux sur qui elle s'exerce, on est arrêté par les règles d'une hiérarchie qui oblige à des éloignements et impose des sacrifices. On craint, si le succès ne vient pas couronner le premier effort, de ne point retrouver sa place avec dignité dans les cadres de l'enseignement. Nous voudrions écarter ces entraves, faciliter les essais, donner aux ambitions justifiées plus de sécurité. Passer de la direction d'une classe à la direction d'un lycée, c'est renoncer à son indépendance, à des travaux personnels peut-être. N'est-ce pas le moins d'y attacher l'attrait de l'emploi des facultés les plus hautes, d'y engager les esprits d'élite en leur offrant les accès et en leur laissant toujours libres les grandes issues? On accepte aujourd'hui la direction d'un établissement; il faut arriver à ce qu'on la recherche, en ne la rendant difficile qu'aux prétentions douteuses ou médiocres, et en coupant court aux erreurs de destination pour faire place aux aptitudes éprouvées. Un professeur qui ne réussit point ne compromet qu'une classe, et avec l'expérience il s'améliore. Ce sont des générations d'enfants qu'un administrateur qui s'est trompé de voie risque de laisser perdre.

Ces réflexions ne touchent pas moins le personnel d'ordre secondaire. Le corps des maîtres répétiteurs s'élève. Parmi eux comme parmi les jeunes professeurs de collège, nous avons toujours pensé qu'on trouverait à recruter cette école normale d'éducateurs, que M. de Salvandy avait jadis essayé de créer, et qui aujourd'hui nous assurerait de si précieuses ressources; nous croyons à la pédagogie non seulement comme à un art auquel on se forme par l'observation, mais comme à une science qui a ses principes. En attendant, c'est en grande partie des rangs des maîtres répétiteurs que sortent d'eux-mêmes, en se distinguant, les surveillants généraux, et c'est parmi les surveillants généraux que sont choisis, pour une large part aussi, les censeurs des lycées. Or il n'est pas sans exemple que la situation des surveillants généraux présente moins d'avantages que celle dont jouissent les maîtres répétiteurs placés sous leur direction. Ici encore il y a mieux à faire qu'à attendre les bonnes volontés et à compter sur les sacrifices.

A l'autorité que les chefs d'établissement tireraient d'une situation matériellement soulagée, moralement agrandie, plus largement ouverte à l'élite, servie par des collaborateurs mieux encouragés, ajoutez celle qu'ils pourraient trouver dans le concours des forces groupées autour d'eux. L'unité du commandement est la sauvegarde d'une maison. Mais le commandement ne peut que gagner à s'entourer de lumières et à se créer des appuis. L'assemblée des professeurs dresse chaque année le tableau d'honneur. C'est aussi l'ensemble des professeurs de chaque classe qui détermine les effets des examens de passage. Pourquoi ces délibérations communes ne s'appliqueraient-elles pas aux intérêts moraux de l'établissement comme elles ont, depuis quelque temps, contribué à régler les questions de discipline intellectuelle? Pourquoi les notes trimestrielles attribuées à chaque élève ne seraient-elles pas l'objet d'un examen contradictoire, le résultat d'une sorte de pondération entre les mérites et les défaillances, les qualités et les défauts, laquelle, en même temps qu'elle éclairerait avec plus de précision l'enfant et sa famille, donnerait à l'action du maître une direction plus juste? Pourquoi n'y aurait-il pas dans chaque lycée une sorte de tribunal suprême devant lequel seraient portées, avant d'être souverainement arrêtées, les grandes décisions de l'éloignement provisoire ou de l'exclusion? Ces nouveaux devoirs rencontreraient peut-être à l'origine des scrupules, des difficultés, disons le mot, des résistances. Mais la force que chacun trouverait dans ce puissant ressort de vie intérieure serait, et au delà, un dédommagement de la peine. Les anciens réformateurs de l'Université avaient eu le sentiment élevé de ce besoin. « Tous les premiers dimanches de chaque mois, disait le projet de règlement général de 1763, à l'heure que le principal croira le plus convenable, il assemblera les professeurs et les régents à l'effet de prendre, sur leurs avis et leurs observations, les mesures qu'il croira les plus nécessaires et les moyens qu'il jugera les plus utiles pour procurer l'avancement des jeunes gens qui habitent ou fréquentent les collèges. » Alors que « l'avancement moral » de la jeunesse, comme il est écrit ailleurs dans le règlement, n'a jamais été l'objet de préoccupations plus vives ni plus légitimes, qui pourrait se refuser à y apporter sa juste part de sollicitude et d'activité?

Cependant il ne suffirait ni d'attribuer à l'éducation physique plus d'importance, ni d'organiser de plus puissants moyens d'éducation morale, si pour l'une et pour l'autre nous ne mettons l'enfant en mesure d'en recueillir les avantages. Les exercices physiques ne peuvent être efficaces qu'à la condition d'être prolongés, renouvelés, suivis de repos; en un mot, ils veulent du temps. Le temps bien plus encore est un élément indispensable au succès de la pénétration morale. Observer l'enfant, le suivre, le voir faire, démêler ses bonnes et ses mauvaises inclinations, lui en découvrir à lui-même le caractère et le fond, l'animer à la réflexion, et, par la réflexion, à l'action, en serrant ou en détendant le conseil, en forçant ou en ralentissant la marche, selon l'âge et le tempérament : tâche délicate, même au sein de la famille, à plus forte raison avec l'éducation publique, qui, chez le maître, demande la clairvoyance dans l'objet, la persévérance dans la direction, la fermeté et la délicatesse des procédés, l'infinie richesse des moyens ; mais qui par-dessus tout n'est praticable sur l'enfant qu'autant que l'enfant peut s'y prêter avec quelque aisance. Or ce temps, où le prendre ? cette aisance, où la trouver dans nos journées si pleines ?

On considère que les exercices physiques, en détendant l'application des facultés intellectuelles, auront pour effet de leur rendre plus de souplesse, que l'esprit de l'enfant qu'engourdit aujourd'hui la malsaine oisiveté de la récréation, rafraîchi, ranimé par le mouvement réglé d'un jeu intéressant, reviendra au travail avec plus de goût, s'y attachera avec plus d'ardeur, fera les choses plus vite et mieux. A l'appui de ces espérances, on a même constaté que, dans les établissements où la récréation du midi a été augmentée d'une demi-heure et l'étude qui la suit diminuée d'autant, les enfants mettaient moins de temps à apprendre leurs leçons, qu'ils avaient le cœur plus ouvert en même temps que l'esprit plus dispos. Nous admettons volontiers ce que ces remarques ont de fondé. Cependant il ne faudrait pas se hâter de tirer la conclusion de ces petites expériences. C'est ainsi qu'on a pu croire que l'enseignement de la gymnastique, aujourd'hui relégué au second rang dans l'opinion, était définitivement fondé, parce qu'on avait réussi tant bien que mal à le placer partout, dans l'intervalle des autres occupations, le matin, le soir, avant ou même après les repas.

Notre devoir est de prévenir les mécomptes. Conduite comme elle doit l'être, l'éducation athlétique ne peut qu'engendrer la fatigue, une fatigue salutaire, mais la fatigue. C'est à ce prix qu'on en achète le profit. Les écoles anglaises ne s'y trompent point. Le jour des marches, des tournois de cricket ou des expéditions de canotage, on fait la seule chose qu'il soit possible de faire : on se repose, on donne plus de temps au lunch et on se couche tôt. Quant aux programmes des jours ordinaires, faut-il les comparer avec les nôtres? L'histoire n'y est point représentée ou peu s'en faut. La philosophie est renvoyée aux universités. La place de faveur appartient au grec et au latin; mais quelle place, nous l'avons vu. On n'a pas trouvé enfin, on n'a pas cherché le moyen de mener de front, à part égale, le développement des exercices physiques et le développement des études; on s'est franchement décidé pour l'un contre l'autre. Nous ne nous croyons pas réduits à cette alternative. Mais il ne faut pas qu'on s'y méprenne. Vouloir introduire dans nos programmes, tels qu'ils sont constitués, l'éducation physique avec ses exigences de temps et ses dépenses de forces, l'éducation morale avec ses inévitables et judicieuses lenteurs de procédés, sans consentir à quelques sacrifices dans l'enseignement, c'est un leurre ou un danger : un leurre si l'on formule des prescriptions pour ne les point faire exécuter; un danger si, ces prescriptions étant suivies d'effet, on cherche à faire entrer la même somme d'efforts de tout genre dans le cadre déjà trop chargé du travail quotidien.

Ce n'est donc que par des retranchements sages que nous pouvons espérer de faire place à des additions utiles, et cette nécessité nous ramène une fois de plus à l'examen de notre organisation générale. J'avais l'occasion de le répéter, il y a quelques semaines, dans la grande commission d'études qui poursuit ses travaux avec tant de dévouement, au Ministère de l'instruction publique, sous la direction de M. Jules Simon : deux idées, dirai-je deux principes, nous dominent, et sont, en partie au moins, la cause du malaise où nous nous débattons : l'esprit d'uniformité dans les cadres de l'enseignement, et l'esprit d'encyclopédisme dans les matières que cet enseignement embrasse. Enseigner à tous les élèves, dans tous les établissements de même ordre, le même programme et comprendre dans ce programme l'ensemble des connaissances humaines, telle est la règle qui est appliquée chaque jour davantage à notre système d'éducation nationale, et qui nous paraît un élément de dissolution et de ruine. A l'école primaire, on ne considère pas si l'enfant d'un hameau perdu dans la montagne ne serait pas bien heureux de savoir lire, écrire et compter, de connaître la patrie par les traits essentiels de l'histoire et de la géographie; il doit apprendre en physique, en chimie, en histoire générale, etc., tout ce qu'on apprend au chef-lieu de son département, à Bordeaux, à Lille, à Lyon, à Paris. De même dans les lycées et les collèges. Thucydide et Lucrèce sont au nombre des auteurs de rhétorique à Sancerre et à Sainte-Menehould comme à Condorcet et à Louis-le-Grand. Le grec et le latin sont enseignés ici et là avec le même luxe, ainsi que tout le reste. Y a-t-il partout des maîtres en état d'interpréter ce programme? Y a-t-il partout des élèves en état de le suivre? Il faut que tout le monde s'y accommode; car le niveau commun est le baccalauréat.

En 1840, le nombre des lycées était de 44; il est aujourd'hui de 103. En 1840, le nombre des élèves qui fréquentaient les lycées était d'environ 17 000 (16 953); il est aujourd'hui de près de 52 000 (51 962). En 1865, sur 261 collèges, on n'en comptait que 60 dits de plein exercice, c'est-à-dire où l'enseignement normal était fourni pour toutes les classes; de 60 ce chiffre s'est élevé à 149. Enfin la dernière statistique, celle de 1888, porte à 86 561 le nombre total des enfants ou jeunes gens qui font des études secondaires, soit, relativement à 1850, une augmentation de plus du double. Et, dans ces 252 lycées ou collèges assimilés aux lycées, ces 60 000 enfants (j'excepte les élèves de l'enseignement spécial) sont soumis au même entraînement intellectuel. *Omnibus omnia.* La conséquence, c'est que le plus grand nombre des élèves, dans les collèges et les lycées de catégorie inférieure, dispersent leur bonne volonté et leurs forces, qu'un meilleur régime d'études leur permettrait de concentrer utilement. La conséquence pour les études elles-mêmes, c'est, non sur tous les points sans doute, mais à trop d'égards, leur incontestable affaiblissement.

A ces principes, j'en voudrais voir opposer d'autres, qui permissent de faire entrer dans notre système scolaire l'air, la lumière, les tempéraments qui y font défaut.

Le premier, c'est la franche et définitive reconnaissance d'un enseignement secondaire non pas égal, si l'on veut, mais collatéral à l'enseignement classique. Il y a moins de cinquante ans encore, la classe à laquelle s'adressaient les études secondaires était surtout une classe de lettrés. De nouveaux besoins se sont produits avec le développement de l'agriculture, du commerce et de l'industrie, et l'on convient que l'enseignement moyen, en France comme partout, comporte aujourd'hui deux modes de culture : la culture classique proprement dite, et la culture dite spéciale ou moderne. Mais on en convient seulement ; il serait nécessaire de proclamer, de propager cette idée, que, dans une civilisation aussi complexe que la civilisation du dix-neuvième siècle, chez un peuple intelligent, laborieux, doué comme le sol qu'il habite des aptitudes les plus diverses, le devoir ainsi que l'intérêt public est de former des esprits propres à concevoir et à pratiquer, chacun en son genre, les applications multiples de l'activité humaine.

Même dans les études classiques — c'est notre seconde observation — nous souhaiterions qu'il s'établît des degrés. L'enseignement spécial en comprend deux. Si ces deux degrés sont fortement liés l'un à l'autre, en fait, le degré inférieur, celui qui a pour sanction le certificat d'études, est celui auquel on se tient dans le plus grand nombre des collèges (75 ou 80 pour 100) ; le degré supérieur, celui qui a pour couronnement le baccalauréat, n'existe guère que dans les lycées ; encore n'existe-t-il pas même dans tous. Cette distinction que la nature des choses a créée dans l'enseignement secondaire spécial, et que les règlements n'ont fait que consacrer, n'a-t-elle pas également sa raison d'être dans l'enseignement classique? Aujourd'hui, par un effet de l'uniformisation absolue, les études classiques, trop élevées pour les uns, insuffisantes pour les autres, risquent de rester, pour tous, inefficaces. Veut-on maintenir une culture supérieure digne de ce nom? Veut-on que nous ayons un corps enseignant vraiment pénétré de l'âme de l'antiquité, capable d'en répandre l'intelligence et le goût? Veut-on que nous conservions, en ce qui touche à la littérature et aux beaux-arts, à la philosophie et à l'histoire, l'esprit de rectitude et de méthode, la clarté dans la concision, la tenue dans l'aisance, la grâce sans l'afféterie, la gravité sans le pédantisme, le sentiment de l'idéal sans cette rhétorique vaporeuse ou fumeuse qui gâte les plus belles productions de tant d'autres pays, en un mot, tout cet ensemble de supériorités esthétiques, don de race et aussi produit d'une éducation héréditaire : il faut en maintenir fortement, dans un certain nombre de milieux choisis, l'exercice et le culte. C'est un programme à part, une éducation à part qu'on ne doit point craindre de distinguer. Au-dessous d'elle, il y a place pour une éducation, classique encore, mais de moindre étendue et de moindre portée. Si intimes que soient les rapports qui lient l'étude du grec à celle du latin, ne conçoit-on pas un enseignement du latin indépendant de l'enseignement du grec? N'existe-t-il pas en Allemagne et ailleurs? N'a-t-il pas longtemps existé chez nous? En continuant de les imposer indifféremment l'un et l'autre, on ne peut aboutir qu'à les compromettre définitivement l'un et l'autre. Constituer des lycées classiques de différents types, c'est les relever, chacun à son degré, en ménageant les moyens d'y bien faire ce qu'on y fera ; c'est permettre au type le plus élevé de prendre l'ampleur sans laquelle nous nous exposons à voir se perdre, à brève échéance peut-être, ce qui est le fond de notre génie national et la meilleure part de notre patrimoine ; c'est, dans le type de second ordre, donner à l'enseignement classique restreint, et par là même d'autant mieux approfondi, la solidité et la sincérité qui lui manquent.

A cette sorte de gradation, quelles peuvent être les objections? L'égalité démocratique, qui verra d'un mauvais œil la hiérarchie établie dans l'enseignement secondaire et l'aristocratie intellectuelle que cette hiérarchie aura pour effet de produire? Mais l'enseignement primaire supérieur n'est-il pas destiné, lui aussi, à créer une aristocratie dans la clientèle des écoles? La démocratie comprendra de mieux en mieux son caractère, qui doit être de faire place à tous, aux mieux doués comme aux autres, et son intérêt, qui est d'aider les élites à sortir de son propre sein.

On fait observer, d'autre part, qu'obliger les familles à chercher loin d'elles les ressources de l'enseignement que ne leur offrirait point le collège ou le lycée de la ville qu'elles habitent, c'est fournir des recrues à l'internat qu'on veut restreindre. Mais est-ce que, dans l'organisation actuelle, les familles trouvent au collège ou même au lycée de leur localité tout ce qui leur est nécessaire pour parachever l'éducation de leurs enfants? Combien de lycées — je ne dis rien des collèges — n'ont pas de classe de mathématiques spéciales, ni même de classe de mathématiques élémentaires! On ne peut raisonnablement demander que nous mettions à la portée de chaque famille une éducation complète et suivant ses goûts. Que ne gagneraient-elles pas toutes, au contraire, à avoir à leur disposition un système d'enseignement judicieusement mesuré et vraiment propre à assurer, par ses différences mêmes, des études sérieuses!

Restent le baccalauréat et la difficulté pour les Facultés de concilier la diversité des programmes d'enseignement avec l'unité de l'examen. Mais est-ce trop présumer de la souplesse de notre esprit que de penser qu'il ne serait pas impossible que les élèves fussent interrogés d'après l'enseignement qu'ils auraient reçu, comme ils le sont aujourd'hui à la suite de la rhétorique et de la philosophie, d'après la classe qu'ils achèvent? Que si les inconvénients plus apparents que réels de ces baccalauréats de divers degrés devaient faire aboutir plus vite la question même du baccalauréat, ce n'est pas nous qui trouverions à nous plaindre.

Notre troisième et dernière observation est la plus grave. Il ne suffirait point, à notre avis, d'introduire dans les études secondaires cette variété et cette gradation d'études, si à tous les degrés nous ne combattions l'envahissement de l'encyclopédisme. L'esprit d'encyclopédisme se manifeste aujourd'hui dans nos programmes sous deux formes : par l'extension donnée à chaque matière d'enseignement et par l'accumulation des matières réunies dans le même ordre d'enseignement.

De même que l'instruction primaire a entrepris sur

l'instruction secondaire et qu'à part les langues anciennes, — encore a-t-on voulu un instant introduire le latin dans les écoles normales, — il est difficile de reconnaître les limites qui les distinguent; de même l'enseignement secondaire a fait à l'enseignement supérieur des emprunts qui le confondent presque avec lui. En grammaire et en littérature, la philologie; en histoire, l'érudition; en philosophie, le criticisme, ont pris un développement qui n'est en rapport ni avec l'âge des enfants ni avec le caractère du lycée. L'enseignement secondaire est un enseignement de résultats et non de recherches, de principes et non de controverses. Il doit s'inspirer des découvertes de la science; il n'a point à les discuter. Il doit mettre en éveil l'esprit critique, sans lequel il n'y a pas de véritable esprit de méthode, mais pour incliner les intelligences à la certitude, non pour les tenir, par une sorte de dilettantisme, en inquiétude et en suspens. La jeunesse, a dit un maître qu'on n'accusera pas d'un dogmatisme absolu, la jeunesse a besoin d'affirmations. Vienne, avec les études et les réflexions postérieures, l'expérience des choses de la science et de la vie, et l'esprit, s'il a du fond, s'il a été muni des vrais instruments de travail, saura se frayer sa voie avec indépendance et autorité. Il sera d'autant plus libre qu'il aura moins subi la fatigue d'un effort prématuré et disproportionné.

Cette fatigue résulte plus encore peut-être de la surcharge des matières indiscrètement entassées. Conduire presque jusqu'au bout de son domaine chaque enseignement est une erreur. Mettre, pour ainsi dire, bout à bout tous les enseignements est un péril. En un moment où la chimère de l'instruction intégrale a repris faveur, il peut paraître inopportun de combattre l'instruction encyclopédique, car sous un autre nom, c'est la même chimère. Sciences et lettres, il n'est pas une connaissance aujourd'hui à qui l'économie de nos programmes n'ait fait un sort. Les sciences ont l'avantage dans l'enseignement spécial, les lettres dans l'enseignement classique, et cette différence est conforme à leur objet. Mais de part et d'autre, et malgré les réductions déjà accomplies, le poids est énorme. On vient de le voir : pour un certain nombre d'élèves des études classiques, nous sommes prêts, quant à nous, à faire l'abandon de l'une des langues anciennes ; et certes pour quiconque a trempé ses lèvres aux sources pures des lettres grecques, l'abandon n'est pas sans mérite. De même laisserions-nous retrancher de l'enseignement spécial quelques chapitres d'histoire, soit qu'on les supprime tout à fait, soit, ce que nous préférerions, qu'on les resserre; toute la législation et toute l'économie politique qui appartiennent proprement à un autre degré d'éducation. Mais nous demandons qu'en échange on fasse des concessions sur le développement devenu si considérable des matières scientifiques. Nous sommes dans l'année qui rappelle les grands renoncements. Que chaque ordre d'enseignement tienne à honneur d'apporter sa part de sacrifices à cette nuit du 4 août. Bien loin d'en être affaiblies, les études s'en trouveront fortifiées. On saura un peu moins peut-être, on saura mieux. Il y a des pertes qui sont des enrichissements. Le luxe des programmes ne produit que l'appauvrissement des esprits.

Et ces allégements, qui rendraient à l'application intellectuelle sa vigueur, nous laisseraient, pour l'éducation physique et morale, le libre champ dont nous avons besoin. Dans cette éducation mieux équilibrée et par le concours que toutes les énergies de l'enfant se prêteraient l'une à l'autre, en même temps que des intelligences alertes, nous arriverions à former, on doit l'espérer du moins, des corps robustes et des volontés exercées.

ANNEXES

ANNEXES

N° I

TABLEAU présentant le résumé des modifications introduites dans les ordonnances, arrêtés, etc.) programmes de l'enseignement secondaire (décrets, projets de décret, depuis 1789 jusqu'à nos jours. (Voir page 11.)

10, 11 et 19 septembre

Cours de Grammaire.
(Deux ans.)

Histoire sacrée.
Mythologie.
Morale (Déclaration des droits de l'homme).
Éléments des langues latine et française.
Cours abrégé de géographie.
Récréations physiques; évolutions militaires.

Cours d'Humanités.
(Deux ans.)

Étude de la constitution.
Histoire grecque et histoire romaine.
Langues latine et française.
Versification latine et française.
Récréations physiques; évolutions militaires, natation.

1791 (Projet de décret de Talleyrand.)

Rhétorique et Logique.
(Deux ans.)

Époques principales de l'histoire de France.
Application des principes de la morale à la constitution.
Principes de la logique, de la métaphysique et de l'art oratoire.
Composition et exercices d'éloquence.
Discussions sur les lois, la morale, la métaphysique, la constitution.
Langue grecque.
Langue vivante.
Récréations physiques, évolutions militaires, maniement des armes.

Mathématiques et Physique.
(Un an.)

Géométrie et éléments de l'algèbre.
Mécanique.
Physique.
Éléments de chimie et de botanique.

Observation. — « Ces cinq articles (ceux dans lesquels est indiquée la division des cours), dit Talleyrand, ne doivent être regardés que comme un simple aperçu, comme une esquisse de ce que peut être la division par cours.... Nous pensons aussi que le décret, quel qu'il soit, doit laisser, quant à l'exécution, une grande latitude aux professeurs; car on enseigne mal ce qu'on n'enseigne pas librement. »

20 et 21 avril 1792 (Projet de décret de Condorcet.)

Première Classe.

Sciences mathématiques et physiques.

Mathématiques pures. { Éléments de mécanique.
— d'optique.
— d'astronomie.

Mathém. appliquées. { Applications du calcul et de la géométrie à la physique, aux sciences morales et politiques.

Physique et chimie expérimentales.
Histoire naturelle des trois règnes.

Seconde Classe.

Sciences morales et politiques.

Analyse des sensations et des idées; morale, méthode des sciences ou logique; principes généraux des constitutions politiques.
Législation, économie politique et éléments du commerce.
Géographie et histoire philosophique des peuples.

Troisième Classe.

Applications aux sciences et aux arts.

Anatomie comparée, accouchement et art vétérinaire.
Médecine pratique.
Art militaire.
Principes généraux des arts et métiers.
Géométrie graphique

Quatrième Classe.

Arts et applications des sciences aux arts.

1° Arts utiles :
    Art de nourrir;
    — de vêtir;
    — d'abriter;
    — de guérir;
    — de se défendre.

2° Arts d'imitation et d'agrément :
    Dessin, peinture, sculpture, gravure.
    Musique.
    Déclamation.
    Danse et pantomime.

Observation. — L'éducation nationale, d'après le plan du département de Paris, comprenait trois degrés : les écoles secondaires (écoles primaires supérieures), les instituts (lycées), les lycées (enseignement supérieur).

N° I

13 août

1793. (Projet de décret de Lepelletier.)

Observation. — Le projet de Lepelletier et le Rapport de Robespierre ne contiennent pour l'instruction secondaire que des indications générales :

Le dépôt des connaissances humaines et de tous les beaux-arts, y est-il dit, sera consacré et enrichi par les soins de la République : leur étude sera enseignée publiquement et gratuitement par des maîtres salariés par la nation. Leurs cours seront partagés en trois degrés d'instruction : les écoles publiques, les instituts, les lycées.

Les enfants ne seront admis à ces cours qu'après avoir parcouru celui de l'éducation nationale (éducation primaire).

Ils ne pourront être reçus avant l'âge de douze ans aux écoles publiques.

Le cours d'études y sera de quatre années : il sera de cinq dans les instituts et de quatre dans les lycées.

Pour l'étude des belles-lettres, des sciences et des beaux-arts, il sera choisi un sur cinquante. Les enfants qui auront été choisis seront entretenus aux frais de la République auprès des écoles publiques, pendant le cours de quatre ans.

Parmi ceux-ci, après qu'ils auront achevé ce premier cours ; il en sera choisi la moitié, c'est-à-dire ceux dont les talents se sont développés davantage ; ils seront également entretenus aux dépens de la République auprès des instituts pendant les cinq années du deuxième cours d'études.

Enfin moitié des pensionnaires de la République qui auront parcouru avec le plus de distinction le degré d'instruction des instituts, sera choisie pour être entretenue auprès du lycée et y suivre le cours d'études pendant quatre années.

Ne pourront être admis à concourir ceux qui, par leurs facultés personnelles ou celles de leurs parents, seraient en état de suivre, sans les secours de la République, ces trois degrés d'instruction.

15 septembre

1793. (Décret rendu sur la proposition du Département de Paris.)

1re Section.	2e Section.	3e Section.	4e Section.
Connaissances physiques et mathématiques.	Langues. Littérature. Éloquence. Poésie.	Connaissances morales et politiques.	*Littérature et beaux-arts.* Théorie générale et élémentaire des beaux-arts. Grammaire générale et art d'écrire. Langue latine. Langue grecque (dans quelques établissements). Langues étrangères (*id.*).

Observation. — Dans les instituts, l'enseignement sera divisé en plusieurs cours, en sorte que les étudiants puissent, suivant leurs talents et leurs progrès, en fréquenter deux ou un plus grand nombre à la fois.

Les cours, dans tous les instituts, se donnent en français.
Un maître de dessin sera attaché à chaque institut.

29 vendémiaire an I (20 octobre

1793). (Décret de Romme.)

Observation. — Le décret du 20 octobre, substitué à celui du 15 août, qui avait été rapporté, ne contenait qu'une simple énumération des matières d'enseignement.

En voici la teneur :

Langues............ { française, étrangères, anciennes, } dans leurs rapports aux mots, à l'histoire, à nos relations avec nos voisins.

Histoire............ { navale, politique, industrielle, commerciale, } des peuples pour perfectionner notre industrie et nos ressources par leurs arts.

Art social.......... { Droit naturel, Constitution, Législation, } dans ses rapports à l'éducation du citoyen,

Histoire naturelle,
Physique,
Chimie,
Mathématiques,
Mécanique,
Dessin.
} dans leurs rapports aux arts utiles.

Arts servant aux premiers besoins de l'homme. } { le nourrir, le vêtir, l'abriter, le conserver, le défendre.

ANNEXES.

N° I

7 ventôse an III (25 février 1795). (Décret.) — Écoles centrales (Lakanal).

Observation. — Le projet de Lakanal n'établissait aucune division de cours. Il était ainsi conçu :

Art. 1er. Pour l'enseignement des sciences, des lettres et des arts, il sera établi, dans toute l'étendue de la République, des écoles centrales distribuées à raison de la population : la base proportionnelle sera d'une école par trois cent mille habitants.

Art. 2. Chaque école sera composée :
1° D'un professeur de mathématiques;
2° D'un professeur de physique et de chimie expérimentales;
3° D'un professeur d'histoire naturelle;
4° D'un professeur de méthode des sciences ou logique et d'analyse des sensations et des idées;
5° D'un professeur d'économie politique et de législation;
6° D'un professeur de l'histoire philosophique des peuples;
7° D'un professeur d'hygiène;
8° D'un professeur d'arts et métiers;
9° D'un professeur de grammaire générale;
10° D'un professeur de belles-lettres;
11° D'un professeur de langues anciennes;
12° D'un professeur de langues vivantes les plus appropriées aux localités;
13° D'un professeur des arts du dessin.

Art. 3. Dans toutes les écoles centrales, les professeurs donneront leurs cours en français.

3 brumaire an IV (25 octobre 1795). (Décret.) — Écoles centrales (Daunou).

1re Section.	2e Section.	3e Section.
Dessin.	Éléments de mathématiques.	Grammaire générale.
Histoire naturelle.	Physique et chimie expérimentales.	Belles-lettres.
Langues anciennes.		Histoire.
Langues vivantes (s'il y a lieu, suivant les localités).		Législation.

Observation. — Il y aura auprès de chaque école centrale une bibliothèque publique, un jardin et un cabinet d'histoire naturelle, un cabinet de chimie et de physique expérimentales.

27 messidor an IX (16 juillet 1801). (Arrêté.) — Prytanée.

(Section commune.)

PREMIÈRE SECTION.

1re classe.

Lecture.
Écriture.
Numération.
Éléments de la grammaire française.

2e classe.

Quatre règles de l'arithmétique.
Orthographe.
Principes de la langue latine.

3e classe.

Fractions et parties les plus élevées de l'arithmétique.
Principes de la langue latine appliqués à l'explication des auteurs les plus faciles (*De Viris, Phèdre, Cornelius Nepos, Selecta, Épîtres de Cicéron*).

Exercices de mémoire communs aux trois classes.
Fables françaises et latines.
Premiers éléments de l'histoire ancienne.
— de la géographie.
— de l'histoire naturelle.
Recueil d'actions de vertu et d'héroïsme.

27 messidor an IX (16 juillet 1801). (Arrêté) — Prytanée. — (*Suite*)

Deuxième Section.

Section civile.				Section militaire.		
Humanités, 1re classe.	*Humanités, 2e classe.*	*Rhétorique.*	*Philosophie.*	*1re classe.*	*2e classe.*	*3e classe.*
Langue latine : *Quinte-Curce*, *César*, *Cicéron* (Traités de la Vieillesse et de l'Amitié), *Ovide* (Métamorphoses), *Virgile* (Eglogues), etc. Éléments de la langue grecque. Géographie (cartes). Histoire grecque et histoire romaine.	Langue latine : ***Salluste*** (Catilina), ***Cicéron*** (Discours), ***Tite-Live***, ***Tacite***, *Virgile* (Géorgiques, avec la traduction de Delille), *Horace*. Langue grecque : ***Lucien***, *Plutarque* (Vies des hommes illustres). Géographie. Histoire de France.	Principes généraux de l'art oratoire : Cicéron, Démosthène, *Conciones*, Oraisons funèbres de Turenne par Fléchier, de Condé par Bossuet, etc., Virgile (*Enéide*), *Iliade*, Horace et Boileau (*Art poétique*)	Art de raisonner (logique de Dumarsais et de Condillac). Analyse des ouvrages philosophiques de l'antiquité. (Les élèves seront libres de traiter les questions en latin comme en français.)	Algèbre. Géométrie théorique et pratique, application de l'algèbre à la géométrie (équations de la droite et du cercle, construction des quantités, méthodes du premier degré).	Trigonométrie rectiligne et sphérique, avec application à la levée des plans. Sections coniques.	Statique. Eléments d'astronomie. Éléments de fortifications. Éléments de physique et de chimie. Manœuvre du canon.

Observations. — Les leçons de la section inférieure ou section commune seront distribuées dans le cours des trois classes de manière à former successivement pour chaque partie, à la fin de la troisième classe, un corps d'enseignement aussi complet que le comporte l'âge des élèves.

Outre les objets d'enseignement désignés au programme, les élèves de la section civile et militaire apprendront les langues allemande et anglaise. Les élèves de la section civile apprendront d'abord l'allemand, et les élèves de la section militaire, l'anglais. Le cours de chaque langue sera de deux ans, au bout desquels les élèves de la section civile apprendront l'anglais, et ceux de la section militaire, l'allemand. Les élèves ne prendront de leçons que tous les deux jours, une heure chaque fois, et par division de vingt-cinq élèves.

Il sera donné aux élèves de la seconde section destinés à la carrière civile ou militaire des leçons d'armes et de danse.

11 floréal an X (1er mai 1802). (Décret.)

On enseignera dans les lycées les langues anciennes, la rhétorique, la logique, la morale et les éléments des sciences mathématiques et physiques.

Le nombre des professeurs ne sera jamais au-dessous de huit, non compris les maîtres de dessin, d'exercices militaires et d'arts d'agrément.

Observations. — L'instruction sera donnée : 1° dans les écoles primaires établies par les communes ; 2° dans des écoles secondaires établies par des communes ou tenues par des maîtres particuliers ; dans des lycées et des écoles spéciales entretenus aux frais du Trésor public.

Il sera établi des lycées pour l'enseignement des lettres et des sciences. Il y aura un lycée au moins par arrondissement de chaque tribunal d'appel.

N° I

19 frimaire an XI (10 décembre)

1re ANNÉE	2e ANNÉE	3e ANNÉE
LATIN — 6e classe. Latin. Numération. Les quatre règles de l'arithmétique.	LATIN — 5e classe. Latin. Géographie.	LATIN — 4e classe. Latin. Géographie. Éléments de chronologie. Hist. ancienne.
	LATIN — 4e classe. Latin. Géographie.	LATIN — 3e classe. Latin. Géographie. Histoire. Mythologie.
	MATHÉMATIQUES — 6e classe. Mathématiq. Premières notions d'histoire naturelle.	MATHÉMATIQUES — 5e classe. Mathématiq. Éléments de la sphère.
		LATIN — 2e classe. Latin. Géographie. Histoire. Mythologie.
		LATIN — 1re classe. Latin. Histoire de France. Géographie de la France.
		MATHÉMATIQUES — 5e classe. Mathématiq. Éléments de l'astronomie.
		MATHÉMATIQUES — 4e classe. Mathématiq. Premiers phénomènes de la physique.

Observ. — On enseignera essentiellement dans les lycées le latin et les mathématiques. Les élèves d'un talent et d'une application ordinaires font deux classes par an, de manière qu'à la fin de la troisième année ils aient terminé leur cours de latinité.

Chaque classe de belles-lettres latines et françaises durera un an, de manière qu'en deux ans le cours de belles-lettres latines et françaises soit terminé.

Nul élève ne peut entrer dans la classe de mathématiques s'il n'a fait la Cinquième de latin.

Les six classes de mathématiques sont faites par trois professeurs, chargé chacun de deux classes par jour, de sorte que le cours complet de mathématiq. ne dure que trois ans. Le professeur de mathématiques transcendantes fait deux classes par jour : le cours dure deux ans.

Il y a un maitre d'écriture, un maitre de dessin et un maitre de danse, payés par les familles. — Les maitres de musique sont payés par les familles. — Un officier instructeur apprend aux élèves qui ont plus de 12 ans le maniement des armes et l'école de peloton. C'est dans le vide de la 6e année littéraire que le plan de 1809 a placé la classe de Philosophie.

Observation. — L'art de la natation fait partie de l'éducation dans les lycées.

30 prairial an XII (18 juin 1804). (Décret.)

Les collèges ont pour objet l'enseignement des éléments des langues anciennes et des premiers principes de l'histoire et des sciences.

17 mars 1808. (Décret.)

Les collèges ont pour objet l'enseignement des éléments des langues anciennes et des premiers principes de l'histoire et des sciences.

19 septembre 1809. (Arrêté.)

L'instruction primaire est exceptée du cours d'études des lycées; en conséquence, on ne reçoit dans les lycées que des enfants sachant lire et écrire.

1re ET 2e ANNÉES — Deux années de GRAMMAIRE	3e ET 4e ANNÉES — Deux années d'HUMANITÉS
Français. Latin. Histoire sainte. Mythologie.	Français. Latin. Grec. Histoire. Géographie.
Français. Latin. Grec. Histoire sainte. Mythologie.	Français. Latin. Grec. Histoire. Géographie.
Les leçons de ces deux années seront faites par deux professeurs, qui donneront chacun 4 heures de classe par jour.	Deux professeurs font chacun 3 heures de classe par jour. Mathématiq. (arithmétique et géométrie.) {5 h.}
	Deux professeurs font chacun 3 heures de classe par jour. Mathématiq. (géométrie et algèbre.) {5 h.}

5e ANNÉE — Une année de RHÉTORIQUE	6e ANNÉE (Bifurcation.) Une année de PHILOSOPHIE ou une année de MATHÉMATIQUES TRANSCENDANTES
Rhétorique. Composit. en latin. {5 leç. de 2 h.} Composit. en français. {2 leç. de 1 h.} Trigonométrie. Arpentage. Levé des plans.	*Philosophie.* Les élèves seront instruits soit en français, soit en latin, sur la logique, la métaphysique, {4 leçons la morale, 2 leçons l'optique, de 2 h. l'astronomie.} — *Mathém. transcendantes.* Algèbre. Géométrie. {5 leçons dont 2 de 2 h. 3 leçons de 2 h.} Statique. Histoire naturelle, {2 leçons Physique. de 2 h.} Chimie.

Observ. — Le cours d'études des lycées embrasse, après l'instruction primaire, toutes les connaissances nécessaires pour préparer les jeunes gens à entrer dans les Facultés.

Il y a un maitre d'escrime dans chaque lycée; il prend les élèves au-dessus de 12 ans, leur enseigne le maniement des armes et l'école de peloton.

1802. (Arrêté.)

4e ANNÉE	5e ANNÉE	6e ANNÉE
BELLES-LETTRES latines et françaises.	BELLES-LETTRES latines et françaises.	MATHÉMATIQUES TRANSCENDANTES (Le cours dure deux années.)
MATHÉMATIQUES 2e classe. Mathématiques. Principes de la chimie. 1re classe. Mathématiques. Notions de minéralog.		Application du calcul différentiel à la mécanique et à la théorie des fluides. Principes généraux de la haute physique (électricité, optique).

Il y a dans chaque lycée un maitre d'écriture et un maitre de dessin. Aucun élève ne commencera le dessin s'il n'est suffisamment avancé en écriture.

Il pourra y avoir des maitres de danse, de musique, d'escrime, payés par les familles.

ANNEXES. — N° 1

Observation. — Il sera établi des chaires de philosophie dans tous les lycées qui ne sont pas placés au chef-lieu d'académie. **10 février 1810.** (Arrêté.)

Observation. — Les dispositions du statut du 19 septembre 1809 sur les lycées sont appliquées aux collèges. **Août 1812.** (Arrêté.)

28 septembre 1814. (Statut.)

1re ANNÉE. SIXIÈME.	2e ANNÉE. CINQUIÈME.	3e ANNÉE. QUATRIÈME.	4e ANNÉE. TROISIÈME.	5e ANNÉE. SECONDE.	6e ANNÉE. RHÉTORIQUE.	7e ANNÉE. PHILOSOPHIE.
Instruct. religieuse. Français. Latin. Orthographe. Histoire sainte. Géographie. Mythologie.	Instruction religieuse. Français. Latin. Grec. Chronologie. Histoire ancienne. Géographie.	Instruction religieuse. Français. Latin. Grec. Histoire romaine jusqu'à Actium.	Instruction religieuse. Français. Latin. Grec. Histoire depuis Auguste jusqu'à Charlemagne. Sciences physiques et naturelles. } Le jeudi.	Instruction religieuse. Français. Latin. Grec. Narrations et analyses. Histoire depuis Charlemagne. Arithmétique. Algèbre. Géométrie. Sciences physiques et naturelles. } Le jeudi.	Instruction religieuse. Français. Latin. Grec. Rhétorique. Histoire de France. Géométrie. Trigonométrie. Sciences physiques et naturelles. } Le jeudi.	Instruction religieuse. Logique. Métaphysique. Morale. Histoire de la philosophie. Mathématiques. Statique. Physique mathématique.

Observations. — On ne reçoit dans les lycées que des élèves sachant lire et écrire. Les classes seront de deux heures le matin et le soir, depuis le 1er oct. jusqu'au 1er avril, et de deux heures et demie depuis le 1er avril jusqu'aux vacances. La demi-heure de plus dans les mois d'été sera exclusivement consacrée à la géographie et à l'histoire. Les leçons de sciences physiques seront communes à la Troisième, à la Seconde et à la Rhétorique. Elles auront lieu le jeudi.

Les leçons d'écriture et de dessin ont lieu à la même heure. Aucun élève ne commencera le dessin avant d'être suffisamment avancé en écriture.

Il peut y avoir des maîtres particuliers de langues vivantes et d'agrément; ils sont payés par les familles.

15 mai 1818. (Arrêté.)

| Grandes époques de l'histoire ancienne et géographie. } 2 leç. de 1 h. | Histoire romaine jusqu'à la bataille d'Actium. } 2 leç. de 1 h. | Histoire depuis Auguste jusqu'à Charlemagne. } 2 leç. de 1 h. | | Histoire depuis Charlemagne jusqu'aux temps modernes. } 2 leç. de 1 h. | |

Observations. — Dans toutes les classes, la géographie sera faite en même temps que l'histoire. — De la Cinquième à la Rhétorique, l'enseignement de l'histoire est donné par un professeur spécial. — Dans les classes élémentaires et la Sixième, il est fourni par le professeur de la classe.

9 novembre 1818. (Arrêté.)

| | Histoire ancienne jusqu'à Philopœmen. | Histoire romaine jusqu'à la grande invasion. | | | Histoire générale jusqu'à nos jours. | Histoire de France. |

Observations. — La géographie et la chronologie ne seront point séparées de l'histoire. Au lieu de deux leçons d'une heure, il est assigné à chaque classe une leçon de deux heures. Il peut être en outre accordé une leçon extraordinaire chaque mois.

NEUVIÈME.	HUITIÈME.	SEPTIÈME.	SIXIÈME.	CINQUIÈME.	QUATRIÈME.	TROISIÈME.	SECONDE.	RHÉTORIQUE.	PHILOSOPHIE. 1re ANNÉE.	PHILOSOPHIE. 2e ANNÉE.
					31 octobre	1820. (Arrêté.)				
									Le cours de Philosophie, dans les collèges, sera regardé comme le complément de la Rhétorique ; en conséquence, les professeurs s'abstiendront d'occuper leurs élèves de théories qui doivent être réservées pour les cours des Facultés. — Ils remettront le programme de leurs leçons au proviseur dans le délai d'un mois.	
Observation. — Le but de l'enseignement de l'histoire est surtout moral.										
					27 février	1821. (Ordonnance.)				
									Le cours de Philosophie est de deux ans. Les leçons ne pourront être données qu'en latin.	
Observation. — L'enseignement des sciences est séparé de celui des lettres.										
					4 septembre	1821. (Statut.)				
Nul n'est reçu comme pensionnaire s'il ne sait lire et écrire, et, comme externe, s'il ne sait lire, écrire et chiffrer.	Instr. relig. Écriture. Français. Latin. Géographie. Arithmétique. Danse.	Instr. relig. Écriture. Français. Latin. Géographie. Arithmétique. Danse.	Instr. relig. Écriture. Français. Latin. Géographie. Calcul. Danse.	Instr. relig. Écriture. Français. Latin. Grec. Hist. ancienne. Calcul. Danse.	Instr. relig. Français. Latin. Grec. Hist. romaine. Dessin linéaire et de figure.	Instr. religieuse. Français. Latin. Grec. H. du moyen âge. Dessin linéaire et de figure. Langues vivantes (facultatives). Musique (facult.). Escrime (facult.).	Instr. religieuse. Français. Latin. Grec. Hist. moderne. Préparation à la rhétorique. Dessin linéaire et de figure. Langues vivantes (facultatives). Musique (facult.). Escrime (facult.).	Instr. religieuse. Français. Latin. Grec. Préceptes de l'éloquence. Dessin linéaire et de figure. Langues vivantes (facultatives). Musique (facult.). Escrime (facult.).	Instr. religieuse. Logique. Métaphysique. Arithmétique. Math. élémentaires. Géométr. Algèbre. Trigonom. Dessin linéaire et de figure. Langues vivantes (facult.). Musique (facult.). Escrime (facult.).	Instr. religieuse. Morale. Droit de la nature et des gens. Statique. Algèbre. Physique. Chimie. Éléments de l'astronomie physique. Dessin linéaire et de figure. Langues vivantes (facultatives). Musique (facult.). Escrime (facult.).

Observations. — Évangile en français dans les classes élémentaires, en latin jusqu'à la Troisième, en grec dans les classes supérieures.

Les thèmes en Sixième sont relatifs à la mythologie ; en Cinquième, aux antiquités grecques et romaines ; en Quatrième et en Troisième, aux éléments des sciences naturelles.

Les leçons de philosophie sont données en latin.

De onze heures à midi, le professeur de mathématiques donne des leçons aux élèves de Philosophie (1re année) les plus faibles.

Dans la classe de Philosophie (2e année), la classe de dessin et de figure peut être appliquée à la géométrie descriptive.

Les élèves qui ne se destinent pas aux grades peuvent après la Troisième passer au cours de philosophie et de sciences mathématiques et physiques. Ils reçoivent particulièrement des leçons d'histoire moderne.

ANNEXES.

N° I (suite).

NEUVIÈME.	HUITIÈME.	SEPTIÈME.	SIXIÈME.	CINQUIÈME.	QUATRIÈME.	TROISIÈME.	SECONDE.	RHÉTORIQUE.	PHILOSOPHIE. 1re ANNÉE.	PHILOSOPHIE. 2e ANNÉE.
1821. (Arrêté.)					10 novembre					
			Histoire sainte. Histoire des Égyptiens, Assyriens. Hist. des Perses et des Grecs jusqu'à la mort d'Alexandre.	Continuation de l'Histoire ancienne. Hist. romaine.	Histoire depuis Jésus-Christ jusqu'à Charlemagne.	Hist. naturelle. (1 leçon le jeudi pendant le 1er semestre.)	Hist. naturelle. (1 leçon le jeudi pendant le 1er semestre.)	Hist. naturelle. (1 leçon le jeudi pendant le 1er semestre.)	Le cours de 1re année comprend: la logique, la métaphysique, la morale, Physique. (1 leçon le jeudi pendant le 2e semestre.)	La 2e année est entièrement consacrée aux sciences mathématiques et physiques.

Observation. — Le cours de philosophie (1re année) a lieu simultanément avec le cours de mathématiques élémentaires.

NEUVIÈME.	HUITIÈME.	SEPTIÈME.	SIXIÈME.	CINQUIÈME.	QUATRIÈME.	TROISIÈME.	SECONDE.	RHÉTORIQUE.	PHIL. 1re ANNÉE.	PHIL. 2e ANNÉE.
1826. (Arrêté.)					16 septembre					
						Continuation de l'Arithmétique. Géométrie plane.		Géomét. des plans et des solides. Trigonométrie. Éléments de la sphère et de l'astronomie.	Géom. ent. Math. élém. Trigonom. Physiq. et Chimie.	Algèbre. Statique. Principes de géométrie descript. Physiq. et chimie. Élém. de minéralogie.

Observations. — Les leçons de sciences auront lieu entre les classes de la Seconde à la Philosophie (1re année) la précède seront consacrées à l'enseignement de l'histoire. Il ne sera plus demandé aux élèves de rédactions écrites; mais ils seront tenus d'apprendre par cœur des résumés clairs et précis de chaque leçon.

NEUVIÈME.	HUITIÈME.	SEPTIÈME.	SIXIÈME.	CINQUIÈME.	QUATRIÈME.	TROISIÈME.	SECONDE.	RHÉTORIQUE.	PHIL. 1re.	PHIL. 2e.
1827. (Arrêté.)					15 septembre					
			1er Cours de géographie.	Cours de 2e géographie.	Cours de résumé et répétition des deux cours de géographie.	Continuation de l'histoire depuis les croisades.				
1829. (Ordonnance.)					26 mars					
					La partie de l'histoire du moyen âge, indiquée pour cette classe est étendue jusqu'aux croisades.				Il pourra être établi un cours sur les principes généraux du droit pour les élèves qui, ne se destinant pas aux sciences ni à l'École polytechnique, préféreraient ce cours à tout ou partie du cours de mathématiques spéciales.	

Observations. — Des règlements universitaires prescriront les mesures nécessaires: 1° pour que l'étude des langues vivantes, eu égard aux besoins des localités, fasse partie de l'enseignement dans les collèges royaux; 2° pour que, dans ces collèges, l'étude de l'histoire ne se termine qu'en Rhétorique; 3° pour que la philosophie soit enseignée en français.

Tout chef d'institution ou maître de pension pourra joindre à l'enseignement ordinaire le genre d'instruction qui convient plus particulièrement aux professions industrielles et manufacturières. Il pourra aussi se borner à cette dernière espèce d'enseignement. Les élèves qui suivront les cours spécialement destinés aux professions industrielles et manufacturières, seront dispensés de suivre les classes des collèges, soit royaux, soit communaux.

« Le plan d'études des diverses maisons d'éducation a le défaut d'être trop uniforme, disait M. de Vatimesnil dans le *Rapport au Roi* (26 mars 1829). Il convient aux jeunes gens qui se destinent aux professions dont l'instruction classique forme la base naturelle; il n'est nullement approprié aux besoins des professions commerciales, agricoles, industrielles et manufacturières. Déjà dans quelques collèges royaux on a remédié avec succès à cet inconvénient, en établissant des sections particulières d'élèves qui étudient d'une manière spéciale les sciences et leur application à l'industrie, les langues modernes, la théorie du commerce, le dessin, etc. »

ANNEXES.						ANNEXES.		
NEUVIÈME.	HUITIÈME.	SEPTIÈME.	SIXIÈME.	CINQUIÈME.	QUATRIÈME.	TROISIÈME.	SECONDE.	RHÉTORIQUE.	PHILOSOPHIE. 1re ANNÉE. / 2e ANNÉE.

Observation. — Les élèves de Philosophie seront exercés à écrire en latin comme en français sur des sujets de logique, de métaphysique et de morale. Le professeur pourra aussi les exercer à l'argumentation latine. Les compositions auront lieu alternativement en latin et en français. Il y aura un prix de dissertation latine et un prix de dissertation française.

8 septembre — **1829.** (Arrêté.)

15 septembre — **1829.** (Arrêté.)

Langues vivantes {3 l. 1/2 (oblig.).} 2 h. — Langues vivantes {2 h. (oblig.).} — Langues vivantes {2 h. (oblig.).}

Observation. — L'étude qui suivra la leçon sera consacrée aux devoirs de langues vivantes.

3 avril — **1830.** (Arrêté.)

Français {8 cl. Latin. Grec. Hist. s^e. Géogr. Calcul. 2 cl.}
Français {9 cl. Latin. Hist. s^e. Géogr. Calcul. 2 cl.} {1 cl.}
Français {9 cl. Latin. Grec. Géogr. Mythol. 2 cl.} {1 cl.}
Langues anc. et {8 cl. franç. Histoire. 1 cl. Géogr. 2 cl. dont Hist. nat. 1 cl. 1 le jeudi}
Langues anc. et {8 cl. franç. Histoire. 1 cl. dont Géogr. 2 cl. Hist. nat. 1 cl. 1 le jeudi} Arithm. 1 cl.
Français {8 cl. Latin. Grec. Hist. mod. 1 cl. Géométrie. 2 cl. Lang. viv. (facultat.).} 2 h.
Français. {8 cl. Latin. Grec. Résumé d'hist. générale et de France. Arithmét. Géométrie. 1 cl. Cosmogr.} 2 l.
Philosophie. 5 cl. Math. élém. 4 cl. Phys. et ch. 2 cl.
Mathémat. 6 cl. Physique. 4 cl. Chimie. Minéralogie.

Observation. — Le nombre des divisions dans les classes élémentaires sera réglé de telle sorte qu'il n'y ait jamais plus de trente élèves par division. Le temps que les élèves passeront dans chaque division dépendra de leurs progrès; le même élève pourra dans l'espace d'une année parcourir plusieurs divisions. Les leçons de dessin auront lieu, pour les internes, de 10 à 11 h., en même temps que les leçons d'écriture.

11 septembre — **1830.** (Arrêté.)

Les leçons de philosophie se donneront exclusivement en français.

18 novembre — **1831.** (Arrêté.)

Hist. romaine. 1 classe. — Hist. moyen âge. 2 classes. / Hist. moderne. 1 classe. — Hist. de France. 1 classe.

Observation. — Le professeur spécial d'histoire fournira six classes par semaine, de la Quatrième à la Rhétorique. Dans les autres classes, l'enseignement historique continuera à être donné par le professeur ordinaire.

4 octobre — **1833.** (Arrêté.)

Langues anc. et {8 cl. franç. Histoire. 1 cl. Géogr. 2 cl. dont Hist. nat. 1 le jeudi}
Langues anc. {7 cl. ciennes. 2 cl. dont Chimie. 1 cl.} Histoire. 1 cl. Géométrie. 2 cl.
Lang. an- {7 cl. ciennes. Histoire. 2 cl. Chimie. 1 cl.} Cosmogr. 1 cl. le jeudi
Rhétorique latine et {9 cl. française. Histoire. 1 cl. Cosmogr. 1 cl. le jeudi
Philosophie. 5 cl. Mathémat. 4 cl. Physique. 1 cl. Phys. et ch. {1 cl. le jeudi
Math. spée. 6 cl. Physique. 5 cl. Composit. alternatives {1 cl. de phys. et de chim.}

Observation. — Cet arrêté ne concerne que les collèges de Paris et de Versailles. — Dans les classes de Quatrième, de Troisième et de Seconde, une classe par semaine sera employée à la correction des thèmes grecs.
Les classes du jeudi seront de deux heures, comme celles des autres jours.

L'enseignement des langues vivantes continuera d'avoir lieu soit le jeudi, soit entre les classes du matin et du soir, deux fois la semaine. Pour le détail des programmes de sciences, voir les arrêtés des 18 octobre et 5 novembre 1835. Voir aussi l'arrêté du 5 septembre de la même année.

ANNEXES (suite). — N° I

TROISIÈME.	SECONDE.	RHÉTORIQUE.	PHILOSOPHIE. 1re ANNÉE.	PHILOSOPHIE. 2e ANNÉE.
1835. (Arrêté.) tion des auteurs qu'ils se proposent d'expliquer.				
1836. (Arrêté.)	Cosmogr. {1 cl. le jeudi mat.	A partir de 1837, suppression de la cosmographie. Les heures devenant disponibles seront appliquées aux lettres et à l'histoire.		
1837. (Arrêté.)		Rhétorique latine et française. {10 cl. 1 cl. le jeudi mat. Histoire.	qui réunit à l'avantage de simplifier les démonstrations celui de préparer aux cours supérieurs des sciences mathématiques.	
1838. (Arrêté.)	Hist. du moyen âge (395 à 1453).	Hist. moderne (1453 à 1789).	Hist. de France (406 à 1789).	
forme au plan de l'arrêté du 4 octobre 1835.				
1838. (Arrêté.) Langues vivantes (obligatoires).	Langues vivantes (obligatoires).	Langues vivantes (obligatoires).		
1838. (Arrêté.) Arithmét. Géom.plane {4 h.	Logarith. Géom. des solides. {2 h.	Cosmogr. 2 h.		
jour de la même semaine en remplacement d'une des classes de Grammaire ou d'Humanités.				
1838. (Arrêté.)				
royaux.				

ANNEXES. — N° I

NEUVIÈME.	HUITIÈME.	SEPTIÈME.	SIXIÈME.	CINQUIÈME.	QUATRIÈME.
					30 juin
Observation. — Au commencement de chaque année classique, les professeurs de langues allemande et anglaise devront remettre le programme de leurs cours et l'indica-					
					14 octobre
Observation. — Cet arrêté ne concerne que les collèges de Paris et de Versailles.					
					26 septembre
			Langues anc. et 9 cl. franç. Hist.anc. 1 cl. Histoire 1 cl. natur. {le jeudi mat.	Langues anc. et 9 cl. franç. Hist.anc. 1 cl. Histoire 1 cl. natur. {le jeudi mat.	
Observation. — Les deux leçons de géométrie resteront encore annexées à la classe de Troisième ; mais cet enseignement devra être formé sur la méthode des *infiniment petits*.					
					2 mars
			Hist. ancienne. 1re partie : Hist. sainte. Hist. de l'Asie et de la Grèce.	Hist. ancienne 2e partie : Grèce (suite), Sicile, Macédoine, et successeurs d'Alexandre; les Juifs depuis la fin de la rapidité de Babylone.	Hist. romaine.
Observation. — Cet arrêté n'est qu'une répartition de l'enseignement de l'histoire, con-					
					21 août
				Lang. vivantes (obligatoires).	Lang. vivantes (obligatoires).
					28 septembre
					Arithm. 2 h.
Observation. — Quand la leçon d'arithmétique et de géométrie accordée à la classe de Quatrième, de Troisième et de Seconde tombera un jour férié, elle sera reportée à un autre					
					5 octobre
Chant (oblig.) 2 h.	Chant (oblig.) 2 h.	Chant (oblig.) 2 h.	Chant (oblig.) 2 h.	Chant (oblig.) 2 h.	
Observation. — Une heure le dimanche et une heure le jeudi à Paris et dans 25 collèges					

N° I

NEUVIÈME.	HUITIÈME.	SEPTIÈME.	SIXIÈME.	CINQUIÈME.	QUATRIÈME.
					25 août
Instruction primaire, sans étude du latin. (Circulaire du 27 août 1840.)		Français 8 cl. Latin. Histoire sainte. Géogr. Calcul } 2 cl.	Français 9 à 10 Latin. Grec. Histoire anc. } 1 cl.	Français 9 à 10 Latin. Grec. Histoire anc. } 1 cl.	Langues anc. } 8 cl. Lang.viv. 1 cl. Histoire rom. } 2 cl.

Observation. — Les élèves de Mathématiques élémentaires pourront, sur leur demande, être dispensés de suivre le cours ordinaire de philosophie, auquel on substituera trois leçons obligatoires, par semaine, de rhétorique et de philosophie supplémentaires.
Les élèves de Philosophie suivront en commun avec les élèves de Mathématiques élémentaires les trois leçons de physique, de chimie et d'histoire naturelle qui les prépareront au baccalauréat ès sciences.

29 septembre

23 octobre

| | | | | | Arith. et géomét. (facult.) } 2 h. |

Observation. — Des conférences préparatoires de mathématiques, autorisées par la circulaire du 27 août 1840, ont lieu dans les classes de Quatrième, de Troisième, Seconde et Rhétorique. « Elles doivent être placées en dehors des heures ordinaires, de telle sorte que le vœu des familles puisse être suivi **sans dommage pour les études littéraires**. Les

---

ANNEXES (suite).

TROISIÈME.	SECONDE.	RHÉTORIQUE.	PHILOSOPHIE.		
			PREMIÈRE ANNÉE.		DEUXIÈME ANNÉE.
			Philosophie.	Mathématiques élémentaires.	Mathématiques spéciales.
		1840. (Arrêté.)			
Langues anc. } 8 cl. Lang.viv. 1 cl. Hist. du moyen âge. } 2 cl.	Langues anc. } 8 cl. Lang.viv. 1 cl. Hist.mod. 2 cl.	Français 8 cl. Grec. 9 à Latin. Paris Hist. de France. } 2 cl.	Philos. 5 cl. Mathém. 3 cl. Phys. Chimie. } 3 cl. Hist.nat.	Math. 4 cl. Le reste comme pour les élèves de philosophie proprement dite avec 4 classes de philos. au lieu de 5.	Compos. alternatives de math. ou de phys. } 1 cl. Math.sp. 6 cl. Phys. 3 cl.

1840. (Circulaire.)

Les élèves de Mathématiques élémentaires recevront leurs cinq leçons de mathématiques pendant que les aspirants au baccalauréat és lettres recevront leurs cinq leçons de philosophie ; les aspirants au baccalauréat és lettres recevront leurs trois leçons de mathématiques pendant que les élèves de mathématiques élémentaires recevront leurs trois leçons de philosophie et de rhétorique.

1840. (Circulaire.)

| | | | Arith. et géomét. (facult.) } 2 h. | Arith. et géomét. (facult.) } 2 h. | Arith. et géomét. (facult.) } 2 h. |

élèves y seront admis facultativement, à partir de la Quatrième, sans distinction de classe, et selon le degré de leur instruction mathématique. L'arithmétique et la géométrie, présentées d'une manière élémentaire, formeront l'objet principal de cet enseignement. »

N° I (suite).

								PHILOSOPHIE.	
								PREMIÈRE ANNÉE.	DEUXIÈME ANNÉE.
NEUVIÈME.	HUITIÈME.	SEPTIÈME.	SIXIÈME.	CINQUIÈME.	QUATRIÈME.	TROISIÈME.	SECONDE.	RHÉTORIQUE.	Philosophie.	Mathématiques élémentaires.	Mathématiques spéciales.
---	---	---	---	---	---	---	---	---	---	---	---
					14 septembre 1841. (Arrêté.)						
					Langues anc. 9 cl. Arith. et géomét. 2 h. le jeudi (facult.) mat. 2 leç. de 1 h. Langues vivantes dehors des heures de cl.	Langues anc. 9 cl. Arith. et géomét. 2 h. le jeudi (facult.) mat. 2 leç. de 1 h. Langues vivantes dehors des heures de cl.	Langues anc. 9 cl. Arith. et géomét. 2 h. le jeudi (facult.) mat. 2 leç. de 1 h. Langues vivantes dehors des heures de cl.	Langues anc. et littérat. 9 cl. Arith. et géomét. (facult.) 1 leç. 2 h. en Langues vivantes dehors des heures de cl. Histoire. 1 cl.		Mathém. 5 leç. Rhét. et philos. 5 leç. Physiq., chimie, hist. nat. 3 leç.	

Troisième, Seconde et Rhétorique.
La classe unique, précédemment affectée aux langues vivantes en Quatrième, Troisième et Seconde, sera rendue aux études de langues anciennes et d'histoire.
En Rhétorique, dans les Collèges de Paris et de Versailles, neuf classes par semaine restent affectées aux études des langues anciennes et de littérature, et une le sera aux études d'histoire.

Observation. — Les conférences préparatoires d'arithmétique et de géométrie auront lieu d'une manière fixe pour les élèves des classes de Troisième, de Seconde et de Rhétorique, le jeudi matin à l'heure ordinaire de la classe, et seront confiées aux deux professeurs de mathématiques spéciales et de mathématiques élémentaires, et, le cas échéant, à des agrégés divisionnaires.
L'enseignement des langues vivantes se composera de deux leçons d'une heure chacune, par semaine, données, en dehors du temps ordinaire des classes, aux élèves de Quatrième.

					15 octobre 1841. (Arrêté.)						
										Hist.nat. (toute l'année) 1 leç. Physiq. (1ʳᵉ sem.) 2 leç. Chimie (2ᵉ sem.) 1 leç.	Phys. jusq. 1ᵉʳ déc. 3 leç. Phys. à partir 1ᵉʳ déc. 2 leç. Chim.id. 1 leç.

Observation. — Cet arrêté ne fait que confirmer, en les interprétant, des mesures antérieurement autorisées.

					27 septembre 1842. (Arrêté.)						
					Les conférences préparatoires d'arithmétique et de géométrie continueront d'avoir lieu.	Les conférences préparatoires d'arithmétique et de géométrie continueront d'avoir lieu.	Les conférences préparatoires d'arithmétique et de géométrie continueront d'avoir lieu.	Les conférences préparatoires d'arithmétique et de géométrie continueront d'avoir lieu.	Les élèves de Philosophie seront réunis à ceux de Mathématiques élémentaires pour l'enseignement lauréat ès lettres des mathématiques lorsque le total des deux classes ne dépassera pas 50.	Le cours régulier de philosophie, pour les élèves qui ne préparent pas le baccalauréat ès lettres, sera remplacé par 3 leçons de rhétorique et de philosophie supplémentaires.	

1ᵉʳ août 1843. (Arrêté.)

Introduction des exercices de récitation des auteurs classiques français, latins et grecs.
A la fin de chaque trimestre les élèves seront admis à réciter des passages choisis des auteurs classiques, français, latins et grecs qui auront été désignés, pour chaque classe, par le professeur d'accord avec le proviseur. Ces exercices ne pourront comprendre que des morceaux étendus et complets. La récitation devra être correcte, intelligente et accentuée. En outre les élèves devront répondre à toutes les questions qui leur seront adressées sur ces morceaux. A la suite de ces exercices, il sera dressé une liste de mérite, et, à la fin de l'année, il sera décerné, pour chaque classe, deux prix et quatre accessits sous le titre de prix et mentions pour récitation classique.

N° I (suite).

Rapport au Roi 1843 (pag. 82-83)

(Répartition de l'enseignement) (1).

NEUVIÈME.	HUITIÈME.	SEPTIÈME.	SIXIÈME.	CINQUIÈME.	QUATRIÈME.	TROISIÈME.	SECONDE.	RHÉTORIQUE.	PHILOSOPHIE.	MATHÉMATIQUES. ÉLÉMENTAIRES.	MATHÉMATIQUES. SPÉCIALES.
	Ens. rel. 2 leç. Latin. Français. Exercices de mémoire. Hist. s¹⁰. Géograph. corresp. }9 }1	Ens. rel. 2 leç. Latin. Français. Exercices de mémoire. Hist. s¹⁰. Géograph. corresp. }9 }1	Ens. rel. 2 leç. Latin. Français. Exercices de mémoire. Hist. anc. (1ʳᵉ part.) Géograph. corresp. }10 }1	Ens. rel. 2 leç. Latin. Grec. Français. Exercices de mémoire. Hist. anc. (2ᵉ part.) Géograph. corresp. }10 }1	Ens. rel. 2 leç. Latin. Grec. Français. Exercices de mémoire. Hist. rom. Géograph. corresp. }8 }2	Ens. rel. 1 leç. Latin. Grec. Exercices de mémoire. Hist. du moyen âge. Géograph. corresp. }8 }2	Ens.rel.1 leç. Latin. Grec. Exercices de mémoire. Hist. mod. Géograph. corresp. }8 }2	Ens. rel. 1 leç. Latin. Français. Grec. Notions de rhétorique. Hist. littéraire. Exercices de mémoire. Hist. de France jusqu'en 1789. Géograph. corresp. }8 }2	Ens. rel. 1 leç. Psychol. Logique. Morale. Théodicée. Hist. de la philosophie. Dissertat. latine. Dissertat. franç. }5	Ens.rel.1 leç. Morale. Histoire. Essais de traduct. et de style. }3	Ens. rel. 1 leç.
Calcul. 1 leç.	Calcul. 1 leç.					Conf. d'arithmétique et de géométrie. }11	Conf. d'arith. et de géométrie. }11	Conf. d'arith. et de géométrie. }11	Arithmét. Géomét. Algèbre. Trigon. Physique. Chimie. Hist. nat. }5 }2 }1	Arithmét. Géomét. Algèbre. Trigon. Physique. Chimie. Hist. nat. }5 }2 }1	Arithmét. Géomét. Algèbre. Statique. Trigon. Géomét. descriptive et analytique. Physique. Chimie. }6 }5 }1
	Écriture. 3 leç.	Écriture. 3 leç.	Écriture. 3 leç.	Dessin : têtes d'après gravure. }3 }1	Lang. viv. 2 leç. Dessin : têtes d'après bosse et gr. }3 }1	Lang. viv. 2 leç. Dessin : têtes d'après bosse et gr. }3 }1	Lang.viv.2 leç. Dessin : académies, têtes d'après bosse et gr. }3 }1	Lang. viv. 2 leç. Dessin : académies, têtes d'après bosse ; paysage. }3	Dessin : académies, têtes d'après bosse, grav. et nature. }3	Dessin : académies, têtes d'après bosse, grav. et nature. }3	Dessin : académies, têtes d'après bosse, grav. et nature. }3
Mus. voc. 2 leç.	Mus. voc. 2 leç.	Mus. voc. 2 leç.	Mus. voc. 1 leç.								

1. Il ne s'agit pas ici d'un acte, mais d'une situation qui, en raison de son importance, nous a paru intéressante à reproduire.

N° 1 (suite).

ANNEXES.

NEUVIÈME.	HUITIÈME.	SEPTIÈME.	SIXIÈME.	CINQUIÈME.	QUATRIÈME.
Les classes qui préparent à la Sixième sont réduites à deux.	Pas de latin.	Commencement de l'étude du latin.			**5 mars** *Enseignement* Arithmétique. Syst. métrique.

Enseignement

1re année.
Mathématiques. — et d'ornement.
Physique et chim. Latin.
Géograph. phys. Hist. et géograph.
Dessin linéaire Lang. vivantes.

2e année.
Mathématiques. Hist. naturelle. Histoire et géo-
phys. et chimie. Latin. graphie.
Mécanique géo- Littérature fran- Dessin.
métrique. çaise. Lang. vivantes.

Observation. — A partir de l'année 1848, les conférences scientifiques de Quatrième, Troisième, Seconde et Rhétorique feront partie du cours régulier des études classiques; les sciences seront enseignées une fois par semaine, à l'heure ordinaire des classes. (Voir le programme du 22 septembre 1847 dans les collèges de Paris et de première classe.) A partir de ladite année scolaire 1847-1848, il sera établi successivement, dans les collèges royaux et communaux, un enseignement spécial distinct de l'enseignement littéraire.

Observations. — Les exercices gymnastiques introduits dans les collèges sont maintenus.
Les exercices gymnastiques proprement dits n'ont lieu qu'une fois la semaine. Les élèves n'y sont admis qu'après autorisation du médecin.

					24 avril **7 octobre** *Enseignement*

1re année.
Arithmétique. Français. — Latin Logarithmes. Physique. Géog. historique.
Géométrie plane. Histoire. Géométrie. Chimie. Français.
Algèbre. Géographi. histor. Trigonométrie. Physiol. animale Latin.
Physique. Langues vivantes. Algèbre. et végétale. Langues vivantes.
Chimie. Dessin linéaire et Géom. descript. Notions agric. Lavis et dessin
Géograph. phys. d'ornement. Mécanique. Histoire. architectural.

Observation. — Un arrêté en date du 22 septembre 1847 n'avait fixé que le détail que ceux de la première année, ainsi qu'il suit:

2e année.
Physique.
Chimie.
Géologie.
Physiol. végétale.
Notions agric.
Botanique.
Histoire.

| | | | | | **8 octobre** |

1re année.
Arithmétique. Français. Arithmétique. Physique. Français.
Géométrie plane. Latin. Géométrie. Chimie. Latin.
Algèbre. Histoire. Algèbre. Géologie. Histoire.
Physique. Géog. historique. Géométrie des- Physiologie vé- Géog. historique.
Chimie. Lang. vivantes. criptive. gétale. Langues viv.
Physiol. animale. Dessin linéaire et Trigonométrie. Botanique. Dessin architec-
Zoologie. d'ornement. Mécanique. Notions agricoles tural et lavis.

| | | | | | **17 septembre**
Enseignement |

Observation. — Revision des programmes des trois années.

ANNEXES.

TROISIÈME.	SECONDE.	RHÉTORIQUE.	PHILOSOPHIE.	MATHÉMATIQUES.	
				ÉLÉMENTAIRES.	SPÉCIALES.
1847. (Statut.) *classique.* Arithmétique.	Géographie. Algèbre.	Cosmographie.	Dans les collèges de Paris et de 1re classe, le cours de philosophie pourra être divisé en 2 ans.: 1re année obligatoire pour le baccalauréat. 2e an. facult.		
Syst. métriq. Géomét. plane.					

spécial.

3e année.
Mathématiques. Histoire naturelle. Comptabilité générale. ⎫
Géométrie descriptive. Dessin. Droit commercial. ⎬ facultatifs.
Physique et chimie. Rhétorique française. Économie agricole. ⎭
Machines. Langues vivantes.

Les élèves qui auront suivi le cours entier de l'enseignement classique ou celui de l'enseignement spécial pourront également être admis, selon le degré de leur force et leur destination, soit au cours actuel de mathématiques élémentaires, soit au cours actuel de mathématiques spéciales, lequel prendra le nom de mathématiques supérieures.

1848. (Arrêté.)
Les élèves de toutes les classes font deux fois par semaine l'exercice du soldat sans armes, et pas de gymnastique.
Les élèves qui ont plus de 16 ans sont exercés au maniement des armes, sauf objection du médecin.

1848. (Arrêté.)
spécial.

3e année.
Algèbre. Chimie. Économie agricole.
Sections coniques. Zoologie. Rhétorique et composition
Cosmographie. Botanique. française.
Géométrie descriptive. Comptabilité. Langues vivantes.
Mécanique. Géologie. Dessin de la tête, dessin des
Physique. Droit commercial. machines.

Mathématiques. — Physique et chimie. — Géographie physique. — Langue française. —
Langue latine. — Histoire et géographie historique. — Dessin linéaire et dessin d'ornement.

1849. (Arrêté.)
spécial.

3e année.
Géométrie descriptive. Complém. du cours Physique.
Épures. d'hist. gén. de l'Eu- Chimie. Études de rhétorique et de
Applications de l'algèbre à rope, de 1789 à 1811. Géographie physique. composition française.
la géométrie. Comptabilité. Langues vivantes.
Mécanique. Droit commercial. Dessin de la tête, dessin des
Cosmographie. Économie agricole. machines. Modelage.

NEUVIÈME.	HUITIÈME.	SEPTIÈME.	SIXIÈME.	CINQUIÈME.	QUATRIÈME.
		ANNEXES.			**10 avril**
Enseign. | 1 leç. relig.	Enseign. | 1 leç. relig.	Enseign. | 1 leç. relig.	Enseign. | 1 leç. relig.	Enseign. | 1 leç. relig.	Enseign. | 1 leç. relig.

Observation. — L'enseignement religieux est obligatoire pour tous les élèves internes, à quelque classe qu'ils appartiennent. Les élèves externes dont les parents le demanderont y seront admis et le cours deviendra alors obligatoire pour eux. (Voir l'Arrêté du 29 août 1852.)

Indépendamment de la division élémentaire, les lycées comprennent nécessairement deux divisions : la division de grammaire, commune à tous les élèves, et la division supérieure, où les lettres et les sciences forment la base de deux enseignements distincts. Après un examen, les élèves sont admis dans la section de grammaire qui embrasse les trois années de Sixième, de Cinquième et de Quatrième, avec programmes communs. A l'issue de la classe de Quatrième, ils subissent un examen appelé *examen de Grammaire*, dont le résultat est constaté par un certificat spécial indispensable pour passer dans la division supérieure.

					29 août
					Enseign. | 1 leç. relig.

Observation. — L'enseignement classique est obligatoire pour tous les élèves. La section

| | | | | | **30 août** |

Enseignement commun à tous les élèves.

| Lecture. Écriture. Français. Récitation. Histoire sainte. Géographie élémentaire. Calcul. Dessin linéaire. | Lecture. Écriture. Français. Latin. Récitation. Histoire sainte. Géographie de la France. Calcul. Système métrique. Dessin linéaire. | Français. Latin. Grec (2ᵉ sem.). Récitation. Histoire et géographie (notions d'hist. et de géogr. anciennes et histoire de France, 1ʳᵉ race). Calcul. | Français. Latin. Grec. Récitation. Histoire (continuation jusqu'à François Iᵉʳ). Géographie physique de la France. Calcul. | Français. Latin. Grec. Grammaire comparée. Prosodie latine. Histoire de France (continuation jusqu'en 1815). Géographie administrative de la France. Arithmétique. Géométrie. |

TROISIÈME.	SECONDE.	RHÉTORIQUE.	PHILOSOPHIE.	MATHÉMATIQUES SPÉCIALES.
1852. (Décret.)				

La division supérieure est partagée en deux sections. La première section a pour objet la culture littéraire et ouvre l'accès des Facultés des Lettres et des Facultés de Droit. L'enseignement de la seconde section prépare aux professions commerciales et industrielles, aux écoles spéciales, aux Facultés des Sciences et de Médecine.

Les études littéraires et historiques embrassent comme par le passé les classes de Troisième, de Seconde et de Rhétorique. Les études scientifiques ont lieu pendant les trois années correspondantes. Les langues vivantes sont enseignées pendant les trois années dans les deux sections (ainsi que le français, le latin, l'histoire et la géographie, la dernière année, dite de Logique, obligatoire pour les deux catégories d'élèves, a particulièrement pour objet l'exposition des opérations de l'entendement et l'application des principes généraux de l'art de penser à l'étude des sciences et des lettres. (Voir l'Arrêté du 30 août 1852.)

| Enseign. \| 1 leç. relig. | Enseign. \| 1 leç. religieux | Enseign. \| 1 leç. religieux | Enseignement religieux. \| 1 leç. | Enseign. \| 1 leç. religieux. |

1852. (Arrêté.)

Enseignement commun à la section des lettres et à la section des sciences.

1852. (Arrêté.)

§ 1ᵉʳ. Enseignement commun à la section des lettres et à la section des sciences.				
Français. Latin. Hist. ancienne. Géogr. générale. Langues vivantes.	Français. Latin. Hist. du m. âge. Géogr. de l'Europe. Langues vivantes.	Français. Latin. Hist. des t. mod. Géogr. de la Franᶜᵉ. Langues vivantes.		

§ 2. Enseignement particulier à la section des lettres.

| Latin. Grec. Géométrie. Physique. | Latin. Grec. Chimie. Cosmographie. | Latin. Grec. Histoire relle. | | |

§ 3. Enseignement particulier à la section des sciences.

| Arithmétique. Géométrie. Levé des plans Physique. Chimie. Hist. naturelle. Dessin linéaire et d'imitation. | Algèbre. Géométrie. Représentation géométrique des corps à l'aide des projections usuelles. Physique. Chimie. Histoire naturelle. Dessin linéaire d'imitation. | Notions élément. de logique. Arithmétique. Algèbre. Géom. : courbes usuelles. Nivellement. Trigonométrie. Cosmographie. Mécanique. Physique. Chimie. Histoire natur. Dessin linéaire d'imitation. | | |

LOGIQUE.

Enseignement commun aux deux sections (lettres et sciences).
1ᵉʳ trim. : Étude de l'esprit humain et du langage.
2ᵉ trim. : De la méthode dans les divers ordres de connaissances.
3ᵉ trim. : Application des règles de la méthode à l'étude des principales vérités de l'ordre moral.
Dissert. françaises. Revision de l'enseignement littéraire : explication des auteurs latins, français, allemands ou anglais. — Exercices de traduction. Résumé de l'histoire de France et de la géographie.

Enseignement particulier à la section des lettres.
Logique.
Dissert. latines.

| Explicat. d'auteurs philos. et grecs. Exercices de composition. Résumé de l'histoire de la géographie. Arithmétique. Géométrie. Physique. Enseignement particulier à la section des sciences. Revision méthodique des cours scientifiques des trois années précéd. Mathém. spéc. Cours de lettres. Cours de sciences physiques et naturelles (en commun avec la section scientifique de la classe de Logique). Dessin géomét. et d'imit. |

N° I (suite).

	ANNEXES									ANNEXES	
NEUVIÈME.	HUITIÈME.	SEPTIÈME.	SIXIÈME.	CINQUIÈME.	QUATRIÈME.	TROISIÈME.	SECONDE.	RHÉTORIQUE.	PHILOSOPHIE.	MATHÉMATIQUES ÉLÉMENTAIRES.	SPÉCIALES.
					29 décembre	1853. (Arrêté.)					
			Dessin : Exercices préparat. } 1 leç.	Dessin : Exercices préparat. } 1 leç.	Dessin : Perspective, anat., par-tiesdela tête et 2 leç. tête.	Dessin : tête et extrém. d'après 3 leç. des est. par ou des quin- phot. et zaine. d'apr. la bosse.	Dessin : Têtes et extrém. d'après 3 leç. des est. par ou des quin- phot. et zaine. d'apr. la bosse.	Dessin : Torses et extrém. académ. 3 leç. d'après par des est. quin- ou des zaine. phot. et d'apr. la bosse.	Dessin : Torses et académ. 3 leç. d'après par des est. quin- ou des zaine. phot. et d'apr. la bosse.		
					13 mars	1854. (Arrêté.)					
	Gymn. 2 leç.	Gymn. 2 leç.	Gymn. 2 leç.	Gymn. 2 leç.	Gymn. 2 leç.	Gymn. Equitat. (facult.)	Gymn. 2 leç. Equitat. (facult.)	Gymn. 2 leç. Equitat. (facult.)	Gymn. 2 leç. Equitat. (facult.)	Gymn. 2 leç. Equitat. (facult.)	

Observations. — La gymnastique fait partie de l'enseignement régulier; elle est donnée aux frais de l'établissement. L'équitation est facultative et reste à la charge des familles. Les élèves sont partagés pour les exercices gymnastiques en trois divisions : celle du *petit collège*, celle du *moyen collège*, celle du *grand collège*. Les leçons n'ont pas lieu aux heures de récréation. L'une d'elles a lieu nécessairement le jeudi.

28 août 1859. (Arrêté.)

Observations. — Dans les Lycées des départements et dans les Lycées de Paris, le nombre des élèves permet la formation de deux divisions pour chacune des classes de Rhétorique, Seconde et Troisième, les élèves de la section des sciences cesseront d'être réunis à ceux de la section des lettres pour l'enseignement littéraire. Cet enseignement sera donné dans des classes spéciales. L'enseignement de l'histoire et des langues vivantes continuera à être commun aux deux sections.

5 octobre 1859. (Circulaire.)

| | | | | | | | Arithm. 3 leç. (1er sem.) Géomét. 2 leç. (2e sem.) Levé des plans. | Arithm. Algèbre. 3 leç. Géomét. (1er Représ. sem.) géomét. 2 leç. des corps (2e à l'aide sem.) des projections. | Arithm. Algèbre. Géomét. Nivelle-3 leç. ment. Trigono-métrie. Cosmo-graph. } 1 | | |
| | | | | | | | Physiq. (1er sem.) } 2 leç. Chimie. (2e sem.) Hist.nat. (2e sem.) } 1 leç. Dessinli-néaire. } 2 h. Dessin d'imit. | Physiq. (1er sem.) 1 leç. Chimie. 1 1er sem. Chim. et 2 h. Hist. nat. } 3 linéaire. (2e sem.) Dessin d'imit. } 2 | Mécan. 1 Dessinli- } 2 h. néaire. Dessin 2 — d'imit. | | |

Observation. — L'objet de cette modification est d'assurer une préparation plus solide aux examens des écoles militaires. « Pour obtenir ce résultat, il suffisait que, par un déplacement sans importance au fond, les études relatives à la physique expérimentale, à la chimie et à l'histoire naturelle étant réunies dorénavant dans les classes de Troisième et Seconde, on pût conserver la classe de Rhétorique à l'étude des matières qui font plus particulièrement l'objet de l'examen d'admission à Saint-Cyr.

ANNEXES. N° 1 (suite).

NEUVIÈME.	HUITIÈME.	SEPTIÈME.	SIXIÈME.	CINQUIÈME.	QUATRIÈME.	TROISIÈME.	SECONDE.	RHÉTORIQUE.	PHILOSOPHIE.	MATHÉMATIQUES ÉLÉMENTAIRES.	MATHÉMATIQUES SPÉCIALES.
					29 juin	1863. (Décret.)			La classe de logique reprend son ancien nom de classe de philosophie.		
					14 juillet	1863. (Arrêté.)			Psychologie. Logique. Morale. Théodicée.		
					2 septembre	1863. (Décret.)					
						Arithm. et notions prélim. d'algèbre. Éléments de géom. plane.	décret du 10 avril 1852, commenceront à partir de la classe de Seconde. Voir les Programmes du 12 septembre et la circulaire du 22 septembre 1863.				
					23 septembre	1863. (Décret.)			Hist. contemp.		
					2 octobre *Enseignement spécial.*	1863 et les programmes du 15 décembre 1863. 1863. (Circulaire).					

Observation. — L'enseignement commun aux classes de Sixième, de Cinquième, de Quatrième des Lycées, comprendra désormais la classe de Troisième. Les deux sections d'enseignement littéraire et d'enseignement scientifique, instituées par l'article 5 du décret du 10 avril 1852, commenceront à partir de la classe de Seconde. Voir les Programmes du 12 septembre et la circulaire du 22 septembre 1863.

Observation. — Voir la circulaire du 24 septembre 1863.

1re Année.
Français. 5 leç.
Langues vivantes. 4 —
Histoire et Géograph. 1 —
Arithmétique. 4 —
Tenue des livres. }
Exercices.
Dessin d'imitation. 5 h.
Dessin graphique. 2 —
Écriture. 5 —
Gymnastique. 2 —
Musique vocale. }
Enseignem' religieux. jeud.

2e Année.
Français. 2 leç. 1/2
Langues vivantes. 4 —
Histoire et Géogr. 1 —
Mathem. appl., premières notions de physique. } 3 — 4/2
Exercices.
Comptabilité. 1 heure.
Écriture. 5 —
Recèpt. de langues. 2 —
Gymnastique. 1 — 1/2
Musique vocale. 1 — 1/2
Enseign. religieux. le jeudi.
Exercices d'arpent. et de levé des plans } le jeudi matin.

3e Année.
Français. 2 leç. 1/2
Langues vivantes. 3 —
Histoire et Géogr. 1 —
Sciences appl. (mathém., physiques et naturelles). } 5 —
Exercices.
Comptabilité. 1 heure.
Dessin. 5 —
Écriture. 2 —
Langues vivantes. 1 — 1/2
Gymnastique. 2 —
Musique. 1 —
Manipulations de phys. et de chimie. } le jeudi.

4e Année.
Français. 1 leç. 1/2
Langues vivantes. 2 —
Histoire et Géographie. 1 —
Notions de morale, de droit commercial et d'économie industrielle et rurale. 1 — 1/2
Sciences mathématiques, physiques et naturelles. 5 —
Exercices.
Dessin. 4 heures
Comptabilité. 1 —
Langues. 1 — 2
Musique. 1 —
Revision littéraire et scientifique. 2 —
Manipulations. le jeudi.

5e Année.
(Facultative.)
Préparation à l'École centrale des arts et manufactures et aux Écoles supérieures du commerce, selon les besoins locaux.

Ces programmes étaient provisoires.

ANNEXES. N° I

CLASSE PRÉPARATOIRE.	HUITIÈME.	SEPTIÈME.	SIXIÈME.	CINQUIÈME.	QUATRIÈME.	TROISIÈME.	SECONDE.	RHÉTORIQUE.	PHILOSOPHIE.	MATHÉMATIQUES PRÉPARATOIRES.	MATHÉMATIQUES ÉLÉMENTAIRES.	MATHÉMATIQUES SPÉCIALES.
					Arith. } 1 leç. Géom. }	Arith. } 1 leç. Algèb. } Géom. }	1° *Section des lettres.* Algèbre. } 1 leç. Géomét. } 2° *Section des sciences.* Arith. Algèbre. Géomét. Arpent. } 3 leç. Trigon. Géomét. descript. Mécan. Phys. } 2 Chimie. }	1° *Section des lettres.* Corps } 1 leç. ronds. Cosmog. 2° *Section des sciences.* Géomét. Courbes usuelles } 3 leç. Nivell. Géomét. descript. Cosmog Mécan. Phys. Chimie. Hist. na- } 3 leç. turelle.	*Section des lettres.* } 3 leç. (1er sem.) Mathém. } 2 leç. (2e sem.) Sciences } 2 leç. phys. et (1er sem.) natur. } 3 leç. (2e sem.)			

3 décembre 1863. (Arrêté.)

(1) L'enseignement des langues vivantes ayant été reporté en dehors des heures ordinaires des classes, une leçon par semaine est devenue disponible. Elle a été affectée aux mathématiques.

27 novembre 1864. (Décret.)

L'examen du baccalauréat ès lettres porte sur les matières enseignées dans les classes de Rhétorique et de Philosophie des Lycées.

L'examen du baccalauréat ès sciences porte sur les matières enseignées dans la classe de Mathématiques-élémentaires des Lycées (2e année).

4 décembre 1864. (Décret.)

La division des élèves des classes d'humanités en deux sections, l'une d'enseignement littéraire, l'autre d'enseignement scientifique, établie par l'article 3 du décret du 10 avril 1852, est abolie.

Il sera établi dans chaque Lycée un cours de mathématiques élémentaires qui pourra être divisé en deux années.

30 janvier 1865. (Arrêté.)

L'enseignement de la musique est obligatoire dans les Lycées pour tous les élèves de classes inférieures jusqu'à la Quatrième inclusivement. Il est facultatif pour les élèves de Troisième et au dessus.

Deux heures par semaine sont consacrées à l'enseignement musical obligatoire. Une leçon d'une heure au moins par semaine est consacrée à l'enseignement musical facultatif.

N° I

24 mars

CLASSE PRÉPARATOIRE.	HUITIÈME.	SEPTIÈME.	SIXIÈME.	CINQUIÈME.	QUATRIÈME.	TROISIÈME.
Ens. relig. {1 leg. écrit. 3 Lect. Franç. Latin. Hist. sainte. Géogr. génér. Calcul. Syst. métr. Musiq. vocale. {2 leg.	Ens. relig. {1 leg. écrit. 3 Lect. Franç. Latin. Hist. Géogr. génér. Calcul. Syst. métr. Musiq. vocale. {2 leg. 10 cl.	Ens. relig. {1 leg. Lect. 2 Franç. Latin. Hist. de France. Géogr. de la France. Calcul. Syst. métr. Musiq. vocale. {2 leg. 10 cl.	Ens. relig. {1 leg. Franç. {8 cl. Latin. Grec. 1/2 Hist. de l'Orient Géogr. {1 cl. de l'Asie. Calcul. 1/2 cl. Lang. vivante 2 leg. Dessin. 2 Musiq. 2 Gymn. 2	Ens. relig. 1 leg. Franç. {8 leg. Latin. 1/2 Grec. Hist. de la Grèce Géogr. d'Europe et d'Afriq. Calcul. 1/2 cl. Lang. vivante 2 leg. Dessin. 2 Musiq. 2 Gymn. 2	Ens. relig. {1 leg. Franç. 7 cl. Latin. Grec. Hist. ancien. Géogr. d'Amériq. et d'Océanie. 1 Arith. 1 Géom. Lang. vivante 2 leg. Dessin. 2 Musiq. 2 Gymn. 2	Ens. relig. {1 leg. Franç. 7 cl. Latin. Grec. Hist. du xv° s. au xiv° s. Géogr. de l'Europe. 1 conf. Arith. 2 cl. Géom. Lang. vivante 2 leg. Dessin. 2 d'imit. Dessin graph. facult. 2° sem. Musiq. 1 facult. Gymn. 2

Observation. — Cette réforme, qui complète et achève celle du 4 décembre 1864, se réduit pour les programmes à la simplification de ceux qui résultaient du plan d'études de 1832. Elle crée une classe de Mathématiques élémentaires, précédée d'une classe de

12 août

| | | | | | | Des. gr. (facult. {2 h. 2° sem.}) |

(suite). ANNEXES.

SECONDE.	RHÉTORIQUE.	PHILOSOPHIE.	MATHÉMATIQUES		
			PRÉPARATOIRES.	ÉLÉMENTAIRES.	SPÉCIALES.

1865. (Arrêté.)

SECONDE.	RHÉTORIQUE.	PHILOSOPHIE.	PRÉPARATOIRES.	ÉLÉMENTAIRES.	SPÉCIALES.
Enseign. {1 leg. relig. Français 7 cl. Latin. Grec. Hist. du xiv° au milieu du xv° s. Géogr. gén. d'Asie, d'Afriq., d'Am. et d'Océan. 1 conf. Algèbre. Géomét. 2 cl. Hist.nat. {2° sem. Langues vivantes 2 leg. Dessin d'imit. (facult.) Dessin linéaire 2 (facult.) Musique (facult.) Gymn. 2	Enseign. {1 leg. relig. Franç. 8 cl. Latin. Grec. Hist. de LouisXIV à 1815. Géogr. génér. 1 leg. Géomét. 1 cl. Cosmog. 1 Physiq. Chimie. Langues vivantes 2 leg. Dessin d'imit. (facult.) Dessin linéaire 2 (facult.) Musique (facult.) Gymn. 2	Enseign. {1 leg. relig. Philos. 4 cl. Franç. 2 conf Latin. 1 cl. Grec. Histoire contemporaine. Algèbre. 1 Géomét. Cosmog. 5 Physiq. Chimie. Langues vivantes 2 leg. Dessin 2 d'imit. Musique (facult.) 2	Enseign. {1 leg. relig. Franç. 4 cl. Latin. Hist. du xiv° s. à 1815. 2 Géogr. génér. 1 Arithm. Algèbre. Géomét. Cosmog. 5 Hist.nat. Langues vivantes 4 Dessin 2 leg. d'imit. Dessin 2 graph. Musique. 2	Enseign. {1 leg. relig. Français 1 cl. Latin. Hist. de LouisXIV 1 à nos jours. Philos. 1 conf Géogr. 1 Arithm. Algèbre. Géomét. 5 descript. Géomét. analyt. Cosmog. Mécan. Phys. 2 Chimie. Langues 1 leg. vivantes Dessin 2 d'imit. Dessin 2 linéaire. Musique. 2	Enseign. {1 leg. relig. Littérat. 1 cl. franç. Arithm. Géomét. Algèbre. Géomét. descript. 6 Géomét. analyt. Trigonométrie. Mécan. Phys. Chimie. Langues 2 vivantes Dessin d'imit. Dessin linéaire. Manipulations. 1 séance

Mathématiques préparatoires, pourvues l'une et l'autre d'un enseignement littéraire au profit de ceux qui abandonnent les études classiques en Troisième et en Seconde. (*Circulaire du 24 mars.*)

1865. (Arrêté.)

| Dessin gr. (facult. {2 h. 2° sem.}) | Dessin gr. (facult. {2 h. 2° sem.}) | Dessin gr. 2 h. | Dessin gr. 2 h. |

CLASSE PRÉPARATOIRE.	HUITIÈME.	SEPTIÈME.	SIXIÈME.	CINQUIÈME.	QUATRIÈME.	TROISIÈME.	SECONDE.	RHÉTORIQUE.	PHILOSOPHIE.	MATHÉMATIQUES		
										PRÉPARATOIRES.	ÉLÉMENTAIRES.	SPÉCIALES.

1865. — Voir la loi du 27 juin 1865.

1866. (Instruction.) — *Enseignement spécial.*

6 avril

ANNÉE PRÉPARATOIRE.		1re ANNÉE.		2e ANNÉE.		3e ANNÉE.		4e ANNÉE.	
Enseign. religieux.	1 leç.	Enseign. religieux.	1 h.	Enseign. religieux.	1 h.	Enseignement religieux.	1 heure	Enseignement religieux.	1 h.
Langue française.	6 —	Langue française.	5 leç.	Langue française.	4 leç.	Morale.	1 leç.	Morale.	1 leç.
Langues vivantes.	4 —	Langues vivantes.	4 —	Langues vivantes.	4 —	Composition littéraire.	2 —	Composition littéraire.	2 —
Histoire de France.	1 —	Hist.: gr. époques.	2 —	Hist. de Fr. et mod.	4 —	Histoire de la littérature française.	1 —	Langues vivantes.	4 —
Géog. de la France.	1 —	Géogr. générale.	1 —	Géogr. de la France.	1 —	Langues vivantes.	4 —	Histoire des inventions industr.	1 —
Arithmétique.	4 —	Arithmétique.	5 —	Arithm. commerc.	5 —	Histoire contemporaine.	3 —	Histoire de Louis XIV à nos jours.	1 —
Géométrie plane.	2 —	Géométrie plane.		Géomét. dans l'esp.		Géographie commerciale.	1 —	Législation commerc. et industr.	1 —
Histoire naturelle.		Physique.	2 —	Physique.	2 —	Législation civile.	1 —	Économie rurale, ind. et comm.	1 —
		Chimie.		Chimie.		Algèbre.	4 —	Algèbre.	
		Histoire naturelle.	2 —	Histoire naturelle.	2 —	Géométrie descriptive.	2 —	Géométrie : courbes usuelles.	5
		Comptabilité.	1 —	Comptabilité.	1 —	Mécanique.	2 —	Trigonométrie.	
						Cosmographie.	1 —	Géométrie descriptive.	2 —
						Physique.	2 —	Mécanique.	2 —
						Chimie.	1 —	Physique.	2 —
						Histoire naturelle.	1 —	Chimie.	1 —
						Comptabilité.	1 —	Comptabilité.	
Exercices.		*Exercices.*		*Exercices.*		*Exercices.*		*Exercices.*	
Calligraphie.	4 —	Calligraphie.	2 —	Calligraphie.	1 leç.	Dessin.	6 leç.	Dessin.	6 leç.
Dessin.	4 —	Dessin.	4 —	Dessin.	5 —	Chant.	1 —	Chant.	1 —
Chant.	2 —	Chant.	1 —	Chant.	1 —	Gymnastique.	1 —	Gymnastique.	1 —
Gymnastique.	2 —	Gymnastique.	1 —	Gymnastique.	1 —				

Observation. — La gymnastique fait partie de l'enseignement des Lycées et Collèges. Elle est enseignée dans la mesure indiquée pour chaque élève par le médecin de l'établissement, conformément au programme annexé audit arrêté.

1867. (Circulaire.) — **2 mars** — La conférence de géographie est supprimée dans les classes supérieures.

1869. (Décret.) — **3 février** — établissant l'enseignement secondaire spécial.

CLASSE PRÉPARATOIRE.	HUITIÈME.	SEPTIÈME.	SIXIÈME.	CINQUIÈME.	QUATRIÈME.	TROISIÈME.
Enseign. relig. Lect. Écrit. Franç. Calcul. Hist. Mus. voc.	Enseign. relig. 2h. Franç. 6h. Latin. 6h. Langues viv. 4h. Hist. 3h. Géogr. 3h. Calcul. 1h. Écrit. 2h. Musique vocale. 2h.	Enseign. relig. 2h. Franç. 5h. Latin. 7h. Langues viv. 4h. Hist. 3h. Géogr. 3h. Calcul. 1h. Écrit. 1h. Dessin d'imit. 1h. Musique vocale. 2h.	Enseign. relig. 2h. Franç. {15h. Latin. Grec. Langues viv. 3h. Hist. 3h. Géogr. 1h. Calcul. 1h. Dessin d'imit. 1h. Musique vocale. 2h.	Enseign. relig. 1h. Franç. {15h. Latin. Grec. Langues viv. 3h. Histoire. 5h. Géogr. 1h. Calcul. 1h. Géométr. 1h. Dessin d'imit. 2h. Musique vocale. 2h.	Enseign. relig. 1h. Franç. {14h. Latin. Grec. Langues viv. 2h. Histoire. 2h. Géogr. 1h. Calcul. Arithm. 2h. Dessin d'imit. 2h.	Enseign. relig. 1h. Franç. {15h. Latin. Grec. Langues viv. 2h. Histoire. 2h. Géom. 2h. Dessin graph. 2h. Dessin d'imit. 1h.

Bibl. études y comprises

10 octobre

Observation. — L'enseignement des langues vivantes est obligatoire depuis les plus basses classes jusques et y compris la Rhétorique. Après la Quatrième, le cours se divisera en trois sections : cours élémentaire, cours intermédiaire et cours supérieur.

10 octobre

Observation. — Une classe de deux heures, prise sur le temps ordinaire des classes, devra être réservée tous les quinze jours à la géographie et viendra s'ajouter à celles qui sont déjà en partie employées à cette étude.

9 avril

Observation. — L'examen du baccalauréat ès lettres comprend deux séries d'épreuves. La première porte sur les lettres et les parties de l'histoire et de la géographie enseignées dans le cours des études classiques jusqu'à la Rhétorique inclusivement;

23 juillet

(1) Ce programme est celui de la classe préparatoire au baccalauréat ès sciences. Les classes de Saint-Cyr et de l'École forestière avaient un emploi du temps spécial.

SECONDE.	RHÉTORIQUE.	PHILOSOPHIE.	MATHÉMATIQUES		
			PRÉPARATOIRES.	ÉLÉMENTAIRES.	SPÉCIALES.

1871. (Circulaire.)

où les élèves seront classés suivant leur force. Les leçons, dans les classes élémentaires, sont au nombre de trois par semaine, d'une heure chacune. (Voir *Circulaire du 13 décembre*.)

1871. (Circulaire.)

Le programme de l'histoire contemporaine enseignée dans les classes de Philosophie s'arrêtera à la révolution de 1848, et le temps employé jusqu'ici à la dernière partie de ce programme (1848-1867) sera réservé à la géographie administrative, industrielle et commerciale contemporaine.

1874. (Décret.)

la deuxième porte sur la philosophie, sur les sciences, sur les parties de l'histoire et de la géographie enseignées dans les classes de Philosophie et sur les langues vivantes.

1874. (Arrêté.)

Enseign. religieux 1h. Français 13h. Latin. Grec. Langues vivantes. 2h. Histoire. 2h. Géograp. 1h. Algèbre. Géoméd. Géomét. 4h. Hist. natur. Dessin graph. 2h. Dessin d'imitat. 2h.	Enseign. religieux. 1h. Français. {15h. Latin. Grec. Langues vivantes. 2h. Histoire. 3h. Géographie 1h. Cosmogr. Physique. Chimie. Hist. nat. Dessin graph. 1h. Dessin d'imitation. 2h.	Enseign. religieux. 1h. Philosoph. 8h. Langues vivantes. 2h. Histoire. 2h. Géogr. Arithmét. Algèbre. Géométr. Cosmogr. Physique. Chimie. 6h. Hist. nat. Dessin graph. 1h. Dessin d'imitation. 2h.	Enseign. religieux 1h. Mathém. 10h. Hist. nat. 1h. Français. 3h. Latin. 2h. Langues vivantes. 2h. Histoire. Géogr. 4h. Dessin di-mitation 2h. Dessin gra-phique. 2h. (1)	Enseign. religieux 1h. Math. 13h.1/2 Physiq. 6h. Chimie. 3/4. Français. 2h. Latin. Langues vivantes. 2h. Histoire. 3h. Géogr. Philosop. 1h. Dessin di-mitation 2h. Dessin gra-phique. 2h.	Enseign. religieux 1h. Géométrie descript. 4h. Physiq. { 6h. Chimie. {1/2. Français. 2h. Langues vivantes. 2h. Dessin di-mitation 2h. (2)

(2) Ce programme est celui de la classe de Mathématiques spéciales préparatoire à l'École polytechnique et à l'École normale. La classe de l'École forestière avait un emploi du temps particulier.

N° I

Décret portant règlement d'administration publique pour du baccalauréat ès sciences

CLASSE PRÉPARATOIRE.	HUITIÈME.	SEPTIÈME.	SIXIÈME.	CINQUIÈME.	QUATRIÈME.	TROISIÈME.
			Dessin.	Dessin.	Dessin.	**25 juillet**
						2 juillet Dessin.

Observations. — L'enseignement du dessin est obligatoire à partir de la classe de Sixième; il est continué d'année en année jusqu'à la classe de Philosophie inclusivement.
Pour l'enseignement du dessin, les élèves sont partagés en trois séries : la première

29 septembre

2 août

Franç. 10h.	Franç. 10h.	Franç. 5h.	Franç. 5h.	Franç. 3h.	Franç. 3h.	
Histoire 2h.	Histoire 2h.	Latin. 10h.	Latin. 10h.	Latin. 6h.	Latin. 6h.	
Géogr. 2h.	Géogr. 2h.	Histoire 2h.	Histoire 2h.	Grec. 5h.	Grec. 5h.	
Sciences.4h.	Scienc. 4h.	Géogr. 1h.	Géogr. 1h.	Histoire 2h.	Histoire 2h.	
Langues	Langues	Scienc. 3h.	Sciences 3h.	Géograp. 1h.	Géograp. 1h.	
viv. 4h.	viv. 4h.	Langues	Langues	Sciences 3h.	Sciences 3h.	
Dessin. 2h.	Dessin. 2h.	viv. 5h.	viv. 5h.	Langues	Langues	
		Dessin. 2h.	Dessin. 2h.	viv. 2h.	viv. 2h.	
				Dessin. 2h.	Dessin. 2h.	
				graph. 2h.		

Observation. — Les études sont partagées en trois cycles : cycle des classes
Un certificat d'études est délivré après

28 juillet
Enseignement

COURS MOYEN.

ANNÉE PRÉPARATOIRE.	Première année.	Deuxième année.	Troisième année.
Français. 8 h.	Français. 7 h.	Français. 5 h.	Français. 4 h.
Langues vivantes 6 —	Langues viv. 4 —	Langues viv. 4 —	Morale. 1 —
Histoire et géogr. 5 —	Histoire. 2 —	Hist. et géograp. 3 —	Langues viv. 3 —
Mathématiques. 2 —	Géographie. 1 —	Mathématiques. 5 —	Hist. et géograp. 3 —
Physique. 1 —	Mathématiques. 4 —	Phys. et Chimie. 5 —	Mathématiques. 4 —
Histoire natur. 1 —	Physique. 2 —	Histoire natur. 1 —	Phys. et Chimie. 4 —
Calligraphie. 2 —	Histoire natur. 1 —	Comptabilité. 1 —	Histoire natur. 1 —
Dessin. 4 —	Comptabilité. 1 —	Calligraphie. 1 —	Comptabilité. 2 —
	Calligraphie. 2 —	Dessin. 4 —	Calligraphie. 1 —
	Dessin. 4 —		Dessin. 4 —

Observation. — L'enseignement secondaire spécial, modifié par le décret du 4 août 1884, est réparti en trois cycles. Le premier cycle comprend l'année préparatoire qui, peut être remplacée par le cours élémentaire de l'enseignement secondaire classique ; le

---

(suite).

SECONDE.	RHÉTORIQUE.	PHILOSOPHIE.	ANNEXES.		
			PRÉPARATOIRES.	ÉLÉMENTAIRES.	SPÉCIALES.

1874. (Décret.)
l'exécution du décret du 9 avril 1874, divisant l'examen en deux séries d'examen.

1878. (Arrêté.)

| Dessin. | Dessin. | Dessin. |

série comprend les élèves de Sixième et de Cinquième; la seconde série, les élèves de Quatrième et de Troisième; la troisième série, les élèves de Seconde, de Rhétorique et de Philosophie.

1878. (Circulaire.)

| Lecture à haute voix. | Lecture à haute voix. | |

1880. (Arrêté.)

Français. 4 h.	Français. 5 h.	Philosoph. 8 h.
Latin. 4 h.	Latin. 4 h.	Latin. 1 h.
Grec. 5 h.	Grec. 4 h.	Grec. 1 h.
Histoire. 1 h.	Histoire. 1 h.	Sciences. 10 h.
Géograp. 1 h.	Géograp. 1 h.	Histoire. 3 h.
Sciences. 3 h.	Sciences. 3 h.	
Langues	Langues	Langues
vivantes. 3 h.	vivantes. 2 h.	vivantes. 1 h.
Dessin. 2 h.	Dessin. 2 h.	Dessin. 2 h.

Les programmes de l'arrêté du 24 mars 1865 sont maintenus.

élémentaires, cycle des classes de grammaire, cycle des classes supérieures.
examen à la fin des deux premiers cycles.

1882. (Arrêté.)
spécial.

Cours supérieur.

Quatrième année.	Cinquième année.
Français. 4 h.	Français. 4 h.
Langues vivantes. 3 —	Morale. 3 —
Histoire et géographie. 2 —	Langues vivantes. 4 —
Législation. 5 —	Histoire et géographie. 2 —
Mathématiques. 4 —	Législation et économie politique. 2 —
Physique et Chimie. 2 —	Mathématiques. 6 —
Histoire naturelle. 4 —	Physique et Chimie. 4 —
Dessin. 4 —	Histoire naturelle. 1 —
	Comptabilité. 1 —
	Dessin. 4 —

second cycle, le cours moyen, divisé en trois années ; le troisième cycle, le cours supérieur, divisé en trois années.

ANNEXES. N° I

CLASSE PRÉPARATOIRE.	HUITIÈME.	SEPTIÈME.	SIXIÈME.	CINQUIÈME.	QUATRIÈME.	TROISIÈME.
Franç. 9 h ½ Langues vivant. 4 h Histoir. 1 h ½ Géogr. 1 h ½ Scienc. 2 h ½ Dessin. 1 h	Franç. 9 h Langues vivant. 4 h Hist. 1 h ½ Géogr. 1 h ½ Scienc. 1 h Dessin. 1 h	Franç. 9 h Langues vivant. 4 h Hist. 1 h ½ Géogr. 1 h ½ Scienc. 1 h Dessin. 1 h	Franç. 9 h Latin. 10 h Langues vivant. 4 h Hist. 2 h Géogr. 1 h Scienc. 1 h Dessin. 1 h	Franç. 3 h Latin. 10 h Grec. 2 h Langues vivant. 2 h Histoire. 2 h Géograp. 1 h Sciences. 2 h Dessin. 2 h	Franç. 3 h Latin (1) 10 h Grec (2) 2 h Langues vivant. 2 h Histoire. 2 h Géograp. 1 h Sciences. 2 h Dessin. 2 h	Franç. 2 h Latin. 5 h Grec. 5 h Langues vivant. 2 h Histoire. 2 h Géograp. 1 h Sciences. 2 h Dessin. 2 h

(1) En cinquième, le programme comporte 10 h. de latin pendant le premier trimestre et 8 h. seulement à partir du 1er janvier.

22 janvier 1885. (Arrêté.)

Enseignement classique.

SECONDE.	RHÉTORIQUE.	PHILOSOPHIE.	MATHÉMATIQUES		
			PRÉPARATOIRES.	ÉLÉMENTAIRES.	SPÉCIALES.
Français. 3 h Latin. 4 h Grec. 5 h Langues vivant. 2 h Histoire. 2 h Géograp. 1 h Sciences. 5 h Dessin. 2 h	Français. 4 h Latin. 4 h Grec. 4 h Langues vivant. 2 h Histoire. 2 h Géograp. 1 h Sciences. 5 h Dessin. 2 h	Philosoph. 8 h Latin. 1 h Grec. Langues vivant. 1 h Histoire. 1 h Sciences. 2 h Dessin. 2 h		Les programmes de l'arrêté du 24 mars 1865 sont maintenus.	

(2) Les deux heures de latin supprimées en cinquième à partir du 1er janvier sont remplacées par 2 h. de grec pendant les trois derniers trimestres.
(3) En quatrième, 5 h. de latin pendant le 1er semestre, 6 h. pendant le second.

10 août 1886. (Arrêté.)

Enseignement spécial.

PREMIER CYCLE

Première année.	Deuxième année.	Troisième année.	Quatrième année.
Français. 7 h Langues vivant. 5 h Histoire. 2 h Géographie. 1 h Mathématiques. 3 h Histoire natur. 2 h Calligraphie. 4 h Dessin. 4 h	Français. 7 h Langues vivant. 5 h Histoire. 1 h Géographie. 1 h Mathématiques. 4 h Physique. 2 h Histoire natur. 1 h Calligraphie. 1 h Dessin. 4 h	Français. 5 h Langues vivant. 5 h Histoire. 1 h Géographie. 1 h Mathématiques. 4 h Chimie. 1 h Comptabilité. 1 h Calligraphie. 1 h Dessin. 4 h	Français. 3 h Langue vivante fondamentale 2 h Langue vivante complément. 3 h Histoire. 2 h Géographie. 1 h Morale. 1 h Législation (1). 1 h Mathématiques. 2 h Physique. 2 h Chimie. 1 h Histoire naturelle (1). 2 h Comptabilité. 2 h Dessin. 4 h

DEUXIÈME CYCLE

Cinquième année.	Sixième année.
Français. 4 h Langue vivante fondamentale. 3 h Langue vivante complémentaire. 3 h Histoire. 1 h Géographie. 1 h Économie politique (1). 2 h Mathématiques. 6 h Physique. 2 h Chimie. 2 h Histoire naturelle (1). 2 h Dessin. 4 h	Français. 2 h Philosophie. 4 h Langue vivante fondamentale. 3 h Langue vivante complémentaire. 3 h Histoire. 1 h Géographie. 1 h Législation commerciale et industrielle (1). 2 h Mathématiques. 6 h Physique. 2 h Chimie. 2 h Histoire naturelle (1). 1 h Dessin. 4 h

(1) Les deux heures de Législation en Quatrième, d'Économie politique en Cinquième, de Législation commerciale et industrielle en Sixième, d'Histoire naturelle en Quatrième, Cinquième et Sixième, n'ont lieu que pendant un semestre.

N° II

TABLEAU indiquant les Plans d'études des Jésuites. (Voir page 20, note 2.)

INDICATION DES CLASSES.	Plan d'études des Jésuites. Ratio studiorum (1599) (a).		INDICATION DES AUTEURS ET OBSERVATIONS.
	MATIÈRES DE L'ENSEIGNEMENT ET DURÉE DES EXERCICES.		
	Le matin.	Le soir.	
Sixième	Récitation de l'auteur latin et de la grammaire latine et grecque. Explication de la grammaire latine et grecque..... 3/4 h. Correct. du devoir 1/2 h. Explication latine. Reprise de l'explicat. antérieure et suite. 3/4 h. Langue matern. et exercices accessoires .... 1/2 h.	Récitation de l'auteur latin et de la grammaire. Explication de la grammaire 1 h. Explication de l'auteur latin. Lecture grecque, un quart d'heure deux fois par semaine. Dictée du thème............. 1 h. Discussion. Langue maternelle et exercices accessoires.... 1/2 h.	Extraits de Cicéron, Fables de Phèdre, Vies de Cornelius Nepos. — Pour le grec, exercices de lecture et d'écriture.
Cinquième	Récitation de l'auteur latin et de la grammaire latine et grecque. Explication de la grammaire............ 3/4 h. Correction des devoirs............. 1/2 h. Explication : reprise et suite...... 3/4 h. Langue matern. et exerc. accessoires. 1/2 h.	Récitation de l'auteur latin et de la grammaire. Explication de la grammaire 1 h. Explication de l'auteur grec et latin, alternativement de deux en deux jours. Dictée du thème.... 1 h. Discussion. Langue maternelle et exercices accessoires.... 1/2 h.	Lettres choisies de Cicéron. Commentaires de César. Morceaux d'Ovide, Fables d'Ésope, Tableau de Cébès, Dialogues choisis de Lucien.
Quatrième	Récitation de l'auteur latin et de la grammaire latine et grecque. Explication de la grammaire... 3/4 h. Correction des devoirs............. 1/2 h. Explication : reprise et suite...... 3/4 h. Langue matern. et exercices accessoires................ 1/2 h.	Récitation de la grammaire latine et de l'art métrique, alternativement de deux jours l'un, puis de l'auteur......... 1 h. Explication d'un poète latin et d'un auteur grec, alternativement de deux jours l'un. Dictée du thème............. 1 h. Discussion. Langue maternelle et exercices accessoires.... 1/2 h.	Lettres de Cicéron, Traités de l'Amitié et de la Vieillesse. Discours faciles de Cicéron, Salluste, Quinte-Curce, Extraits de Tite-Live, Extr. choisis d'Ovide, de Catulle, de Tibulle, de Properce, des Églogues de Virgile, 4° livre des Géorgiques, 5° et 7° de l'Énéide. Pour le grec, St Chrysostome, Xénophon et autres du même degré.

(a) Nous avons traduit en substance le texte latin.

ANNEXES.

N° II (fin).

Plan d'études des Jésuites.
Ratio studiorum (1599)

INDICATION DES CLASSES	MATIÈRES DE L'ENSEIGNEMENT ET DURÉE DES EXERCICES.		INDICATION DES AUTEURS ET OBSERVATIONS.
	Le matin.	Le soir.	
Troisième	Récitation de la grammaire et de l'auteur latin. Explication de la grammaire. Préceptes généraux d'élocution et de style........ 3/4 h. Correction des devoirs............. 1/2 h. Explication : reprise et suite...... 3/4 h. Exercices accessoires. Langue maternelle........... 1/2 h.	Récitation : grammaire et auteur latin. Explication de la grammaire.......... 1 h. Explicat., de deux jours l'un, d'un poète latin et d'un auteur français et grec. Dictée du thème...... 1 h. Discussion et exercices accessoires.... 1/2 h.	Discours de Cicéron, César, Salluste, Tite Live, Quinte-Curce, Virgile, l'Énéide sauf le 4° livre, Choix des Odes d'Horace. Pour le grec, Isocrate, St Jean Chrysostome, St Basile, Platon, Plutarque, Phocylide, Théognis, St Grégoire de Nazianze et Synésius.
Seconde	Point de programme spécial	Point de programme spécial	Point de programme spécial
Rhétorique	Exercices de mémoire. Explication : reprise et suite.... 1 h Lecture d'un orateur : reprise et suite. Dictée d'un texte de discours. Discussion et exercices accessoires... 1 h	Explication des textes de la rhétorique. Explication d'un auteur grec ou français................ 1 h. Lecture d'un poète. Correction du devoir du matin. Dictée d'un sujet de discours.... 1 h.	Cicéron, Quintilien, pour les préceptes de rhétorique ; point d'indication spéciale pour les auteurs d'explicat. latine. En grec, Démosthène, Platon, Thucydide, Homère, Hésiode, Pindare, St Grégoire de Nazianze, St Basile, St Chrysostome.—Les jours de congé, on expliquait un historien ou quelque texte se rapportant à des notions historiques(c).

(c) Sur les auteurs expliqués chez les Oratoriens, on ne possède d'autres renseignements que ceux qui sont contenus dans ce passage du P. Lamy : « Après ce premier degré (l'étude des principes et des règles de la grammaire), on doit passer à la lecture des auteurs qui ont écrit lorsque le latin était dans sa plus grande pureté, c'est-à-dire pendant la vie d'Auguste et quelque temps après sa mort. Les Fables de Phèdre, les lettres de Cicéron à ses amis, avec les petits traités de l'Amitié et de la Vieillesse, les plus travaillés de cet auteur, Salluste, César, Térence, doivent être lus les premiers et préférés à tous les autres. Puis ensuite on devra s'attacher à Justin, à Tite-Live, à Tacite, à Virgile, que saint Augustin appelle *egregius locutor*, mais surtout à Cicéron, dont il disait aussi : Ille se proficisse sciat, cui Cicero valde placebit (liv. X, chap. 1); que Lancelot appelait le Platon des Romains et que Thomassin relut tout entier avant de mettre en latin (à la demande du Saint-Père) son Traité de la Discipline, qu'il avait écrit en français. » (*Réflexions sur les lettres et les humanités*).
Une 4° classe de grammaire, la 7°, avait été créée à Juilly : elle était consacrée exclusivement à l'explication des éléments de la grammaire française, aux exercices de l'orthographe usuelle et aux premières notions de l'histoire sainte.

N° III

TABLEAU indiquant le Plan d'études de Port-Royal. (V. page 24, note 1.)

Plan d'études de Port-Royal.
Règlement des études pour les lettres humaines (Arnauld) (a).

INDICATION DES CLASSES.	MATIÈRES DE L'ENSEIGNEMENT ET DURÉE DES EXERCICES.		INDICATION DES AUTEURS ET OBSERVATIONS.
	Le matin.	Le soir.	
Sixième	Turcellin.......... 1 h. Grammaire latine et française, qu'on lira seulement et qu'on expliquera... 1/2 h. Petites histoires, interrogations sur les mots de l'auteur. 1/4 h. Lecture française de Joseph.......... 1/2 h.	Phèdre............ 1 h. Enigmes de Laberius................ 1/4 h. Grammaires....... 1/2 h. Petites histoires, interrogations et lectures françaises..... 1/2 h.	On peut obliger les écoliers, dans chaque classe, à lire en particulier les Figures de la Bible, pour en rendre compte les jours marqués par le régent.
Cinquième	Cornelius Nepos et Quinte-Curce, alternativement........ 1 h. Endroits choisis de Cicéron........... 1/2 h. Examen des traductions écrites.... 1/2 h. Petites histoires, principes de géographie............ 1/4 h.	Térence.......... 1 h. Epigrammes...... 1/4 h. Répétition de la grammaire......... 1/2 h Petites histoires, principes de géographie............ 1/4 h.	Florus, Eutrope, Justin, Hérodien traduit par Ange Politien.

(a) Nous empruntons le texte même d'Arnauld : « Je suppose, dit-il, que le temps qu'on passe en classe est de deux heures et demie, tant le matin que le soir, c'est-à-dire de cinq heures par jour, et que les écoliers en peuvent trouver autant pour leurs études particulières. Cela supposé, on peut distribuer le temps en cette manière. Il faut observer que l'explication du premier auteur qu'on va indiquer à chaque classe durera impitoyablement une heure entière et une demi-heure pour le compte qu'on fera rendre des lectures particulières ou pour un exercice général de composition de vive voix. Le reste sera distribué comme le régent le croira plus à propos. » Et plus haut il dit de même : « On doit employer indispensablement toutes les fois qu'on entre en classe, et le matin et l'après-midi, une heure entière à l'explication d'un auteur; cet exercice doit toujours être préféré à tout autre et n'être jamais omis ». Il ajoute d'ailleurs : « Il est surtout très important de couper cette explication en différentes portions et d'obliger les jeunes gens à rendre compte en latin et en français de ce qu'on leur a expliqué ».

ANNEXES.

N° III *(fin)*.

Plan d'études de Port-Royal.
Règlement des études pour les lettres humaines (Arnauld).

INDICATION DES CLASSES.	MATIÈRES DE L'ENSEIGNEMENT ET DURÉE DES EXERCICES.		INDICATION DES AUTEURS ET OBSERVATIONS.
	Le matin.	Le soir.	
Quatrième	La deuxième décade de Tite-Live.. 1 h. Lettres choisies de Cicéron............ 1/4 h. Examen des traductions............ 1/2 h. Petites histoires et géographie...... 1/2 h.	Salluste............ 1 h. Le 2°, le 4° et le 6° livre, de l'Énéide... 1/2 h. Grammaire grecque................ 1/4 h. Histoire et géographie, qu'on doit faire marcher de compagnie dans la suite des classes............ 1/2 h.	Les deux premières décades de Tite-Live, César.
Troisième	Tacite............ 1 h. Harangues chois. 1/2 h. Examen des compositions.......... 1/2 h. Histoire, etc..... 1/4 h.	Satires et Épîtres d'Horace.......... 1 h. Endroits choisis de Virgile............ 1/2 h. L'Évangile de saint Luc en grec, alternativement avec les Dialogues de Lucien et Ésope............ 1/2 h. Histoire et géographie.............. 1/4 h.	Suétone, Ovide, les 7°, 8°, 10°, 13° et 15° satires de Juvénal.
Seconde	Hérodien............ 1 h. Panégyrique de Pline 1/4 h. Examen des compositions............ 1/2 h. Histoire, etc........ 1/2 h.	Vies de Plutarque. 1 h. Endroits choisis de Lucien et autres poëtes............... 1/2 h. Homère.......... 1/2 h. Histoire, etc...... 1/2 h.	Cette classe doit être particulièrement appliquée à la langue grecque, et l'on donnera à cette langue ce qu'on donnait à la latine. — Hérodote, Thucydide, Xénophon.
Rhétorique	Suarez, et alternativement la Rhétorique d'Aristote, puis de Quintilien, en passant des uns et des autres plusieurs choses............... 1 h. Examen des compositions.......... 3/4 h. Histoire, etc..... 1/2 h.	Morales de Plutarque et Sénèque le Philosophe.......... 1 h. Lieux choisis des poëtes nouveaux.... 1/4 h. Euripide et Sophocle, alternativement. 1/2 h. Histoire, etc........ 1/2 h.	Pline le Naturaliste, Élien, les Oraisons de Cicéron et de Démosthène, Isocrate, etc.

N° IV

TABLEAU indiquant le Plan d'études de l'Université au dix-septième et au dix-huitième siècle. (Voir page 28, note 1.)

INDICATION DES CLASSES.	Plan d'études de l'Université. Au xvii° et au xviii° siècle (a).
	MATIÈRES DE L'ENSEIGNEMENT ET INDICATION DES AUTEURS.
Sixième	Les Maximes de Tobie et des livres moraux de l'Ancien Testament; les Évangiles des dimanches et fêtes de l'année, le Catéchisme du diocèse, l'Histoire de l'Ancien Testament, l'abrégé de la Grammaire française, Principes de la Langue latine, Grammaire grecque de M. Furgault, Selectæ e Veteri Testamento historiæ, Colloquia sacra, les Épitres familières de Cicéron, les Fables d'Ésope, de Phèdre et de La Fontaine, Aurelius Victor.
Cinquième	Les Maximes de Tobie et des livres moraux de l'Ancien Testament, les Évangiles des dimanches et fêtes de l'année, le Catéchisme du diocèse, l'abrégé de la Grammaire française, les Principes de la Langue latine, la Grammaire grecque de M. Furgault, Cornelius Nepos, Justin, Selectæ e profanis Historiæ, Selecta e Cicerone præcepta, etc., les Fables d'Ésope, de Phèdre et de La Fontaine, les petites Épitres tirées de différents auteurs, la connaissance de la Mythologie par demandes et par réponses en français.
Quatrième	Maximes de l'Écriture sainte, Épitres et Évangiles, Catéchisme de Paris, Principes de la Langue latine, deuxième partie, Grammaire grecque de M. Furgault, Abrégé de la Grammaire française, Fables d'Ésope, Évangile selon St Luc en grec, Dialogues de Cicéron sur la Vieillesse et l'Amitié, Epitre de Cicéron à Quintus, les Paradoxes, du même, Préceptes de morale tirés de Cicéron, les Commentaires de César, Ovide, les Bucoliques, les Géorgiques de Virgile, Abrégé de l'Histoire romaine.
Troisième	Sentences et versets tirés de l'Écriture sainte, Épitres et Évangiles. *Jusqu'à Pâques :* Les Traités de Cicéron sur les Offices, sur la Nature des dieux, les Tusculanes, Lettres choisies à Atticus, les Règles de la prosodie latine, l'Histoire de Quinte-Curce, de Paterculus. Quelques livres des Métamorphoses d'Ovide. *Après Pâques :* Quelques discours de Cicéron, comme les Catilinaires, ou Pour la Loi de Manilius; l'Histoire de Salluste, partagée en deux années. Alternativement par année les Géorgiques et les deux premiers livres de l'Enéide de Virgile. Pour le *grec :* Quelques dialogues de Lucien, quelques endroits choisis d'Hérodote, les discours d'Isocrate à Démonique et Nicoclès, les Apophtegmes des grands hommes par Plutarque, les Racines grecques. Pour le *français :* LE MATIN. — La Grammaire française de Restaut, à laquelle on joindra les remarques et observations des meilleurs auteurs; à la fin de l'année, les Révolutions romaines de M. de Vertot. LE SOIR. — Un Abrégé de l'Histoire grecque avec les remarques géographiques et chronologiques relatives à cette histoire.

(a) Ce plan est extrait du Rapport du président Rolland (pag. 25 et suiv.). Il n'y a pas, à proprement parler, de programme dans le Traité de Rollin; mais à rapprocher de ce tableau les indications que contient son Traité, on peut considérer ce plan comme celui qui réglait les études de l'Université au xvii° et au xviii° siècle, en ce qui concerne le choix des auteurs.

ANNEXES. 325

N° IV (fin.)

Plan d'études de l'Université.
Au XVIIe et au XVIIIe siècle.

INDICATION DES CLASSES	MATIÈRES DE L'ENSEIGNEMENT ET INDICATION DES AUTEURS.
Seconde	Sentences et versets tirés de l'Écriture sainte, Épîtres et Évangiles. *Jusqu'à Pâques :* Traité de Cicéron sur l'Orateur ou partitions oratoires. *Après Pâques :* Quelques discours de Cicéron, autres néanmoins que ceux qu'on est en usage de voir en Troisième, quelques endroits choisis de la Cyropédie ou quelques Vies des Hommes illustres de Plutarque, l'Énéide, alternativement les six premiers ou les six derniers livres. *Livres par année :* Les Odes ou les Satires d'Horace, alternativement les Satires de Boileau, quelques-unes des plus belles Odes de Rousseau, les plus beaux endroits de l'Iliade ou de l'Odyssée d'Homère, la Grammaire française de Restaut. Addition de plusieurs livres, parmi lesquels on en pourra choisir quelques-uns pour la lecture. LE MATIN. — Discours sur l'Histoire universelle par M. Bossuet, Révolution de Portugal par M. de Vertot, la Conjuration de Venise par l'abbé de Saint-Réal, l'Histoire de l'Académie française par M. Pellisson, Éloges académiques par M. de Fontenelle, Grandeur des Romains par M. de Montesquieu, etc., etc. LE SOIR. — Abrégé de l'Histoire de France.
Rhétorique	*Parmi les Anciens * :* Démosthène, Isocrate, Salluste, Tite-Live, Tacite, Horace et surtout son Art poétique, Virgile, Perse, Juvénal. *Parmi les Modernes :* St Cyprien, St Jérôme, Salvien, Lactance, St Basile, St Grégoire de Nazianze, St Chrysostome, Bossuet, Fléchier, Mascaron, Fénelon, M. le chancelier d'Aguesseau, Bourdaloue, Massillon, Boileau et surtout son Art poétique, les Tragédies saintes et les Cantiques sacrés de Racine, le Poëme de la Religion de Racine fils, les Odes de Rousseau, ses Psaumes.

* L'Université désirerait que les maîtres se nourrissent des principes d'Aristote, de Denys d'Halicarnasse, d'Hermogène, de Longin, ou au moins qu'ils puisassent leurs principes dans ceux de Cicéron et de Quintilien ; qu'avec le secours de ces auteurs ils rédigeassent un Abrégé de Rhétorique, ou adoptassent celle de quelque maître estimé. En attendant qu'il paraisse une Rhétorique qui réunisse les suffrages, ils pourraient se servir soit du traité intitulé *Præceptiones Rhetoricæ*, soit de celui qui a pour titre *Rhetorice juxta Aristotelis doctrinam Dialogis explicatum*.

L'Université recommande aussi le Traité des Études de M. Rollin, dont le second volume peut, suivant l'Université, être regardé comme la vraie Rhétorique de l'Université ; et le 4 janvier 1766, le Tribunal de l'Université a arrêté « qu'étant constant que la Rhétorique française composée par M. Crevier avait été, avant son impression, soumise à l'examen de personnes académiques, l'on ne pouvait trop en recommander la lecture à ceux qui aiment les bons principes ».

L'Université recommande aussi de mettre entre les mains des rhétoriciens les Psaumes de David.

« Une prérogative particulière à la Rhétorique est de pouvoir puiser de grandes idées dans une source en même temps la plus abondante et la plus pure.... De temps en temps, le professeur expliquera à ses élèves quelques Psaumes de David ; à l'intelligence du texte qu'il tirera des plus habiles commentateurs approuvés, il joindra ses réflexions sur la manière sublime dont sont traités les différents sujets de ces Cantiques sacrés. Les jeunes gens, enchantés de la noblesse, de la variété et de la richesse des figures et des images, concevront un nouvel ordre de beauté et combien l'inspiration divine s'élève au delà des efforts de l'esprit humain »

N° V

TABLEAU indiquant, d'après les derniers plans d'études, la répartition comparative du temps entre les matières d'enseignement dans les Écoles secondaires d'Allemagne et d'Autriche-Hongrie, dans les Athénées belges (section des humanités et section professionnelle) et dans les Lycées français. (Voir page 135.)

	Écoles secondaires d'Allemagne (1882).																										
	GYMNASE									GYMNASE RÉAL									ÉCOLE RÉALE SUPÉRIEURE								
	CLASSES.									CLASSES.									CLASSES.								
MATIÈRES D'ENSEIGNEMENT.	Sixième.	Cinquième.	Quatrième.	Troisième *b*.	Troisième *a*.	Deuxième *b*.	Deuxième *a*.	Première *b*.	Première *a*.	TOTAL.	Sixième.	Cinquième.	Quatrième.	Troisième *b*.	Troisième *a*.	Deuxième *b*.	Deuxième *a*.	Première *b*.	Première *a*.	TOTAL.	Sixième.	Cinquième.	Quatrième.	Troisième *b*.	Troisième *a*.	Deuxième *b*.	Deuxième *a*.	Première *b*.	Première *a*.	TOTAL.
Religion.	3	2	2	2	2	2	2	2	2	19	3	2	2	2	2	2	2	2	2	19	3	2	2	2	2	2	2	2	2	19
Allemand	3	2	2	2	2	2	2	3	5	21	3	3	3	3	3	3	3	3	3	27	4	4	4	3	3	3	3	3	3	30
Latin..	9	9	9	9	9	8	8	8	8	77	8	7	7	6	6	5	5	5	5	54										
Grec...				7	7	7	7	6	6	40																				
Français....		4	5	2	2	2	2	2	2	21		5	5	4	4	4	4	4	4	34	8	8	6	6	6	5	5	5	5	55
Anglais.													4	4	3	3	3	3	3	20			5	5	4	4	4	4	4	26
Hist et géogr.	3	3	4	3	3	3	3	3	3	28	3	3	4	4	4	3	3	3	3	30	3	3	4	4	4	3	3	3	3	30
Calcul et mathématiques.	4	4	4	3	3	4	4	4	4	34	5	4	5	5	5	5	5	5	5	44	5	6	6	6	6	5	5	5	5	49
Sciences natur.	2	2	2	2						10	2	2	2	2	2					12	2	2	2	2	2	3				13
Physiq.						2	2	2	2	8						3	3	3	3	12						4	4	3	3	14
Chimie.																3	3			6						3	3	3		9
Écrit...	2	2								4	2	2								4	2	2								6
Dessin .	2	2	2							6	2	2	2	2	2	2	2	2	2	18	2	2	2	2	2	3	3	4	4	24
TOTAL.	28	30	30	30	30	30	30	30	30		28	30	30	32	32	32	32	32	32		29	29	30	30	30	32	32	32	32	

ANNEXES.

N° V (suite.)

TABLEAU indiquant, d'après les derniers plans d'études, la répartition comparative du temps entre les matières d'enseignement dans les écoles secondaires d'Allemagne et d'Autriche-Hongrie, dans les Athénées belges (section des humanités et section professionnelle) et dans les Lycées français. (Voir page 135.)

Lycées français.

ENSEIGNEMENT CLASSIQUE (2 août 1880).

MATIÈRES D'ENSEIGNEMENT.	Préparatoire.	Huitième.	Septième.	Sixième.	Cinquième.	Quatrième.	Troisième.	Seconde.	Rhétorique.	Philosophie.	TOTAL.
Français	10	10	10	5	5	5	5	4	5	..	51
Latin	..	..	..	10	10	6	5	4	4	1	40
Grec	..	..	..	..	..	6	5	5	4		21
Lang. vivantes (angl. ou all.)	..	4	4	(c) 3	(e) 3	(e) 5	(e) 3	(e) 5	(e) 5	1	30
Hist. et géogr.	4	4	4	3	3	3	4	4	4	3	36
Mathématiques	2	2	2	2	3	2	2	2	2	4	23
Scienc. natur.	2	2	2	..	1	1	..	..	..	3	11
Physique	..	..	..	1	..	..	1	1	1	3	7
Chimie	..	..	..	..	..	..	..	..	..		4
Philosophie	..	..	..	..	..	..	..	..	..	8	8
Écriture	..	..	..	..	..	..	..	..	..	..	
Dessin	2	2	2	2	2	2	2	2	2	..	20
TOTAL	24	24	24	24	(d)25	(d)25	(d)25	(d)25	(d)25	23	..

ENSEIGNEMENT SPÉCIAL (28 juillet 1882).

MATIÈRES D'ENSEIGNEMENT.	Année préparatoire.	Première année.	Deuxième année.	COURS MOYEN. Troisième année.	COURS MOYEN. Quatrième année.	COURS SUP. Cinquième année.	TOTAL.
Morale	..	..	..	2	..	2	4
Français	8	7	5	4	4	4	32
Lang. vivantes	6	4	4	3	3	4	24
Hist. et géogr.	3	3	3	3	3	2 (h)	17
Mathématiques	2	4	5	5	5	5	26
Hist. naturelle	1	1	1	1	2	1	7
Comptabilité	..	1	1	2	..	1	5
Législat., économie polit.	..	..	..	..	2	2	4
Phys. et chim.	1	2	3	4	4	4	18
Calligraphie	2	2	1	1	..	..	6
Dessin	4	4	4	4	4	4	24
TOTAL	27	28	27	29	27	29	..

(d) Les deux heures de dessin sont prises, à partir de la Sixième, en dehors des heures dites réglementaires. — (e) L'une de ces heures est prise sur l'étude. — (h) Plus une heure de conférence prise sur l'étude. — Les modifications apportées par la réforme de 1885 (enseignement classique) et par celle de 1886 (enseignement spécial) sont les suivantes :

ENSEIGNEMENT CLASSIQUE. — Le *français* a perdu 1/2 h. en Préparatoire: 1 h. en 8° et en 7°; 1 h. en 4°, 3°, 2° et en Rhétorique. — Le *latin* a perdu 2 h. en 5° pendant les trois derniers trimestres de l'année scolaire, 1 h. en 4° pendant le premier semestre. — Le *grec* a gagné 2 h. en 5° pendant les trois derniers semestres de l'année scolaire. — Les *langues vivantes* ont perdu 1 h. en 6°, en 5°, en 3° et en 2°. — L'*histoire* a perdu 1/2 h. en Préparatoire, en 8° et 7°; 1 h. en 3°, en Seconde, en Rhétorique et Philosophie. — La *géographie* a perdu 1/2 h. en Préparatoire, en 8° et en 7°. — Les *sciences* ont perdu 1 1/2 h. en Préparatoire, 1 h. en 8°, en 7° et en 6°; 2 h. en 5°; 1 h. en 4° et 2 h. en Philosophie. — Le *dessin* a perdu 1 h. en Préparatoire, en 8° et en 7°. — On sait que ces sacrifices ont été faits en vue de diminuer le nombre des séances de classe.

ENSEIGNEMENT SPÉCIAL. — Le *français* a perdu 1 h. en 4° année. — Les *langues vivantes* gagnent 1 h. en 1°, en 2° et en 3° année; 2 h. en 4°; 1 h. en 5°. — Les *mathématiques* perdent 1 h. en 1°, en 2°, en 3°, en 4° et en 5° année. — Les *sciences physiques et naturelles* ont perdu 1 h. en 1°, en 2° et en 3° année; elles en ont gagné 1 en 5°. — La *comptabilité* a perdu 1 h. en 1°, en 2°, en 3° et en 5° année; elle en a gagné 1 en 4°. — La *Morale* perd 1 h. en 3° et en 5° année. — La 6° année a été créée tout entière par l'arrêté du 10 août 1886.

Nº V (suite.)

TABLEAU indiquant, d'après les derniers plans d'études, la répartition comparative du temps entre les matières d'enseignement dans les écoles secondaires d'Allemagne et d'Autriche-Hongrie, dans les Athénées belges (section des humanités et section professionnelle) et dans les Lycées français. (Voir page 135.)

Écoles secondaires d'Autriche-Hongrie (1879).

MATIÈRES D'ENSEIGNEMENT	GYMNASE. CLASSES.									ÉCOLE RÉALE. CLASSES.							
	Première.	Deuxième.	Troisième.	Quatrième.	Cinquième.	Sixième.	Septième.	Huitième.	TOTAL.	Première.	Deuxième.	Troisième.	Quatrième.	Cinquième.	Sixième.	Septième.	Huitième.	TOTAL.
Religion et morale	2	2	2	1	1	1	1	1	11	1	1	1	1	1	1	1	1	8
Hongrois	6	5	4	3	3	3	3	3	30	5	4	4	3	3	3	3	2	29
Allemand	..	..	4	3	3	3	3	3	19	4	3	3	3	3	2	2	2	22
Latin	6	7	6	6	6	6	6	5	48	..	..	..	..	..	..	..	..	..
Grec	..	..	..	..	5	5	5	4	19	..	..	..	..	..	..	..	..	..
Français	..	..	..	..	..	..	..	..	..	..	3	3	3	3	3	2	2	19
Histoire universelle	..	..	..	3	3	3	3	..	12	..	..	3	3	3	3	..	..	12
Histoire de Hongrie	..	..	..	..	..	..	3	3	6	2	2	2	..	..	..	..	3	9
Géographie	3	3	4	2	..	..	..	..	12	2	2	2	2	2	2	2	2	16
Mathématiques	4	4	3	3	4	..	4	3	29	3	3	3	3	5	5	4	5	30
Histoire naturelle	..	..	..	3	3	3	..	..	9	3	2	..	..	2	3	3	2	15
Physique et chimie	..	..	..	..	..	5	5	..	10	..	..	..	..	..	..	..	..	..
Physique	..	..	..	..	..	..	..	..	..	..	..	4	2	..	..	4	5	15
Chimie	..	..	..	..	..	..	..	..	..	..	..	3	2	3	2	..	..	10
Philosophie	..	..	..	..	..	..	3	2	5	..	..	..	..	..	..	..	3	3
Calligraphie (g)	..	..	..	..	..	..	..	..	..	..	..	..	..	..	..	..	..	..
Dessin géométrique	3	3	3	3	..	..	..	..	12	..	..	..	..	..	..	..	..	..
Géométrie et dessin géométrique	..	..	..	..	..	..	..	..	..	4	3	2	2	2	3	2	5	21
Dessin d'art	..	..	..	..	..	..	..	..	..	..	2	4	4	4	2	2	2	20
Gymnastique	2	2	2	2	2	2	2	2	16	2	2	2	2	2	2	2	2	16
TOTAL	23	26	28	29	30	30	32	32	..	27	28	30	32	32	32	32	32	..

(g) Le nombre des heures du cours de calligraphie varie suivant les établissements.

ANNEXES.

N° V (fin.)

TABLEAU indiquant, d'après les derniers plans d'études, la répartition comparative du temps entre les matières d'enseignement dans les Écoles secondaires d'Allemagne et d'Autriche-Hongrie, dans les Athénées belges (section des humanités et section professionnelle) et dans les Lycées français. (Voir page 135.)

Athénées belges (1880).

MATIÈRES D'ENSEIGNEMENT.	HUMANITÉS LATINES et GRECQUES									SECTION PROFESSIONNELLE													
	COURS COMM.		CLASSES DISTINCTES.							COURS COMM.		A. SECTION SCIENTIFIQUE.						B. SECTION COMMERC. ET INDUST.					
	Septième.	Sixième.	Cinquième.	Quatrième.	Troisième.	Seconde.	Rhétorique.	Rhétorique supér.	TOTAL.	Septième.	Sixième.	Cinquième.	Quatrième.	Troisième.	Deuxième.	Première.	TOTAL.	Cinquième.	Quatrième.	Troisième.	Deuxième.	Première.	TOTAL.
Flamand.........	8	8	..	..	..	..	..	..	16 (c)	8	8	3	3	3	3	3	31	3	3	3	3	3	15
Allemand........	8	8	2	2	2	2	2	2	28	8	8	3	3	3	3	3	31	3	3	3	3	3	15
Latin...........	..	..	12	10	10	12	12	10	66 (b)	..	..	..	..	..	..	..	..	..	..	..	..	..	..
Grec............	..	..	..	6	6	6	6	6	30	..	..	..	..	..	..	..	..	..	..	..	..	..	..
Français........	8	8	2	2	2	2	2	2	28 (a)	8	8	8	6	5	5	6	46	8	6	5	5	6	30
Anglais.........	..	..	(3)	(2)	(2)	(2)	(2)	(2)	13	..	..	4	(5)	(3)	(3)	(2)	15	4	4	3	3	2	16
Hist. et géog...	3	3	3	3	3	3	3	4	25	3	3	3	3	3	..	..	18	3	2	3	3	3	14
Mathématiques..	4	4	2	2	3	(4)	(2)	..	21	4	4	4	6	6	8	8	36	4	3	3	2	2	14
Sciences natur..	1	1	1	1	1	2	(2)	..	9	1	1	1	2	3	2	..	10	1	2	3	4	4	14
Sciences commer.	..	..	..	..	..	..	..	..	..	..	..	..	..	3	..	..	3	3	3	5	5	16
Philosophie.....	..	..	..	..	..	..	..	2	2	..	..	..	..	..	..	..	..	..	..	..	..	5	5
Musique........	(1)	(1)	(1)	(1)	(1)	(1)	(1)	..	7	(1)	(1)	(1)	(1)	(1)	(1)	(1)	7	(1)	(1)	(1)	(1)	..	..
Dessin..........	2	2	2	(2)	(2)	(2)	(2)	..	14	2	2	2	2	2	3	3	16	2	2	2	2	..	10
Gymnastique....	3	3	3	3	3	3	3	..	21	3	3	3	3	3	3	3	21	3	3	3	3	3	15
TOTAL.......	30	30	31	34	33	39	37	28	..	38	38	32	33	32	32	29	..	32	32	32	34	34	..

(a) Les parenthèses indiquent que les leçons sont facultatives.
(b) Dans les humanités latines, le grec est facultatif à partir de la Troisième. Les mathématiques ont 36 heures : 4, 4, 4, 4, 6, 6, 8. Le cours des sciences naturelles est facultatif en Rhétorique. Le dessin est obligatoire dans toutes les classes. — Dans les humanités latines, pour les élèves qui se destinent aux sciences naturelles et à la médecine, le grec est facultatif à partir de la Seconde. Les mathématiques sont obligatoires en Seconde et en Rhétorique. Les sciences naturelles ont 15 heures de la Septième à la Rhétorique : 1, 1, 1, 1, 3, 4, 4. (Voir le *Mémoire*, page 78.)
(c) La proportion des heures consacrées au flamand et à l'allemand varie un peu, suivant la région, — flamande ou wallonne.

N° VI

TABLEAU indiquant la répartition comparative du temps entre les principales matières de l'enseignement secondaire dans l'ensemble des classes, au cours d'une semaine, en Allemagne, en Autriche-Hongrie, en Belgique et en France. (Voir page 142).

ÉTABLISSEMENTS.	Langue nationale.	Latin.	Grec.	Langues vivantes.	Histoire et Géographie.	Mathématiques.	Histoire naturelle.	Physique et Chimie.	Dessin.	Philosophie.	Religion et morale.	Sciences commerciales.	Gymnastique.
ALLEMAGNE :													
Gymnase	21	77	40	21	28	34	10	8	6	»	19	»	(p) »
Gymnase réal	27	54	»	54	30	44	12	18	18	»	19	»	(p) »
École réale supérieure	30	»	»	82	30	49	13	23	24	»	19	»	(p) »
AUTRICHE-HONGRIE :													
Gymnase	(a) 30	48	19	»	27	29	9	10	12	5	11	»	16
École réale	(b) 29	»	»	(k) 19	37	50	13	25	41	5	4	»	16
BELGIQUE :													
Athénée (Humanités latines et grecques)	(c) 16	68	30	(f) 41	25	21	(l) 9	»	14	2	»	»	(p) »
Athénée (sect. prof.) s.-section scient.	(d) 31	»	»	(g) 43	18	36	(l) 10	»	16	»	»	3	(p) »
Athénée (sect. prof.) s.-section indust.	(e) 15	»	»	(h) 31	14	14	(l) 14	»	10	»	»	16	(p) »
FRANCE :													
Enseignement classique	51	40	21	30	56	24	11	11	20	8	»	»	(p) »
Enseignement spécial	32	»	»	24	17	26	7	18	24	(m) 4	»	9	(p) »

(a) Plus 19 heures d'allemand.
(b) Plus 22 heures d'allemand.
(c) Plus 28 heures de français.
(d) Plus 46 heures de français.
(e) Plus 50 heures de français.
(f) Allemand 28 ; anglais 13.
(g) Allemand 31 ; anglais 15.
(h) Allemand 15 ; anglais 16.
(k) Langue française.
(l) La physique et la chimie sont comprises sous le nom de sciences naturelles.
(m) La philosophie dans l'enseignement spécial est restreinte à la morale.
(p) Les exercices gymnastiques sont placés en dehors du cadre des études.

N° VII

TABLEAU indiquant le nombre des fonctionnaires, administrateurs, professeurs, maîtres répétiteurs attachés aux Lycées de Paris et de Vanves et au Collège Rollin (1er juin 1883, page 215).

ÉTABLISSEMENTS.	NOMBRE DES FONCTIONNAIRES.				TOTAUX
	ADMINISTRATEURS.	AUMÔNIERS.	PROFESSEURS.	MAÎTRES RÉPÉTITEURS.	
Lycée Louis-le-Grand.	14	4	85	47	152
Lycée Henri IV. . . .	15	3	59	35	112
Lycée Saint-Louis. . .	15	2	66	42	125
Lycée Charlemagne . .	6	»	75	20	101
Lycée Condorcet . . .	10	»	104	19	133
Lycée de Vanves. . . .	13	4	47	40	104
Collège Rollin.	12	2	73	42	129
Totaux.	85	15	511	245	856 [1]

1. A ce nombre il faut ajouter 525 gens de service (garçons de salle, concierges, dépensiers, cuisiniers, infirmières, etc.), qui se répartissent ainsi :

    Lycée Louis-le-Grand.   63
      —   Henri IV.   48
      —   Saint-Louis   43
      —   Charlemagne.   14
      —   Condorcet.   21
      —   Vanves.   87
    Collège Rollin.   49
        Total.   525

TABLE DES MATIÈRES

LA QUESTION DES PROGRAMMES.

Les conditions nouvelles de l'enseignement. Les inquiétudes qu'elles soulèvent. — Les congrès d'hygiénistes et de pédagogues. La *question de la surcharge :* en Angleterre; en Allemagne; en Suisse. — La *question des programmes* en France 1

La succession des plans d'études et le développement des programmes.

I. Les plans d'études au xvie siècle. — Le collège de Jean Sturm. — Le statut du Collège de Narbonne. — Le règlement de l'Université de Paris. . . . . . . , ... 12

II. La scolastique et Ramus. — Les programmes d'Érasme, de Montaigne et de Rabelais. — Les résistances de l'Université. — Les premiers réformateurs : les Jésuites 16

III. Les Oratoriens et les Jansénistes. — L'usage et l'étude de la langue française. — L'histoire. — Les sciences. — Le règlement d'Arnauld. 22

IV. Le plan d'études de Richelieu. — Le sentiment de Descartes, de Bossuet, de La Bruyère, de Fleury. — L'Université et le *Traité des Études*. — Rollin; quelle part il fait au progrès; ses réserves et ses scrupules. 25

V. Les charlatans et les utopistes. — L'abbé de Saint-Pierre. — Le besoin de réformes : Fleury. — Les Encyclopédistes et les parlementaires : Duclos, Diderot, D'Alembert, La Chalotais, J.-J. Rousseau. 30

VI. Le président Rolland. — L'étude des langues : la langue française. — L'histoire de France. — Les langues vivantes. — Les sciences physiques et naturelles 34

VII. La Révolution. — Talleyrand. — Mirabeau. — Condorcet. — Les sciences et l'enseignement encyclopédique.—Le plan d'études de 1792. — Les écoles centrales : Lakanal. — Daunou et son organisation pédagogique. 42

VIII. Le Consulat et les premiers symptômes de réaction. — Le Prytanée : essai de séparation entre les lettres et les sciences. — La loi du 11 floréal an X et l'arrêté du 19 frimaire an XI. — Le règlement de 1809. 47

IX. La Restauration. Rupture de la simultanéité des études. Le statut de 1821 : l'élimination des sciences; la place faite à l'histoire; le latin rétabli comme langue de l'enseignement philosophique. — Les résistances de l'esprit public. Les atténuations du statut de 1821. M. de Frayssinous. — Le retour de l'opinion libérale. Le ministère Vatimesnil.— L'arrêté du 3 avril 1830. 52

X. Le gouvernement de Juillet. La constitution définitive des agrégations. — Les prix spéciaux attribués aux diverses matières de l'enseignement scientifique. — M. Guizot : l'enseignement intermédiaire; l'extension des cours de sciences. — La discussion du projet de loi de 1836 : Destutt de Tracy, Arago et Lamartine. — Les nouveaux développements donnés à l'enseignement scientifique sous le premier ministère de M. de Salvandy. — Les langues vivantes rendues obligatoires. — La réaction littéraire : M. Villemain et M. Cousin. — Le plan d'études du 25 août 1840. — Les critiques. — Les engagements pédagogiques de M. Cousin; le système qu'il avait rapporté de la Prusse. — La part faite à l'enseignement scientifique : les conférences; le cours de rhétorique et de philosophie annexé à la classe de mathématiques élémentaires. — L'esprit du ministère de M. Villemain. — Le retour de M. de Salvandy; le statut du 5 mars 1847. . . . 57

XI. La surcharge des programmes. — Les premières plaintes. M. de Sade, M. Thiers, M. de Salvandy. — Le ministère de M. Carnot : la circulaire de Jean Reynaud. — L'enseignement d l'histoire contemporaine. — L'état de l'opinion 73

XII. Le plan de 1852; M. Fortoul et la bifurcation du second Empire. — Les nouveautés justes et utiles : l'organisation des programmes de l'enseignement scientifique; les prescriptions relatives à la grammaire, à l'histoire, à la géographie, aux langues vivantes, aux devoirs écrits. — Les vices : l'esprit mesquin des règlements; la réunion des élèves de lettres et des élèves de sciences; l'abaissement général de l'enseignement; la suppression des agrégations spéciales. — Les mesures réparatrices du ministère de M. Rouland. Le premier coup porté à la bifurca-

TABLE DES MATIÈRES. 335

tion. — Les agrégations reconstituées. — M. V. Duruy. — La bifurcation est abolie. — Réforme du baccalauréat. L'enseignement secondaire spécial. 77

XIII. La réforme de 1872. — Les méthodes. — La circulaire du 27 septembre. — Le plan de 1874 : retour aux programmes de 1840. — Le baccalauréat scindé. — L'extension des matières de l'enseignement. — Le plan de 1880. — L'esprit des méthodes et le cadre des programmes.. 85

XIV. Conclusion. — En quels termes se pose la question . . . 89

Les solutions proposées pour remédier à la surcharge des programmes.

La doctrine de l'instruction intégrale appliquée à l'éducation secondaire. — Sur quelles erreurs elle repose. Erreurs d'interprétation.— Erreurs psychologiques et sociales. — Elle ne ferait qu'aggraver les difficultés. 91

I. L'éducation utilitaire : M. Spencer. L'exclusion de la culture littéraire. — Le caractère de l'éducation littéraire moderne. 96

II. L'éducation classique pure : M. de Laprade. — La nécessité des connaissances scientifiques. 100

III. Les systèmes de bifurcation : M. Arnold en Angleterre. — M. Th. Ferneuil en France, — La loi du 1er juin 1880 en Belgique. — Les objections. 104

IV. Le système du raccordement. — M. Herzen et l'école suisse. — Comment il aboutit à la bifurcation 108

V. Le système des matières facultatives : M. Bain. 113

Conclusions.

Les préventions réciproques : l'éducation désintéressée et l'éducation positive.

I. La nécessité de diversifier l'éducation nationale. — Le plan d'études de 1880 et l'enseignement spécial. — La nouvelle crise de l'enseignement spécial. — Ses rapports avec l'enseignement primaire supérieur : en quoi il en diffère. — Ses rapports avec l'enseignement classique : en quoi il s'en rapproche. — Les humanités modernes ; l'enseignement secondaire français. —L'utilité de tous les essais. — La nécessité de maintenir l'enseignement secondaire spécial; les raisons qui militent en sa faveur. — Les considérations politiques et sociales : l'Allemagne; l'Angleterre. — Les vrais intérêts de l'enseignement classique : les Lycées de langues anciennes. 119

II. La nécessité de subordonner les programmes aux principes de la pédagogie. — Le cadre des exercices : la répartition du temps. — Le cadre des classes : le nombre des élèves. — La direction de l'enseignement. L'excitation agréable considérée comme règle du travail : ce qu'il y a de juste dans cette théorie : ses dangers ; la nécessité de l'effort. L'effort gradué. — L'effort concentré. — L'unité de direction : dans les classes inférieures ; — dans les classes plus élevées. — L'effort réglé. Les exercices prématurés : les compositions françaises dans les classes élémentaires ; les cours de sciences dans les classes de grammaire. — Les exercices insuffisants. — Les méthodes orales : leur caractère et leur origine. La part à faire aux devoirs écrits : l'assimilation. — Le meilleur régulateur des programmes : le maître. — La seconde éducation. — Les voyages, les lectures, les entretiens. — Les devoirs de la famille 133

L'ESPRIT DE DISCIPLINE DANS L'ÉDUCATION.

Les désordres du Lycée Louis-le-Grand et l'émotion publique. — Les causes attribuées à ces désordres 163

I. Les Règlements universitaires. — Les Règlements disciplinaires à l'étranger. Les châtiments corporels en Angleterre ; en Allemagne. — L'esprit de la discipline française. — Le moyen âge, la Renaissance. Les Jésuites ;. Port-Royal ; Rollin. — Les Règlements : 1769, 1809, 1854. 165

II. Le fondement de la discipline scolaire. La discipline des réactions naturelles. — Son principe : la discipline de Port-Royal. — La doctrine de Rousseau. — M. Spencer : exposé de son système : la correction immédiate, inévitable, proportionnée, juste, dispensant les maîtres et les parents de toute intervention. — Les objections. — Le principe. — La discipline des réactions naturelles n'est pas applicable à l'éducation de la jeunesse. — Elle est injuste pour l'enfant. — A la loi du devoir elle substitue les calculs de l'intérêt. — Elle compromet l'efficacité de la peine : l'effet réel ; l'effet moral. — La nécessité de la règle. — Des divers systèmes proposés pour l'appliquer. — Le maître seul peut en être l'interprète. — L'autorité ; en quoi elle consiste. — La fin de la discipline est la persuasion. — M. Spencer réfuté et amendé par lui-même. — L'éducation dans la société moderne. — La personnalité morale de l'enfant. 175

III. L'éducation publique. — Les avantages de l'éducation publique ou commune au point de vue du caractère. — Les sentiments qu'elle développe — Le sentiment de l'égalité morale.

— Le sentiment de la tolérance; l'esprit de franchise et de loyauté. — Le sentiment de la justice. — Le sentiment du respect pour la supériorité de l'intelligence et du caractère. — Le sentiment de la solidarité. — Le tempérament intellectuel et moral produit par le régime de l'éducation commune. — La règle du devoir quotidien; l'habitude. — Le stimulant du travail. L'exemple des maîtres et des professeurs. — Les rapports de l'intelligence et du caractère; « la belle humeur » nécessaire dans l'état de nos études. — L'action des études faites en commun. — La nécessité de l'action individuelle à côté et au-dessus de l'action générale. Comment elles peuvent se concilier dans l'éducation publique. 195

IV. L'internat. — Les critiques des adversaires de l'internat. — Le vice des grands établissements, internats et externats : les agglomérations d'enfants. — Les Collèges au temps de Rollin. — Les cadres des Lycées d'après le décret de 1811. — Les cadres actuels des Lycées de Paris. — La difficulté d'exercer dans ces conditions une action individuelle : le mécanisme de la discipline générale. — Les remèdes. Les organes de direction morale qui existent dans les Lycées : les surveillants généraux ; les réunions des maîtres répétiteurs et les conseils des professeurs. — Les réformes à poursuivre. La diminution du nombre des élèves. — Le développement des études pédagogiques. — L'institution d'une école pratique d'éducateurs. — L'action personnelle des proviseurs. 213

V. La nécessité de l'intervention de la famille. — La part d'autorité et de responsabilité qui lui est faite dans l'éducation publique. — Comment elle est trop souvent acceptée et comprise. — L'éducation du premier âge. La préparation à l'éducation publique. — Les débuts de l'enfant au Lycée. Sa confiance; le parti que la famille doit en tirer. — L'observation de la règle et l'idée du devoir dans la vie de l'écolier. — L'affection et le respect. — Les enseignements de la famille. — L'enseignement indirect. — L'enseignement direct. — Le concours de l'esprit public. 221

L'ÉDUCATION MORALE ET L'ÉDUCATION PHYSIQUE DANS LES LYCÉES.

Le nouveau caractère qu'a pris la réforme de l'enseignement secondaire : l'éducation morale et l'éducation physique. — Les critiques faites du régime de l'Université. — Quel est l'état réel de l'éducation morale et de l'éducation physique dans les Lycées? Qu'est-il possible de faire pour l'améliorer ? 237

I. Le cri d'alarme poussé en 1867 par V. de Laprade ; l'éducation physique, l'éducation morale. — La situation présente. — La délibération de l'Académie de médecine (1887). — Les améliorations apportées dans la construction des Lycées. — Le souci de l'hygiène. — Les jeux scolaires. — Les améliorations introduites dans l'éducation morale. — Le caractère général de l'instruction. — L'esprit de direction. — La discipline. 238

II. Les réformes que l'on propose. — L'éducation athlétique : le sport. — L'éducation morale : le régime tutorial. 249

III. Le sport dans l'éducation anglaise. — Le régime tutorial des écoles anglaises : son caractère aristocratique. — L'esprit démocratique de l'éducation secondaire en France. — L'esprit de famille 250

IV. Les améliorations compatibles avec notre tempérament national et nos traditions. Ce qu'elles exigent : des espaces, des hommes, du temps. — Les espaces. — Les jeux au grand air. — Les exercices intérieurs. — L'éducation morale — Le recrutement des chefs d'établissement. — Les administrateurs secondaires. — L'unité de direction et les conseils de professeurs. — Le temps. — Les exercices physiques et les programmes d'enseignement dans les écoles anglaises. — La nécessité d'opérer des retranchements dans les matières des études pour faire place à l'éducation physique. — Les deux grands dangers de notre système d'éducation nationale. L'esprit d'uniformité; l'esprit d'encyclopédisme. — Les principes contraires à faire prévaloir. — La reconnaissance de l'enseignement secondaire français. — Les degrés à établir dans les études classiques. — L'allégement général des programmes. — Conclusion 257

ANNEXES

LA QUESTION DES PROGRAMMES.

I. Tableau présentant le résumé des modifications introduites dans les programmes de l'enseignement secondaire (décrets, projets de décret, ordonnances, arrêtés, etc.) en France depuis 1789 jusqu'à nos jours.. . . . . 274 à 319

II. Tableau indiquant les plans d'études des Jésuites. 320 et 321

III. Tableau indiquant le plan d'études de Port-Royal. 322 et 323

IV. Tableau indiquant le plan d'études de l'Université au xviie et au xviiie siècle. . . . . 324 et 325

V. Tableau indiquant, d'après les derniers plans d'études, la répartition comparative du temps entre les matières d'enseignement dans les Écoles secondaires d'Allemagne et d'Autriche-Hongrie, dans les Athénées belges (section des humanités et section professionnelle) et dans les Lycées français. . . . . . . 326 à 329

VI. Tableau indiquant la répartition comparative du temps entre les principales matières de l'enseignement secondaire dans l'ensemble des cla·ses, au cours d'une semaine, en Allemagne, en Autriche-Hongrie, en Belgique et en France. 330

L'ESPRIT DE DISCIPLINE DANS L'ÉDUCATION.

VII. Tableau indiquant le nombre des fonctionnaires, administrateurs, professeurs, maîtres répétiteurs attachés aux Lycées de Paris et de Vanves et au Collège Rollin (1er juin 1883).. 331

---

190 50. — Paris. — Imprimerie Lahure, rue de Fleurus, 9

Librairie HACHETTE et Cⁱᵉ, Boulevard Saint-Germain, 79, PARIS.

BIBLIOTHÈQUE VARIÉE A 3 FR. 50 LE VOLUME

FORMAT IN-16

Etudes littéraires

ALBERT (Paul) : *La poésie*, études sur les chefs-d'œuvre des poètes de tous les temps et de tous les pays. 1 vol.
— *La prose*, études sur les chefs-d'œuvre des prosateurs de tous les temps et de tous les pays. 1 vol.
— *La littérature française des origines à la fin du XVIᵉ siècle*. 1 vol.
— *La littérature française au XVIIᵉ siècle*. 1 vol.
— *La littérature française au XVIIIᵉ siècle*. 1 vol.
— *La littérature française au XIXᵉ siècle*. 2 vol.
— *Variétés morales et littéraires*. 1 vol.
— *Poètes et poésies*. 1 vol.
BERGER (Adolphe) : *Histoire de l'éloquence latine*, depuis l'origine de Rome jusqu'à Cicéron, publiée par M. V. Cucheval. 2 vol.
Ouvrage couronné par l'Académie française.
BERSOT : *Un moraliste ; études et pensées*. 1 v.
BOSSERT : *La littérature allemande au moyen âge*. 1 vol.
— *Gœthe, ses précurseurs et ses contemporains*. 1 vol.
— *Gœthe et Schiller*. 1 vol.
Ouvrage couronné par l'Académie française.
BRUNETIÈRE : *Etudes critiques sur l'histoire de la littérature française*. 2 vol.
CARO : *La fin du XVIIIᵉ siècle ; études et portraits*. 2 vol.
DELTOUR : *Les ennemis de Racine au XIXᵉ siècle*. 1 vol.
Ouvrage couronné par l'Académie française.
DESCHANEL : *Etudes sur Aristophane*. 1 vol.
DESPOIS (E.) : *Le théâtre français sous Louis XIV*. 1 vol.
GEBHART (E.) : *De l'Italie*, essais de critique et d'histoire. 1 vol.
— *Rabelais, la Renaissance et la Réforme*. 1 vol.
Ouvrage couronné par l'Académie française.
— *Les origines de la Renaissance en Italie*. 1 vol.
Ouvrage couronné par l'Académie française.
GIRARD (J.), de l'Institut : *Etudes sur l'éloquence attique* (Lysias, — Hypéride, — Démosthène). 1 vol.
— *Etudes sur la poésie grecque* (Epicharme, — Pindare, — Sophocle, — Théocrite, — Apollonius). 1 vol.
— *Le sentiment religieux en Grèce*. 1 vol.
— *Essai sur Thucydide*. 1 vol.
Ouvrages couronnés par l'Académie française.

LAVELEYE (E. de) : *Etudes et essais*. 1 vol.
LENIENT : *La satire en France au moyen âge*.
— *La satire en France, ou la littérature militante au XVIᵉ siècle*. 2 vol.
LICHTENBERGER : *Etudes sur les poésies lyriques de Gœthe*. 1 vol.
Ouvrage couronné par l'Académie française.
MARTHA (C.), de l'Institut : *Les moralistes sous l'empire romain*. 1 vol.
Ouvrage couronné par l'Académie française.
— *Le poème de Lucrèce*. 1 vol.
— *Etudes morales sur l'antiquité*. 1 vol.
MAYRARGUES (A.) : *Rabelais*. 1 vol.
MÉZIÈRES (A.), de l'Académie française :
Shakespeare, ses œuvres et ses critiques.
— *Prédécesseurs et contemporains de Shakespeare*. 1 vol.
— *Contemporains et successeurs de Shakespeare*. 1 vol.
Ouvrage couronné par l'Académie française.
— *En France*. 1 vol
— *Hors de France*. 1 vol.
MONTÉGUT (E.) : *Poètes et artistes de l'Italie*. 1 vol.
— *Types littéraires et fantaisies esthétiques*. 1 v.
— *Essais sur la littérature anglaise*. 1 vol.
— *Nos morts contemporains*. 2 vol.
— *Les écrivains modernes de l'Angleterre*. 1 vol.
NISARD (Désiré), de l'Académie française.
Etudes de mœurs et de critique sur les poètes latins de la décadence. 2 vol.
PARIS (G.) : *La poésie au moyen âge*. 1 vol.
PATIN : *Etudes sur les tragiques grecs*. 4 vol.
— *Etudes sur la poésie latine*. 2 vol.
— *Discours et mélanges littéraires*. 1 vol.
PEY : *L'Allemagne d'aujourd'hui*. 1 vol.
PRÉVOST-PARADOL : *Etudes sur les moralistes français*. 1 vol.
SAINTE-BEUVE : *Port-Royal*. 7 vol.
TAINE (H.). de l'Académie française : *Essai sur Tite-Live*. 1 vol.
Ouvrage couronné par l'Académie française.
— *Essais de critique et d'histoire*. 2 vol.
— *Histoire de la littérature anglaise* 5 vol.
— *La Fontaine et ses fables*. 1 vol.
TRÉVERRET (de) : *L'Italie au XVIᵉ siècle*. 2 vol.
WALLON : *Éloges académiques*. 2 vol.

Chefs-d'œuvre des littératures étrangères.

BYRON (lord), *Œuvres complètes*, traduites de l'anglais par M. Benjamin Laroche. 4 vol.
CERVANTÈS : *Don Quichotte*, traduit de l'espagnol par M. L. Viardot. 2 vol.
DANTE : *La divine comédie* traduite de l'italien par P. A. Gréard, Oct.

OSSIAN : *Poèmes gaéliques*, recueillis par Macpherson, trad. de l'anglais par P. Christian.
SHAKESPEARE : *Œuvres complètes*, traduites de l'anglais par M. E. Montégut. 10 vol.
Ouvrage couronné par l'Académie française.
se vend séparément.

, à Paris.

www.ingramcontent.com/pod-product-compliance
Lightning Source LLC
Chambersburg PA
CBHW060454170426
43199CB00011B/1204